Uso de la gramática coreana

Nivel inicial

Uso de la gramática coreana Nivel inicial

Autoras	Ahn Jean-myung, Lee Kyung-ah, Han Hoo-young
Traductor	Roberto Vega Labanda
2.ª impresión	diciembre, 2022
1.ª edición	septiembre, 2016
Editor de proyecto	Chung Kyudo
Editores	Lee Suk-hee, Jang Ji-eun
Diseñadores	Song Hye-jung, Cho Hwa-youn, ELIM, Park Eun-bi
Illustrador	Wishingstar
Actores de Voz	Jeong Ma-ri, Kim Sung-gon, Alejandro Sánchez Sanabria

DARAKWON Publicado por Darakwon Inc.

Darakwon Bldg., 211, Munbal-ro, Paju-si,
Gyeonggi-do, 10881, República de Corea
Tfno.: 82-2-736-2031
(Dpto. Mercadotecnia: Ext. 250~252; Dpto. Edición: Ext. 420~426)
Fax: 82-2-732-2037

Precio : 25,000 wones (incluye MP3 descargable gratuito)

ISBN: 978-89-277-3162-7 18710
       978-89-277-3161-0 (set)

http://www.darakwon.co.kr
http://www.darakwon.co.kr/koreanbooks
En caso de querer más información sobre nuestras publicaciones y promociones, así como las instrucciones de cómo descargar los archivos MP3, visite la página web de Darakwon.

Uso de la gramática coreana

Nivel inicial

Ahn Jean-myung, Lee Kyung-ah, Han Hoo-young

한국어를 가르치면서 학생들로부터 한국어가 어렵다는 이야기를 많이 듣습니다. 한국어는 다른 외국어와는 달리 어미와 조사가 상당히 많고 복잡하여 한국어를 오래 배운 고급 학습자들도 문법·문형을 종종 틀리는 것을 보게 됩니다. 의미는 비슷한데 뉘앙스에서 조금 차이가 나 어색하게 사용하거나 의미는 맞게 사용했는데 제약이 있어 비문을 만들기도 합니다. 그래서 학생들로부터 문법을 따로 공부할 수 있는 책이 있느냐는 질문들을 많이 받아 왔습니다. 1급부터 배운 수많은 문법들을 한눈에 볼 수 있는 책, 한국어의 비슷비슷한 문법들이 어떻게 다른지 설명하고 있는 책을 구하고 싶어 했습니다. 그러나 외국인을 위한 한국어 교재는 대부분 통합 교재이고 외국인 학습자들이 쉽게 한국어 문법만을 공부할 수 있는 책은 찾아볼 수 없었습니다. 그래서 문법 공부를 심도 있게 하고 싶은 학생들은 한국인을 대상으로 하는 책을 보는 경우도 있지만 이러한 책들은 복잡한 문법 설명과 예문으로 한국인조차 이해하기가 쉽지 않은 실정입니다. 이런 학생들의 상황에 대해 교사로서 항상 미안하고 안타까운 마음이 들었습니다.

본 교재는 이러한 마음에서 출발하였습니다. 본 교재에서는 한국의 대학 기관과 학원에서 가르치고 있는 교재의 1~2급에 나오는 문법들을 정리하여 초급 한국어 문법을 한눈에 볼 수 있게 하였습니다. 쓰임과 의미가 비슷한 문법들을 서로 비교해 놓아 학습자들이 혼동하는 문법 항목들을 쉽게 찾아볼 수 있도록 하였습니다. 이를 통해 학생들은 의미가 비슷한 문법 항목들을 정리할 수 있는 동시에 한 가지 상황에 대해 다르게 표현하는 것을 배울 수 있을 것입니다. 또한 문법의 뜻은 알아도 문법적인 제약을 모르고 사용해 어색한 문장을 만드는 경우가 많기 때문에 '문법적인 주의'를 요하는 부분도 책에 첨가하였습니다.

그동안 한국어 문법을 어려워했던 많은 학생들이 이 책을 통하여 한국어 문법에 좀 더 쉽게 접근할 수 있었으면 합니다. 더불어 본 교재를 공부하면서 학생들이 한국어를 좀 더 자연스럽고 다양하며, 정확하게 구사할 수 있게 되기를 바랍니다. 또한 학생들 못지않게 한국어 문법을 가르치는 것에 어려움이 많은 교사들 역시 이 책을 통해 수많은 문법 사항을 정리하고 비교하는 데 도움을 받을 수 있기를 진심으로 바랍니다.

끝으로 사명감을 가지고 좋은 한국어 교재 편찬에 열심을 다하는 다락원의 한국어출판부 편집진께 감사의 말을 전하고 싶습니다. 여러 가지 쉽지 않은 일이 많이 있었을 텐데 본 교재가 나오기까지 꼼꼼하게 신경을 써 주신 것에 감사를 드립니다. 또한 이 책의 스페인어 번역을 맡아 주신 Roberto Vega Labanda와 교정자인 장지은 씨에게 감사를 드립니다. 그리고 책에 대한 여러 가지 조언을 해 준 학생들과 친구들에게도 고마움을 전합니다.

저자 일동

Es habitual escuchar a los estudiantes de coreano quejándose de lo difícil que es aprenderlo. En comparación con otros idiomas, el coreano se caracteriza por un complejo sistema de numerosas desinencias, terminaciones oracionales y estructuras gramaticales que hasta los estudiantes de niveles avanzados tienen dificultades en dominar. En ocasiones, el desconocimiento de ciertos matices que diferencian dos estructuras con significados muy semejantes, puede dar lugar a una comunicación deficiente o, como mínimo, extraña; mientras que en otras ocasiones el desconocimiento de las restricciones en el uso de ciertas estructuras provoca que se cometan errores gramaticales. Debido a esto, los estudiantes nos preguntaban con frecuencia por algún libro de gramática coreana donde se trataran estos aspectos gramaticales. En otras palabras, buscaban un libro que recogiera todo el contenido gramatical que se suele impartir en los primeros niveles de coreano y que describiera las diferencias existentes entre estructuras con significados semejantes. Sin embargo, la mayor parte de los libros de coreano para extranjeros son manuales que siguen un patrón comunicativo parecido, los cuales difícilmente pueden emplearse para estudiar gramática de manera sistemática. Esto ha llevado a algunos estudiantes a buscar respuestas a sus preguntas o ampliar su conocimiento en libros de gramática escritos en coreano y dirigidos a hablantes nativos, pero normalmente las explicaciones que aparecen en estos libros suelen ser muy complejas y técnicas, lo que las hace difíciles de entender hasta por parte de lectores nativos. Como docentes de lengua coreana, nos dimos cuenta de la necesidad de paliar esta carencia.

La idea de crear el presente libro surgió ante esta situación. *Uso de la gramática coreana* recoge el contenido gramatical que se suele impartir en los niveles 1 y 2 en los centros de idiomas de las universidades y en las academias privadas. Hemos intentado hacer este libro lo más manejable posible comparando aquellas estructuras gramaticales que plantean más problemas a los estudiantes por su parecido y explicando las diferencias existentes en uso y significado. De esta manera, los estudiantes no solo pueden entender las diferencias entre estructuras semejantes, sino que además pueden entender en qué tipo de situaciones se usa cada una de ellas. Además, como en muchas ocasiones los errores que cometen los estudiantes al expresarse en coreano se deben a que estos conocen el significado de las estructuras pero no sus restricciones de uso, hemos incluido en este libro toda una serie de apuntes gramaticales en los que prestamos especial atención a estas cuestiones.

Es nuestro mayor deseo que a través de este libro los estudiantes que encuentren difícil la gramática coreana descubran que no es tan complicada como piensan. Por otra parte, también esperamos que este libro contribuya a un mejor dominio del coreano por parte de los estudiantes, ayudando a que se expresen de manera más natural y enriqueciendo su capacidad expresiva. De igual manera, esperamos que este libro sea de ayuda para los docentes de lengua coreana a la hora de explicar las peculiaridades de ciertas estructuras gramaticales y lo que las distingue de otras con significados similares, así como otros aspectos de la gramática coreana.

Por último, nos gustaría expresar nuestro más profundo agradecimiento a los editores de la Sección de Coreano de la editorial Darakwon por su compromiso y su dedicación en la edición y publicación de material didáctico de coreano como lengua extranjera. Igualmente queremos agradecerles a todos aquellos que han participado en esta empresa, toda la dedicación que han puesto para que llegara a buen puerto. También querría mostrar mi agradecimiento al profesor Roberto Vega Labanda y a la correctora Jang Ji-eun por llevar a cabo la traducción de este libro al español. Asimismo, quiero darles las gracias a los estudiantes y amigos que me han dado valiosos consejos para la elaboración de esta obra.

Las autoras

소제목 (예) N 때, A/V-(으)ㄹ 때

'N'은 '명사', 'A'는 '형용사', 'V'는 '동사'를 가리키고, 'A/V-(으)ㄹ 때'로 표기될 경우, 형용사와 동사와만 결합하는 것을 의미한다. 종종 동사만 결합되는 것에 형용사를 결합하기도 하여 오류를 만들기도 하는데, 그러한 것들을 틀리지 않게 하기 위해 결합 정보를 표시한 것이다.

도입 예문

목표 문법 학습 전 그림과 함께 제시된 문장 속에서 먼저 목표 문법의 의미를 추측할 수 있는 부분이다. 목표 문법이 잘 드러나면서 실생활에서 사용하는 문장으로 구성되었고, 대화의 맥락을 함축하여 제시된 그림을 통해 어렵게 느끼는 문법에 보다 쉽게 접근할 수 있다.

Enfoque Gramatical

문법에 대한 일반적인 지식과 문법적 제약을 학습하는 부분으로 문법 사용 시 범하는 오류를 줄일 수 있다. 학생들이 틀리기 쉬운 활용 방법이 자주 사용하는 품사(명사, 동사, 형용사)와 함께 표로 제시되었다.

- ○는 맞다는 것을 의미하고, ×는 틀리다는 것을 의미한다.

---

03 못 V-아/어요 (V-지 못해요)

저는 수영을 **못해요**.
(= 저는 **수영하지 못해요**.)
No puedo (= sé) nadar.

오늘은 술을 **못 마셔요**.
(= 오늘은 술을 **마시지 못해요**.)
Hoy no puedo beber.

저는 노래를 **못 불러요**.
(= 저는 노래를 **부르지 못해요**.)
No puedo (= sé) cantar.

Enfoque Gramatical

De esta manera se expresa la incapacidad del sujeto para llevar a cabo una determinada acción o algo que no sale como se esperaba a causa de factores externos. Equivaldría en español a "no poder" y se forma colocando 못 antes del verbo o añadiendo -지 못해요 a la raíz verbal.

(Para más información, dirigirse a la Unidad 6. Capacidad y posibilidad 01 V-(으)ㄹ 수 있다/없다)

못 + 가다 → 못 가요   가다 + **-지 못해요** → 가지 못해요
못 + 요리하다 → 요리 못해요 (O) 못 요리해요 (×)

Infinitivo	못 -아/어요	-지 못해요
타다	못 타요	타지 못해요
읽다	못 읽어요	읽지 못해요
숙제하다	숙제 못해요	숙제하지 못해요
*쓰다	못 써요	쓰지 못해요
*듣다	못 들어요	듣지 못해요

* Forma irregular

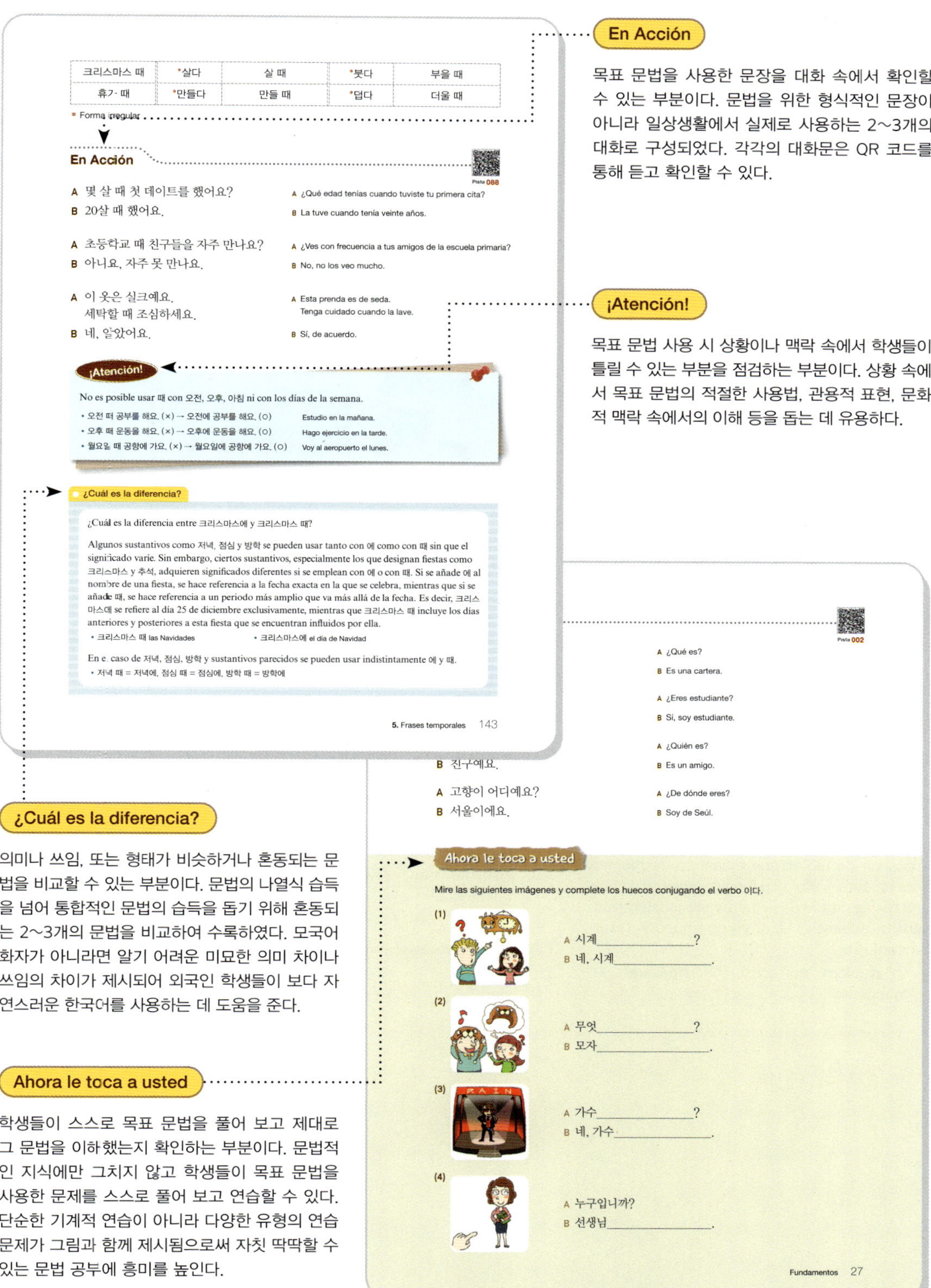

크리스마스 때	*살다	살 때	*붓다	부을 때
휴가 때	*만들다	만들 때	*덥다	더울 때

* Forma irregular

En Acción

(Pista 088)

A 몇 살 때 첫 데이트를 했어요?
B 20살 때 했어요.

A ¿Qué edad tenías cuando tuviste tu primera cita?
B La tuve cuando tenía veinte años.

A 초등학교 때 친구들을 자주 만나요?
B 아니요, 자주 못 만나요.

A ¿Ves con frecuencia a tus amigos de la escuela primaria?
B No, no los veo mucho.

A 이 옷은 실크예요.
　세탁할 때 조심하세요.
B 네, 알았어요.

A Esta prenda es de seda.
　Tenga cuidado cuando la lave.
B Sí, de acuerdo.

¡Atención!

No es posible usar 때 con 오전, 오후, 아침 ni con los días de la semana.

- 오전 때 공부를 해요. (×) → 오전에 공부를 해요. (○)　　Estudio en la mañana.
- 오후 때 운동을 해요. (×) → 오후에 운동을 해요. (○)　　Hago ejercicio en la tarde.
- 월요일 때 공항에 가요. (×) → 월요일에 공항에 가요. (○)　　Voy al aeropuerto el lunes.

¿Cuál es la diferencia?

¿Cuál es la diferencia entre 크리스마스에 y 크리스마스 때?

Algunos sustantivos como 저녁, 점심 y 방학 se pueden usar tanto con 에 como con 때 sin que el significado varíe. Sin embargo, ciertos sustantivos, especialmente los que designan fiestas como 크리스마스 y 추석, adquieren significados diferentes si se emplean con 에 o con 때. Si se añade 에 al nombre de una fiesta, se hace referencia a la fecha exacta en la que se celebra, mientras que si se añade 때, se hace referencia a un periodo más amplio que va más allá de la fecha. Es decir, 크리스마스에 se refiere al día 25 de diciembre exclusivamente, mientras que 크리스마스 때 incluye los días anteriores y posteriores a esta fiesta que se encuentran influidos por ella.

- 크리스마스 때 las Navidades
- 크리스마스에 el día de Navidad

En el caso de 저녁, 점심, 방학 y sustantivos parecidos se pueden usar indistintamente 에 y 때.

- 저녁 때 = 저녁에, 점심 때 = 점심에, 방학 때 = 방학에

5. Frases temporales　143

(Pista 002)

A ¿Qué es?
B Es una cartera.

A ¿Eres estudiante?
B Sí, soy estudiante.

A ¿Quién es?
B Es un amigo.

A ¿De dónde eres?
B Soy de Seúl.

B 친구예요.
A 고향이 어디예요?
B 서울이에요.

Ahora le toca a usted

Mire las siguientes imágenes y complete los huecos conjugando el verbo 이다.

(1)
A 시계__________?
B 네, 시계__________.

(2)
A 무엇__________?
B 모자__________.

(3)
A 가수__________?
B 네, 가수__________.

(4)
A 누구입니까?
B 선생님__________.

Fundamentos　27

En Acción

목표 문법을 사용한 문장을 대화 속에서 확인할 수 있는 부분이다. 문법을 위한 형식적인 문장이 아니라 일상생활에서 실제로 사용하는 2~3개의 대화로 구성되었다. 각각의 대화문은 QR 코드를 통해 듣고 확인할 수 있다.

¡Atención!

목표 문법 사용 시 상황이나 맥락 속에서 학생들이 틀릴 수 있는 부분을 점검하는 부분이다. 상황 속에서 목표 문법의 적절한 사용법, 관용적 표현, 문화적 맥락 속에서의 이해 등을 돕는 데 유용하다.

¿Cuál es la diferencia?

의미나 쓰임, 또는 형태가 비슷하거나 혼동되는 문법을 비교할 수 있는 부분이다. 문법의 나열식 습득을 넘어 통합적인 문법의 습득을 돕기 위해 혼동되는 2~3개의 문법을 비교하여 수록하였다. 모국어 화자가 아니라면 알기 어려운 미묘한 의미 차이나 쓰임의 차이가 제시되어 외국인 학생들이 보다 자연스러운 한국어를 사용하는 데 도움을 준다.

Ahora le toca a usted

학생들이 스스로 목표 문법을 풀어 보고 제대로 그 문법을 이해했는지 확인하는 부분이다. 문법적인 지식에만 그치지 않고 학생들이 목표 문법을 사용한 문제를 스스로 풀어 보고 연습할 수 있다. 단순한 기계적 연습이 아니라 다양한 유형의 연습 문제가 그림과 함께 제시됨으로써 자칫 딱딱할 수 있는 문법 공부에 흥미를 높인다.

Cómo usar este libro

En este manual se hará uso de la letra mayúscula "N" para indicar sustantivo/nombre, "A" para indicar adjetivo y "V" para indicar verbo. Por ejemplo, "A/V-(으)ㄹ 때" señala que esta estructura se usa exclusivamente con adjetivos o verbos. En ocasiones, los adjetivos pueden emplearse en las mismas estructuras en las que se usan los verbos, pero como esta suposición puede ser fuente de errores, se han añadido notas aclarativas a las explicaciones gramaticales donde se ha considerado pertinente.

Frases de ejemplo

Al comienzo de cada unidad, hay una serie de frases ilustradas con imágenes que dan la oportunidad al lector de intentar deducir el significado del objetivo gramatical que presenta la unidad. Estas frases presentan el objetivo gramatical de la unidad tal y como se expresa en la vida real, y contextualizado por medio de dibujos que permiten al lector captar y asimilar el significado de la gramática subyacente.

Enfoque Gramatical

El enfoque gramatical incluye explicaciones que permitirán al estudiante reducir el número de errores al proporcionar información tanto sobre aspectos generales como sobre las restricciones de uso. Todo esto aparece en una serie de tablas que muestran de manera esquemática y clara su funcionamiento y cada una de las partes de la estructura (sustantivos, verbos, adjetivos, etc.), ya que pueden resultar confusas.

• "○" significa "correcto" y "×" significa "incorrecto".

---

03 못 V-아/어요 (V-지 못해요)

저는 수영을 못해요.
(= 저는 수영하지 못해요.)
No puedo (= sé) nadar.

오늘은 술을 못 마셔요.
(= 오늘은 술을 마시지 못해요.)
Hoy no puedo beber.

저는 노래를 못 불러요.
(= 저는 노래를 부르지 못해요.)
No puedo (= sé) cantar.

Enfoque Gramatical

De esta manera se expresa la incapacidad del sujeto para llevar a cabo una determinada acción o algo que no sale como se esperaba a causa de factores externos. Equivaldría en español a "no poder" y se forma colocando 못 antes del verbo o añadiendo −지 못해요 a la raíz verbal.

(Para más información, dirigirse a la Unidad 6. Capacidad y posibilidad 01 V-(으)ㄹ 수 있다/없다)

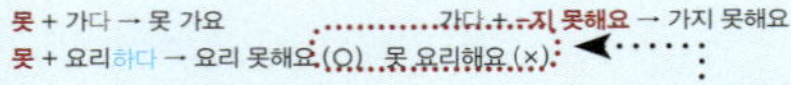

못 + 가다 → 못 가요   가다 + -지 못해요 → 가지 못해요
못 + 요리하다 → 요리 못해요(○) 못 요리해요(×)

Infinitivo	못 -아/어요	-지 못해요
타다	못 타요	타지 못해요
읽다	못 읽어요	읽지 못해요
숙제하다	숙제 못해요	숙제하지 못해요
*쓰다	못 써요	쓰지 못해요
*듣다	못 들어요	듣지 못해요

* Forma irregular

2. La expresión de la negación　65

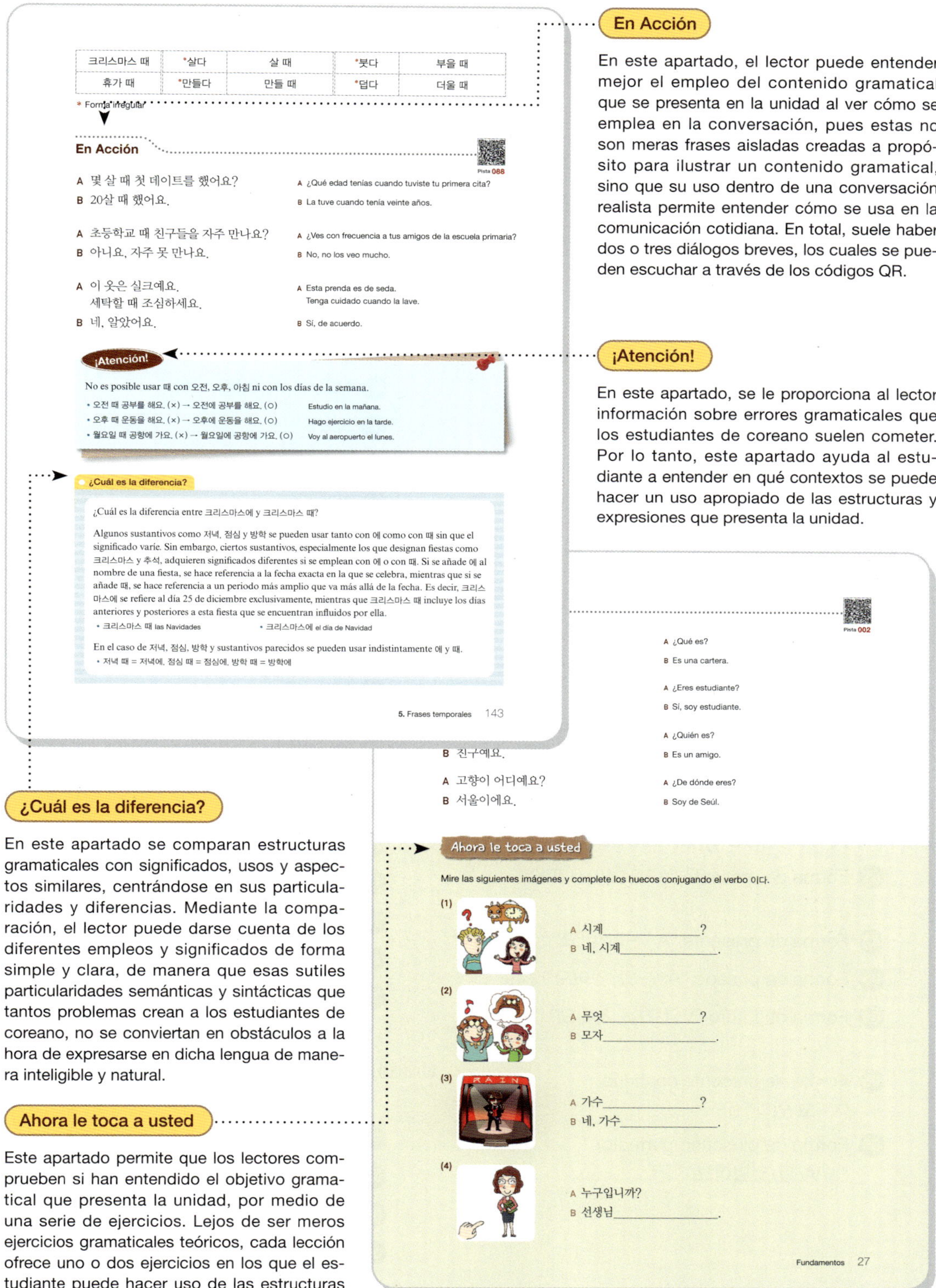

En Acción

En este apartado, el lector puede entender mejor el empleo del contenido gramatical que se presenta en la unidad al ver cómo se emplea en la conversación, pues estas no son meras frases aisladas creadas a propósito para ilustrar un contenido gramatical, sino que su uso dentro de una conversación realista permite entender cómo se usa en la comunicación cotidiana. En total, suele haber dos o tres diálogos breves, los cuales se pueden escuchar a través de los códigos QR.

¡Atención!

En este apartado, se le proporciona al lector información sobre errores gramaticales que los estudiantes de coreano suelen cometer. Por lo tanto, este apartado ayuda al estudiante a entender en qué contextos se puede hacer un uso apropiado de las estructuras y expresiones que presenta la unidad.

¿Cuál es la diferencia?

En este apartado se comparan estructuras gramaticales con significados, usos y aspectos similares, centrándose en sus particularidades y diferencias. Mediante la comparación, el lector puede darse cuenta de los diferentes empleos y significados de forma simple y clara, de manera que esas sutiles particularidades semánticas y sintácticas que tantos problemas crean a los estudiantes de coreano, no se conviertan en obstáculos a la hora de expresarse en dicha lengua de manera inteligible y natural.

Ahora le toca a usted

Este apartado permite que los lectores comprueben si han entendido el objetivo gramatical que presenta la unidad, por medio de una serie de ejercicios. Lejos de ser meros ejercicios gramaticales teóricos, cada lección ofrece uno o dos ejercicios en los que el estudiante puede hacer uso de las estructuras gramaticales vistas en la unidad en un contexto comunicativo.

Contenidos

Introducción a la lengua coreana

1. Estructura de las frases coreanas

En coreano, las frases suelen seguir uno de los siguientes patrones:
"sujeto + verbo" o "sujeto + complemento + verbo".

Para indicar la función que cada sustantivo desempeña dentro de una frase, estos van seguidos de la desinencia correspondiente. El sujeto de una frase va seguido de la desinencia 이 o 가, mientras que en el complemento directo se emplea la desinencia 을 o 를. Por su parte, los complementos circunstanciales suelen ir seguidos de otras desinencias como 에 o 에서.

(Para más información, dirigirse a la Unidad 3. Desinencias)

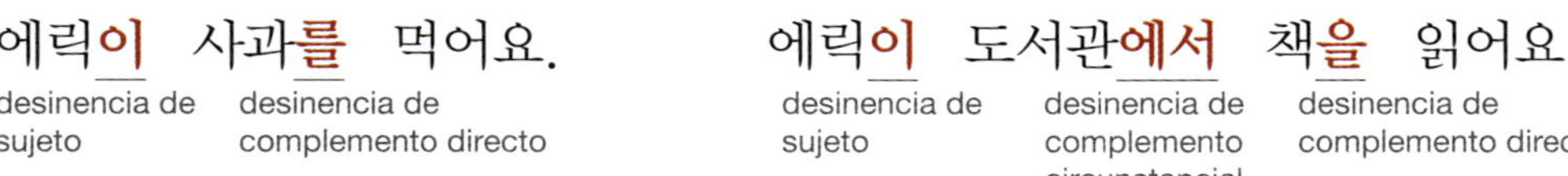

En coreano, el verbo siempre ocupa la última posición dentro de la frase, mientras que la ubicación del sujeto y de los complementos puede variar dependiendo de la intención que tenga el hablante. Podemos identificar la función de cada sustantivo en las frases, independientemente de su ubicación en la misma, gracias a sus desinencias.

사과를　에릭이　먹어요.
complemento + sujeto + verbo
directo

책을　도서관에서　에릭이　읽어요.
complemento + complemento + sujeto + verbo
directo　circunstancial

una manzana　Eric　come　　un libro　en la biblioteca　Eric　lee

Además, cuando el contexto permite identificar el sujeto de un verbo, es posible omitirlo.

A 에릭이 뭐 해요?　　　　　¿Qué hace Eric?

B (에릭이) 사과를 먹어요.　　(Eric) está comiendo una manzana.

A 어디에 가요?　　　　　　¿Adónde vas?

B 학교에 가요.　　　　　　Voy a la escuela.

2. Conjugación de los verbos y de los adjetivos

Una de las características del coreano, es que tanto los verbos como los adjetivos se conjugan según el tiempo verbal, el nivel de cortesía, la voz (activa o pasiva) y el estilo. Los verbos y los adjetivos coreanos se componen de una raíz o lexema y de un morfema, cuyos infinitivos están constituidos por la raíz más la desinencia 다. El infinitivo es la forma en la que los verbos y los adjetivos aparecen en los diccionarios: 가다 (ir), 오다 (venir), 먹다 (comer), 입다 (llevar puesto), etc. Cuando se conjugan, las raíces de los verbos y de los adjetivos no varían, pero el morfema 다 se sustituye por alguno de los otros muchos morfemas que permiten al hablante expresarse adecuadamente.

● **Verbos**

Infinitivo	
가 다 ↑ ↑ raíz morfema (ir)	갑니다 (voy/vas/va/vamos/vais/van) 가(다) + −ㅂ니다 (morfema de tiempo presente en estilo formal)
	가십니다 (va/van) (cuando el sujeto es alguien a quien se le debe tratar con respeto por su edad o su cargo) 가(다) + −시− (morfema honorífico) + −ㅂ니다 (morfema de tiempo presente en estilo formal)
	갔습니다 (fui/fuiste/fue/fuimos/fuisteis/fueron/iba/ibas/iba/íbamos/ibais/iban) 가(다) + −았− (morfema de pasado) + −습니다 (morfema de estilo formal)

● **Adjetivos**

Infinitivo	
좋 다 ↑ ↑ raíz morfema (ser bueno/ estar bien)	좋습니다 (soy/eres/es/somos/sois/son bueno/a(s); estoy/estás/está/estamos/estáis/están bien) 좋(다) + –습니다 (morfema de tiempo presente en estilo formal)
	좋았습니다 (fui/fuiste/fue/fuimos/fuisteis/fueron bueno/a(s); estuve/estuviste/estuvo/estuvimos/estuvisteis/estuvieron bien) (era/eras/era/éramos/erais/eran bueno/a(s); estaba/estabas/estaba/estábamos/estabais/estaban bien) 좋(다) + –았– (morfema de pasado) + –습니다 (morfema de estilo formal)
	좋겠습니다 (parece(n) bueno/a(s)) 좋(다) + –겠– (morfema de hipótesis) + –습니다 (morfema de estilo formal)

3. Coordinación de frases

En coreano existen dos maneras de coordinar frases. La primera es por medio de conectores adverbiales como, por ejemplo, **그리고** (Además), **그렇지만** (Sin embargo) y **그래서** (Por eso). La segunda manera es mediante morfemas conjuntivos.

(1) Además

Conector adverbial	바람이 **불어요. 그리고** 추워요. Hace viento. Además, hace frío.
Morfema discursivo	바람이 **불고** 추워요. Hace viento y (hace) frío.

(2) Sin embargo

Conector adverbial	김치는 **맵습니다. 그렇지만** 맛있습니다. El kimchi es picante. Sin embargo, está rico.
Morfema discursivo	김치는 **맵지만** 맛있습니다. El kimchi es picante, pero está rico.

(3) Por eso

Conector adverbial	눈이 **와요. 그래서** 길이 많이 막혀요. Nieva. Por eso, las carreteras están muy congestionadas.
Morfema discursivo	눈이 **와서** 길이 많이 막혀요. Como nieva, las carreteras están muy congestionadas.

Para unir dos frases con un conector adverbial, basta con colocar este entre ambas frases. En el caso de preferir utilizar un morfema discursivo, este debe colocarse inmediatamente después de la raíz del núcleo del predicado (verbo o adjetivo) de la primera frase.

(1) 바람이 **불**다 + **–고**　　+ 추워요　　　→ 바람이 불고 추워요.
(2) 김치가 **맵**다 + **–지만** + 맛있어요　　→ 김치가 맵지만 맛있어요.
(3) 눈이 **오**다　 + **–아서** + 길이 많이 막혀요 → 눈이 와서 길이 많이 막혀요.

(Para más información, dirigirse a Cosas que se deberían saber 4. Conectores del discurso)

4. Tipos de frases

En coreano, las frases se clasifican en cuatro tipos: enunciativas, interrogativas, imperativas y propositivas. Además, todas ellas varían según el nivel de formalidad distinguiéndose entre dos niveles: el estilo cortés formal y el estilo cortés informal. La terminación del estilo La terminación del estilo cortés formal –(스)ㅂ니다 se utiliza principalmente en situaciones de cara al público o en las que se requiere una cierta formalidad como en conferencias, en reuniones de trabajo, en presentaciones, en las noticias, etc. Por su parte, la terminación del estilo cortés informal –아/어요 es la más empleada en la vida cotidiana. En comparación con el primero, el estilo cortés informal implica una mayor cercanía y menos formalidad, por lo que es el que se suele emplear con familiares, amigos y personas con las que se tiene cierta confianza. Por otra parte, aunque el estilo cortés formal presenta una terminación diferente para cada una de las cuatro categorías de frase (enunciativas, interrogativas, imperativas y propositivas), el estilo cortés informal presenta la misma terminación en todas las categorías, por lo que para distinguir de qué categoría se trata es necesario fijarse en el contexto o en la entonación que emplea el hablante. Dada su polisemia, el estilo cortés informal resulta menos complicado que el cortés formal. Además de estos dos, también existe el estilo coloquial informal –아/어, que es el más empleado entre amigos, así como referirse a los subordinados y dentro del núcleo familiar. Su empleo con desconocidos o con gente con la que no se tiene mucha confianza, se considera muy grosero. A continuación, examinaremos el estilo cortés formal y el estilo cortés informal.

(1)　Frases enunciativas

Las frases enunciativas se usan para explicar algo o responder a alguna pregunta.
(Para más información, dirigirse a la Unidad 1. Tiempo gramatical 01 Forma de presente)

① Estilo cortés formal

Las frases enunciativas en estilo cortés formal se forman añadiendo la terminación –(스)ㅂ니다 a la raíz.

- 저는 학교에 갑니다.　　Voy a la escuela.
- 저는 빵을 먹습니다.　　Como pan.

② Estilo cortés informal

Las frases enunciativas en estilo cortés informal se forman añadiendo la terminación —아/어요 a la raíz.

- 저는 학교에 가요.　　Voy a la escuela.
- 저는 빵을 먹어요.　　Como pan.

(2) Frases interrogativas

Las frases interrogativas se usan para hacer preguntas.

(Para más información, dirigirse a la Unidad 1. Tiempo gramatical 01 Forma de presente)

① Estilo cortés formal

Las frases interrogativas en estilo cortés formal se forman añadiendo la terminación —(스)ㅂ니까? a la raíz.

- 학교에 갑니까?　　¿Va a la escuela?
- 빵을 먹습니까?　　¿Come pan?

② Estilo cortés informal

Las frases interrogativas en estilo cortés informal se forman añadiendo la terminación —아/어요? a la raíz. Como tienen la misma forma que las frases enunciativas, las interrogativas se pronuncian con un tono ascendente al final. En el registro escrito, se usa un signo de interrogación al final de la frase.

- 학교에 가요?　　¿Vas a la escuela?
- 빵을 먹어요?　　¿Comes pan?

(3) Frases imperativas

Las frases imperativas se usan para dar órdenes y consejos.

(Para más información, dirigirse a la Unidad 7. Mandatos y obligación, Permiso y prohibición 01 V–(으)세요)

① Estilo cortés formal

Las frases imperativas en estilo cortés formal se forman añadiendo la terminación —(으)십시오 a la raíz.

- 공책에 쓰십시오.   Escriba en el cuaderno, por favor.
- 책을 읽으십시오.   Lea el libro, por favor.

② Estilo cortés informal

Las frases interrogativas en estilo cortés informal se pueden formar añadiendo la terminación –아/어요 a la raíz, como en los otros dos casos en estilo cortés informal anteriormente vistos. No obstante, esta forma puede resultar grosera, por lo que es recomendable usar la terminación –세요 en lugar de –아/어요 para no faltarle al respeto al interlocutor.

- 공책에 쓰세요.   Escriba en el cuaderno, por favor.
- 책을 읽으세요.   Lea el libro, por favor.

(4) Frases propositivas

Las frases propositivas se usan para hacer propuestas o aceptar la propuesta hecha por otra persona. (Para más información, dirigirse a la Unidad 12. Propuestas y sugerencias 03 V–(으)ㅂ시다)

① Estilo cortés formal

Las frases propositivas en estilo cortés formal se forman añadiendo la terminación –(으)ㅂ시다 a la raíz. Esta estructura se usa cuando el interlocutor es menor o tiene la misma edad que el hablante. Su uso resulta inapropiado con interlocutores de mayor edad o con cargos más altos.

- 11시에 만납시다.   Veámonos a las once.
- 여기에서 점심을 먹읍시다.   Almorcemos aquí.

② Estilo cortés informal

Las frases propositivas en estilo cortés informal se forman añadiendo la terminación –아/어요 a la raíz, como en todos los casos de estilo cortés informal previamente vistos.

- 11시에 만나요.   Veámonos a las once.
- 여기에서 점심을 먹어요.   Almorcemos aquí.

En la siguiente tabla aparecen ejemplos con el verbo 가다 (ir) de cada tipo de frase en ambos estilos.

	Estilo cortés formal	Estilo cortés informal
Enunciativas	갑니다.	가요. ↘ Voy.
Interrogativas	갑니까?	가요? ↗ ¿Vas?

| Imperativas | 가십시오. | 가세요. ↓ Vaya. |
| Propositivas | 갑시다. | 가요. → ¡Vayamos! |

(※ Las flechas rojas indican el tono ascendente [↗], estable [→] o descendente [↘] del final de la frase.)

5. El lenguaje honorífico

Debido a la influencia del confucianismo, es habitual que los coreanos usen registros honoríficos o humildes según la edad, el parentesco y la posición social, así como la relación y el grado de intimidad del interlocutor y el hablante.

(1) Cómo mostrar respeto hacia el sujeto de la frase

Las formas honoríficas se emplean cuando el sujeto de la frase es alguien de más edad o mayor posición que el hablante. Para mostrar respeto hacia el sujeto, se coloca el infijo -(으)시- entre la raíz del verbo/adjetivo y la terminación. En el caso de que la raíz termine en vocal, se inserta el infijo -시-, mientras que si la raíz termina en consonante, ha de usarse -으시-.

가다 (ir)

가 + -시- + -ㅂ니다	→	가십니다
가 + -시- + -어요	→	가세요
가 + -시- + -었어요	→	가셨어요
가 + -시- + -(으)ㄹ 거예요	→	가실 거예요

읽다 (leer)

읽 + -으시- + -ㅂ니다	→	읽으십니다
읽 + -으시- + -어요	→	읽으세요
읽 + -으시- + -었어요	→	읽으셨어요
읽 + -으시- + -(으)ㄹ 거예요	→	읽으실 거예요

- 선생님께서 한국말을 가르치십니다. El profesor enseña lengua coreana.
- 아버지께서는 작년에 부산에 가셨어요. Mi padre fue a Busan el año pasado.

(2) Cómo mostrar respeto hacia el interlocutor

Cuando el interlocutor tiene más edad o tiene un puesto más alto que el hablante o cuando no existe mucha confianza entre ellos, se debe mostrar deferencia hacia el interlocutor. Las terminaciones permite expresar un mayor o menor grado de respeto por medio del uso del estilo cortés formal y del estilo cortés informal.

(Para más información, dirigirse a Introducción a la lengua coreana 4. Tipos de frases)

도와주셔서 감사합니다.	(estilo cortés formal)
도와주셔서 감사해요.	(estilo cortés informal)

※ 도와줘서 고마워. es estilo coloquial informal.

(3) Otras formas honoríficas

① Algunos verbos no admiten el infijo –(으)시– y para expresar deferencia hacia el sujeto se ha de usar un verbo honorífico con el mismo significado.

Forma común	Forma honorífica	Forma común	Forma honorífica
자다 (dormir)	주무시다	죽다 (morir)	돌아가시다
말하다 (hablar)	말씀하시다	데려가다 (llevar)	모셔가다
먹다 (comer)	잡수시다/드시다	있다 (estar)	계시다
마시다 (beber)	드시다	있다 (tener)	있으시다

- 어머니께서 집에 안 계세요.   Mi madre no está en casa.
- 내일 시간 있으세요?   ¿Tiene tiempo mañana?

② Algunos sustantivos también tienen sinónimos honoríficos.

Forma común	Forma honorífica	Forma común	Forma honorífica
나이 (edad)	연세	생일 (cumpleaños)	생신
말 (idioma, habla)	말씀	집 (casa)	댁
밥 (arroz cocido, comida)	진지	이름 (nombre)	성함
사람 (persona)	분	아내 (esposa)	부인

- 할아버지, **진지** 잡수세요.

Abuelo, coma, por favor.

- **부인**께서도 안녕하십니까?

¿Cómo está su esposa?

③ También existen desinencias honoríficas que se utilizan para mostrar deferencia hacia las personas que se mencionan.

이/가 → 께서   은/는 → 께서는   에게(한테) → 께

- 동생**이** 친구에게 선물을 줍니다.

Mi hermano/a menor le da un regalo a un(a) amigo/a.

- 할아버지**께서** 동생에게 선물을 주십니다.

Mi abuelo le da un regalo a mi hermano/a menor.

- 저**는** 딸기를 좋아해요.

Me gustan las fresas.

- 할머니**께서는** 딸기를 좋아하세요.

A mi abuela le gustan las fresas.

④ Los sustantivos que designan profesiones pueden ir seguidos del sufijo −님.

Forma común	Forma honorífica	Forma común	Forma honorífica
선생 (maestro)	선생님	교수 (profesor)	교수님
사장 (jefe)	사장님	박사 (doctor)	박사님
목사 (pastor protestante)	목사님	원장 (director)	원장님

- 저희 사장**님**은 마음이 넓으십니다.

Nuestro jefe tiene una mentalidad muy abierta.

- 목사**님**, 기도해 주셔서 감사합니다.

Pastor, gracias por rezar por nosotros.

⑤ También se puede mostrar respeto hacia el interlocutor o aquel del que se habla por medio de los siguientes términos.

Forma común	Forma honorífica	Forma común	Forma honorífica
말하다 (hablar)	말씀드리다	묻다 (preguntar)	여쭙다
주다 (dar)	드리다	보다/만나다 (ver (a alguien))	뵙다

- 아버지께 **말씀드릴까요**?   ¿Hablamos con papá?
- 할아버지께 이 책을 **드리세요**.   Déle este libro al abuelo, por favor.

⑥ El hablante también puede mostrar respeto hacia su interlocutor por medio de términos que denotan humildad.

나 → 저 Yo   우리 → 저희 Nosotros, Nuestro   말 → 말씀 Palabras

- **저**도 그 소식을 들었어요.   Yo también escuché la noticia.
- **저희** 집에 한번 놀러 오세요.   Venga alguna vez a nuestra casa.
- 부장님, 드릴 **말씀**이 있습니다.   Jefe, tengo algo que decirle.

(4) Cosas que tener en cuenta al hacer uso del lenguaje honorífico

① En coreano es normal referirse a la gente mediante el uso repetido de su nombre o su cargo en lugar de los pronombres 당신 (usted), 너 (tú), 그 (él), 그녀 (ella) o 그들 (ellos).

"요코 씨, 어제 회사에서 재준 씨를 만났어요? 재준 씨가 요코 씨를
그가(×)   당신을(×)

찾았어요. 그러니까 요코 씨가 재준 씨한테 전화해 보세요."
당신이(×)   그한테(×)

"Yoko, ¿viste a Jaejun ayer en la oficina? Jaejun (= Él) estaba buscando a Yoko (= a ti). Por eso, Yoko (= tú), intenta llamar a Jaejun (= a él)."

El pronombre 당신 se suele emplear principalmente entre cónyuges, por lo que se suele usar más con el esposo o la esposa. Por su parte, el pronombre 너 solo se usa entre amigos con los que se tiene mucha confianza.

- 여보, 아까 **당신**이 나한테 전화했어요?   Cariño, ¿me llamaste antes?
- **너**는 오늘 뭐 하니?   ¿Qué haces hoy?

② En coreano se han de utilizar preguntas respetuosas como 성함이 어떻게 되세요? (¿Cómo se llama?) o 연세가 어떻게 되세요? (¿Cuántos años tiene?), cuando el hablante se dirige o se refiere a alguien que no conoce o a una persona que tiene más edad o un cargo más alto que él mismo.

- 할아버지, **성함이 어떻게 되세요?** (○) Abuelo, ¿cómo se llama?
  할아버지, 이름이 뭐예요? (×)

- 사장님 **연세가 어떻게 되세요?** (○) ¿Cuántos años tiene el jefe?
  사장님 나이가 몇 살이에요? (×)

③ No se utiliza la palabra **살** para referirse a la edad de alguien con más edad que el hablante.

A 캐럴 씨, 할아버지 **연세**가 어떻게 되세요? Carol, ¿cuántos años tiene tu abuelo?

B 올해 일흔다섯이세요. (○) Este año cumple 75 años.
  올해 일흔다섯 살이세요. (×)

④ Los equivalentes del verbo **주다** en el lenguaje honorífico: **드리다** y **주시다**.
Cuando la persona que da algo es menor que la persona que lo recibe, se emplea el verbo **드리다**, pero si el primero es mayor que el segundo, se utiliza el verbo **주시다**.

- 나는 선물을 어머니께 **드렸어요**. Le hice un regalo a mi madre.
- 어머니께서 나에게 선물을 **주셨어요**. Mi madre me hizo un regalo.
- 나는 동생에게 선물을 **주었어요**. Le hice un regalo a mi hermano/a menor.

Fundamentos

01 El verbo 이다 (ser)

A 무엇**입니까**? (= 뭐**예요**?)
¿Qué es esto?

B 의자**입니다**. (= 의자**예요**.)
Es una silla.

A 한국 사람**입니까**? (= 한국 사람**이에요**?)
¿Es coreana?

B 네, 한국 사람**입니다**. (= 한국 사람**이에요**.)
Sí, es coreana.

A 어디**입니까**? (= 어디**예요**?)
¿Qué lugar es?

B 한국**입니다**. (= 한국**이에요**.)
Es Corea.

Pista **001**

Enfoque Gramatical

El verbo 이다 se añade al final del sustantivo formándose así el predicado de la frase. Por medio de 이다 se expresa que el sujeto y el predicado confluyen en una misma entidad. También se puede usar para precisar o identificar algo o a alguien. La forma en el estilo cortés formal es 입니다 y su forma interrogativa es 입니까?. Su forma en el estilo cortés informal es 예요/이에요 tanto en frases enunciativas como en interrogativas, aunque estas últimas terminan en un tono ascendente que las distingue 예요?/이에요?. Cuando el sustantivo del predicado termina en vocal, se emplea 예요, mientras que si termina en consonante, se hace uso de 이에요. La forma negativa de 이다 es 아니다.

(Para más información, dirigirse a la Unidad 2. La expresión de la negación 01 Palabras para negar)

Estilo cortés informal		Estilo cortés formal
Sustantivos terminados en vocal	**Sustantivos terminados en consonante**	
예요	이에요	입니다
사과**예요**.	책상**이에요**.	사과**입니다**.: 책상**입니다**.
나비**예요**.	연필**이에요**.	나비**입니다**.: 연필**입니다**.
어머니**예요**.	학생**이에요**.	어머니**입니다**.: 학생**입니다**.

En Acción

A 무엇입니까?
B 가방입니다.

A 학생입니까?
B 네, 학생입니다.

A 누구예요?
B 친구예요.

A 고향이 어디예요?
B 서울이에요.

A ¿Qué es?
B Es una cartera.

A ¿Eres estudiante?
B Sí, soy estudiante.

A ¿Quién es?
B Es un amigo.

A ¿De dónde eres?
B Soy de Seúl.

Ahora le toca a usted

Mire las siguientes imágenes y complete los huecos conjugando el verbo 이다.

(1) 

A 시계________________?
B 네, 시계________________.

(2) 

A 무엇________________?
B 모자________________.

(3) 

A 가수________________?
B 네, 가수________________.

(4) 

A 누구입니까?
B 선생님________________.

개가 의자 위에 **있어요**.
(= 개가 의자 위에 **있습니다**.)
El perro está encima de la silla.

Pista **003**

우리 집이 신촌에 **있어요**.
(= 우리 집이 신촌에 **있습니다**.)
Mi casa está en Sinchon.

남자 친구가 **있어요**.
(= 남자 친구가 **있습니다**.)
Tengo novio.

Enfoque Gramatical

1　El verbo 있다 se utiliza para indicar la existencia y la ubicación, equivaliendo en español al verbo "estar". La estructura suele ser la siguiente: Sujeto [Sustantivo + 이/가] + Ubicación [Lugar + 에] + 있다. No obstante, es posible modificar el orden de los dos primeros elementos sin que se altere el significado: Ubicación [Lugar + 에] + Sujeto [Sustantivo + 이/가] + 있다. El antónimo de 있다 es 없다. Para indicar la ubicación, se puede usar alguna de las siguientes palabras seguida de la desinencia 에.

앞, 뒤, 위, 아래 (= 밑), 옆 (오른쪽, 왼쪽), 가운데, 사이, 안, 밖

① 책상 위

sobre el escritorio

② 책상 아래 (= 책상 밑)

debajo del escritorio

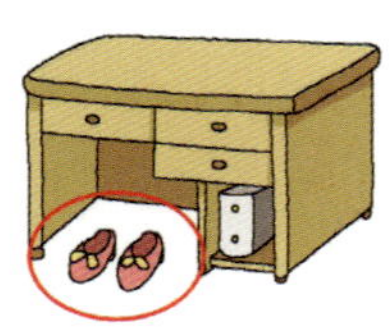

③ 책상 앞

delante del escritorio

④ 책상 뒤

detrás del escritorio

⑤ 책상 옆

al lado /
a los lados del escritorio

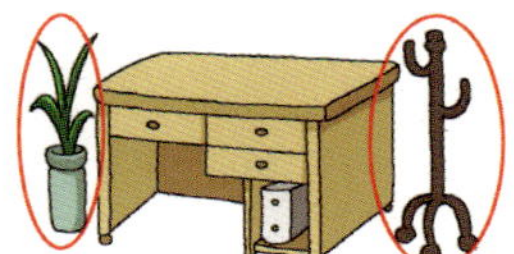

⑥ 책상 왼쪽

a la izquierda
del escritorio

⑦ 책상 오른쪽

a la derecha del escritorio

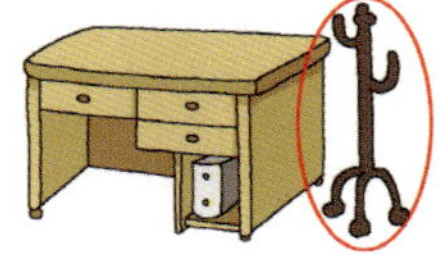

⑧ 사이

entre

⑨ 책상 가운데

en medio del escritorio

⑩ 집 안

dentro de la casa

⑪ 집 밖

fuera de la casa

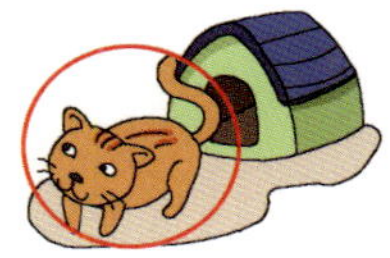

① 책상 위에 컴퓨터가 있어요.	La computadora está sobre el escritorio.
② 책상 아래 (= 책상 밑에) 구두가 있어요.	Los zapatos están debajo del escritorio.
③ 책상 앞에 의자가 있어요.	La silla está delante del escritorio.
④ 책상 뒤에 책장이 있어요.	La estantería está detrás del escritorio.
⑤ 책상 옆에 화분하고 옷걸이가 있어요.	La planta y el perchero están a los lados del escritorio.
⑥ 책상 왼쪽에 화분이 있어요.	La planta está a la izquierda del escritorio.
⑦ 책상 오른쪽에 옷걸이가 있어요.	El perchero está a la derecha del escritorio.
⑧ 화분과 옷걸이 사이에 책상이 있어요.	El escritorio está entre la planta y el perchero.
⑨ 책상 가운데에 인형이 있어요.	El muñeco está en medio del escritorio.
⑩ 집 안에 강아지가 있어요.	El perro está dentro de la casa.
⑪ 집 밖에 고양이가 있어요.	El gato está fuera de la casa.

2 El verbo 있다 también se emplea para indicar la posesión señalando lo poseído con la desinencia 이/가. En este caso, 있다 equivaldría en español al verbo "tener". El antónimo de 있다 en este caso también es 없다.

(Para más información, dirigirse a la Unidad 2. La expresión de la negación 01 Palabras para negar)

- 나는 언니가 있어요. 동생이 없어요.
  Tengo una hermana mayor. No tengo ningún hermano menor.

- 자전거가 있어요. 차가 없어요.
  Tengo una bicicleta. No tengo auto.

En Acción

A 책이 어디에 있어요?

B 가방 안에 있어요.

A 은행이 어디에 있어요?

B 학교 옆에 있어요.

A 한국 친구가 있어요?

B 네, 한국 친구가 있어요.

A 컴퓨터가 있어요?

B 네, 있어요.

A ¿Dónde está el libro?

B Está dentro de la cartera.

A ¿Dónde está el banco?

B Está al lado de la escuela.

A ¿Tienes amigos coreanos?

B Sí, tengo amigos coreanos.

A ¿Tienes computadora?

B Sí, la tengo.

Ahora le toca a usted

Describa la habitación. Para hacerlo, mire la imagen y escriba la palabra correspondiente en los huecos siguiendo el ejemplo de abajo.

> 보기 전화가 텔레비전 _옆_ 에 있어요.

(1) 텔레비전 ______에 꽃병이 있어요.

(2) 이민우 씨 ______에 캐럴 씨가 있어요.

(3) ______ 씨 왼쪽에 가방이 있어요.

(4) 가방 ______에 책이 있어요.

(5) 신문이 가방 ______에 있어요.

(6) 이민우 씨가 ______ 오른쪽에 있어요.

03 Numerales

Numerales sinocoreanos

0	1	2	3	4	5	6	7	8	9	10
영/공	일	이	삼	사	오	육	칠	팔	구	십

11	20	30	40	50	60	70	80	90	100
십일	이십	삼십	사십	오십	육십	칠십	팔십	구십	백

1,000	10,000	100,000	1,000,000
천	만	십만	백만

Enfoque Gramatical

En coreano existen dos maneras de expresar los números. Por un lado, están los numerales sinocoreanos y, por el otro, los numerales autóctonos coreanos. Los numerales sinocoreanos se utilizan para expresar cosas tales como los números de teléfono, las líneas de transporte, la altura, el peso, las direcciones, los años, los meses, los minutos, los segundos y los precios.

공일공 사칠팔삼의[에] 삼이칠오

백육십삼 번
(número 163)

백오십 센티미터
사십팔 킬로그램

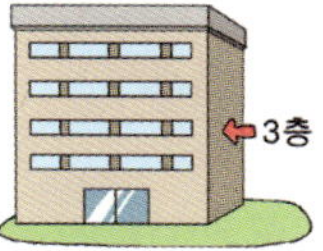

삼 층
(tercera planta)

오백일 호

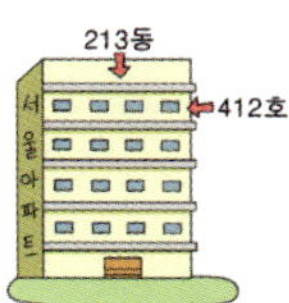

이백십삼 동
사백십이 호

(edificio 213,
habitación 412)

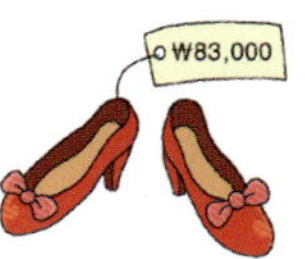

팔만 삼천 원

이백삼십칠만 원

1 En coreano, las grandes cifras se construyen a partir de "만 (diez mil)" y no a partir de "천 (mil)", de manera que 354,970 vendría a ser 35,4970 y se leería 35만 4970 (→ 삼십오만 사천구백칠십). De igual manera, 6,354,790 vendría a ser 635,4790 y se leería 635만 4790 (→ 육백삼십오만 사천칠백구십).

- 26354790 → 2635/4790

  이천육백삼십오만 사천칠백구십

2 Cuando la primera cifra de un número es 1, ese 1 (일) inicial nunca se pronuncia.

- 10: 십 〔일십(×)〕   110: 백십 〔일백십(×)〕
- 1,110: 천백십 〔일천백십(×)〕   11,110: 만 천백십 〔일만 천백십(×)〕

3 Los números 16, 26, 36 ⋯ 96 se pronuncian: [심뉵], [이심뉵], [삼심뉵] ⋯ [구심뉵].

4 La cifra "0" se puede pronunciar tanto 영 como 공. Cuando "0" aparece en números de teléfonos, se pronuncia siempre 공.

- 6508-8254 → 육오공팔의[에] 팔이오사
- 010-4783-0274 → 공일공 사칠팔삼의[에] 공이칠사

5 Estas son las dos maneras de leer los números de teléfono.

- 7804-3577 → 칠팔공사의[에] 삼오칠칠
  → 칠천팔백사 국의[에] 삼천오백칠십칠 번

* En este caso, 의 se pronuncia [에], no [의].

En Acción

Pista **006**

A 사무실이 몇 층이에요?

B 9층이에요. (구 층)

A ¿En qué planta está la oficina?

B Está en la novena planta.

A 전화번호가 뭐예요?

B 019-8729-9509예요.
(공일구 팔칠이구의[에] 구오공구)

A ¿Cuál es el número de teléfono?

B Es el 010-8729-9509.

A 몇 번 버스를 타요?

B 705번 버스를 타요. (칠백오 번)

A ¿Qué número de autobús tomas?

B Tomo el número 705 de autobús.

A 책이 얼마예요?

B 25,000원이에요. (이만 오천 원)

A ¿Cuánto cuesta el libro?

B Son veinticinco mil wones.

Escriba los siguientes números subrayados en coreano tal y como se muestra en el ejemplo.

> 보기 A 전화번호가 뭐예요?
>
> B 2734-3698이에요.
>
> (이칠삼사의 삼육구팔)이에요.

(1) A 휴대 전화가 있어요?

B 네, 있어요. 010-738-3509예요.

(   )예요.

(2) A 몸무게가 몇 킬로그램(kg)이에요?

B 34킬로그램(kg)이에요.

(   )킬로그램(kg)이에요.

(3) A 키가 몇 센티미터(cm)예요?

B 175센티미터(cm)예요.

(   )센티미터(cm)예요.

(4) A 치마가 얼마예요?

B 62,000원이에요.

(   )원이에요.

Numerales autóctonos coreanos

Pista **007**

1	2	3	4	5	6	7	8	9	10
하나 (= 한)	둘 (= 두)	셋 (= 세)	넷 (= 네)	다섯	여섯	일곱	여덟	아홉	열
11	20	30	40	50	60	70	80	90	100
열하나	스물(= 스무)	서른	마흔	쉰	예순	일흔	여든	아흔	백

한 분	두 마리	세 명	네 권	다섯 개	여섯 병
여덟 장	세 잔	두 대	한 살	열 송이	한 켤레

Enfoque Gramatical

Los numerales autóctonos coreanos se utilizan para contar unidades y para las horas. Se suelen usar seguidos de contadores léxicos que se emplean para contar cosas o personas, entre los que se encuentran 명, 마리, 개, 살, 명 y 잔. Algunos numerales autóctonos coreanos se modifican ligeramente al ir seguidos de contadores, de manera que 하나 pasa a 한 (학생 한 명), 둘 a 두 (개 두 마리), 셋 a 세 (커피 세 잔), 넷 a 네 (콜라 네 병), 스물 a 스무 (사과 스무 개), etc.

하나 + 개	→	한 개		아홉 + 개	→	아홉 개
둘 +개		두 개		열 + 개		열 개
셋 + 개		세 개		열하나 + 개		열한 개
넷 + 개		네 개		열둘 + 개		열두 개
다섯 + 개		다섯 개		……		……
여섯 +개		여섯 개		스물 + 개		스무 개
일곱 + 개		일곱 개		스물한 +개		스물한 개
여덟 + 개		여덟 개		스물둘 + 개		스물두 개

Contadores léxicos

1	**한** 명	**한** 분	**한** 마리	**한** 권	**한** 개	**한** 병
2	**두** 명	**두** 분	**두** 마리	**두** 권	**두** 개	**두** 병
3	**세** 명	**세** 분	**세** 마리	**세** 권	**세** 개	**세** 병
4	**네** 명	**네** 분	**네** 마리	**네** 권	**네** 개	**네** 병
5	다섯 명	다섯 분	다섯 마리	다섯 권	다섯 개	다섯 병
6	여섯 명	여섯 분	여섯 마리	여섯 권	여섯 개	여섯 병
7	일곱 명	일곱 분	일곱 마리	일곱 권	일곱 개	일곱 병
8	여덟 명	여덟 분	여덟 마리	여덟 권	여덟 개	여덟 병
9	아홉 명	아홉 분	아홉 마리	아홉 권	아홉 개	아홉 병
10	열 명	열 분	열 마리	열 권	열 개	열 병
11	**열한** 명	**열한** 분	**열한** 마리	**열한** 권	**열한** 개	**열한** 병
......	......	......	......	......	......	......
20	**스무** 명	**스무** 분	**스무** 마리	**스무** 권	**스무** 개	**스무** 병
?	몇 명	몇 분	몇 마리	몇 권	몇 개	몇 병

En Acción

Pista **008**

A 가족이 몇 명이에요?

B 우리 가족은 네 명이에요.

A ¿Cuántos son en tu familia?

B Somos cuatro.

A 동생이 몇 살이에요?

B 남동생은 스물세 살이에요.
여동생은 스무 살이에요.

A ¿Cuántos años tienen tus hermanos menores?

B Mi hermano menor tiene veintitrés años.
Mi hermana menor tiene veinte.

A 여기 사과 세 개, 콜라 한 병 주세요.

B 네, 모두 오천육백 원입니다.

A Deme tres manzanas y una botella de cola, por favor.

B Bien, en total cinco mil seiscientos wones.

Mire la siguiente imagen y escriba en cada hueco el numeral correspondiente en coreano.

> 보기 남자가 <u>두 명</u>, 여자가 <u>세 명</u> 있어요.

(1) 개가 ___________ 있어요.

(2) 텔레비전이 ___________, 컴퓨터가 ________ 있어요.

(3) 의자가 _____ 개, 사과가 _________ 있어요.

(4) 콜라가 _________, 주스가 ________ 있어요.

(5) 책이 ________ 있어요. 꽃이 _____ 송이 있어요.

 **04** # Las fechas y Los días de la semana

2022년 6월 7일 목요일

몇 년? (¿Qué año?)

2022년: 이천이십이 년, 1998년: 천구백구십팔 년, 1864년: 천팔백육십사 년

몇 월? (¿Qué mes?)

1월	2월	3월	4월	5월	6월	7월	8월	9월	10월	11월	12월
일월	이월	삼월	사월	오월	유월	칠월	팔월	구월	시월	십일월	십이월

며칠? (¿Qué día?)

1일	2일	3일	4일	5일	6일	7일	8일	9일	10일
일일	이일	삼일	사일	오일	육일	칠일	팔일	구일	십일

11일	12일	13일	14일	15일	16일	17일	18일	19일	20일
십일일	십이일	십삼일	십사일	십오일	십육일 [심뉴길]	십칠일	십팔일	십구일	이십일

21일	22일	23일	24일	25일	26일	27일	28일	29일	30일	31일
이십일일	이십이일	이십삼일	이십사일	이십오일	이십육일 [이심뉴길]	이십칠일	이십팔일	이십구일	삼십일	삼십일일

무슨 요일? (¿Qué día de la semana?)

일	월	화	수	목	금	토
일요일	월요일	화요일	수요일	목요일	금요일	토요일

En Acción

A 오늘이 며칠이에요?
B 5월 5일(오월 오일)이에요.

A ¿A cuántos estamos hoy?
B Estamos a cinco de mayo.

A 오늘이 무슨 요일이에요?
B 화요일이에요.

A ¿Qué día de la semana es hoy?
B Es martes.

A 언제 결혼했어요?
B 2001년(이천일 년)에 결혼했어요.

A ¿Cuándo te casaste?
B Me casé en el año 2001.

¡Atención!

❶ Los meses correspondientes a junio y a octubre se leen y escriben 유월 y 시월 respectivamente, ni 육월 ni 십월.

❷ Para preguntar por un año o por un mes, se utilizan 몇 년 y 몇 월 respectivamente. Sin embargo, para preguntar por un día, se debe utilizar 며칠, en ningún caso 몇 일.

• 오늘이 몇일이에요? (×) → 오늘이 며칠이에요? (○) ¿A cuántos estamos hoy?

Ahora le toca a usted

Mire las siguientes imágenes y escriba las fechas correspondientes en coreano.

보기

1994.3.25.(금) : 천구백구십사 년 삼월 이십오 일   금요일

(1) 

2020.6.6.(토)   : ______________________ ____요일

(2) 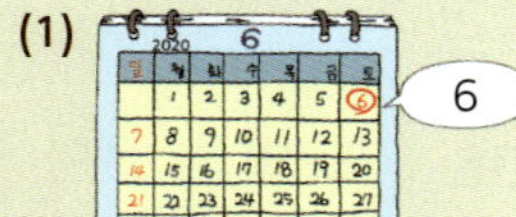

2015.11.15.(일) : ______________________ ____요일

(3) 
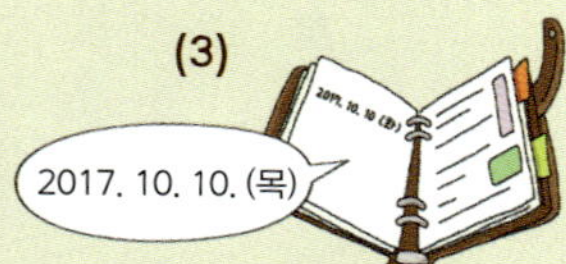

2017.10.10.(목) : ______________________ ____요일

05

Las horas

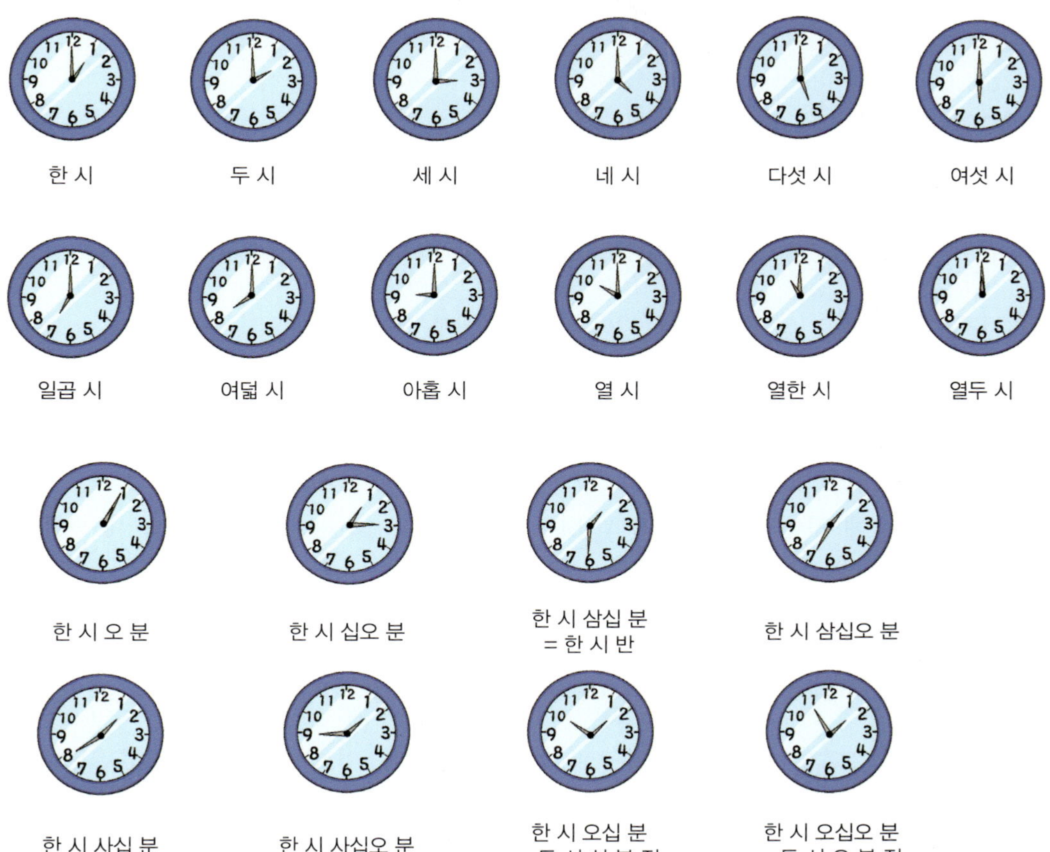

Enfoque Gramatical

Las horas en coreano se expresan por medio de los numerales autóctonos coreanos, mientras que los minutos y los segundos se expresan con los numerales sinocoreanos. Para indicar la hora a la que una acción tiene lugar, se debe añadir la desinencia 에 tras la hora.

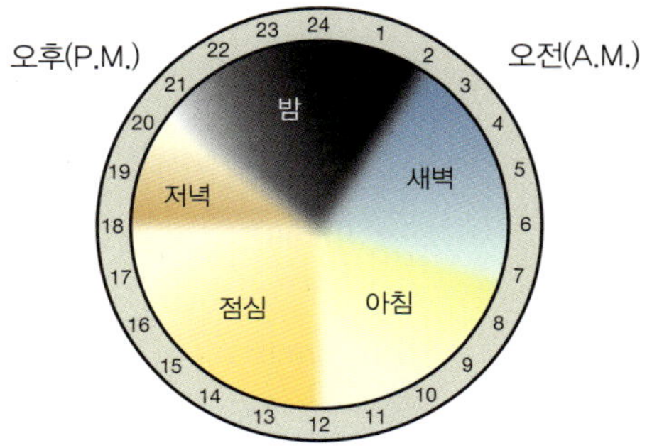

Aunque **오전** y **오후** literalmente significan "antes del mediodía" y "después del mediodía" respectivamente, en coreano es muy habitual utilizar **오전** para referirse a la mañana y **오후** para la tarde. También es habitual emplear otras palabras que indican diferentes partes del día como **새벽** (madrugada), **아침** (mañana), **점심** (mediodía), **저녁** (tarde), y **밤** (noche).

En Acción

Pista **012**

A 지금 몇 시예요?
B 오전 아홉 시 십 분이에요. (9:10 A. M.)

A ¿Qué hora es ahora?
B Son las nueve y diez de la mañana.

A 지금 몇 시예요?
B 두 시 십 분 전이에요.
  (= 한 시 오십 분이에요.) (1:50)

A ¿Qué hora es ahora?
B Son las dos menos diez.
  (= Es la una y cincuenta.)

A 몇 시에 일어나요?
B 아침 일곱 시에 일어나요. (7:00 A. M.)

A ¿A qué hora te levantas?
B Me levanto a las siete de la mañana.

Ahora le toca a usted

Mire las siguientes imágenes y escriba en coreano la hora correspondiente en cada hueco.

보기 

오전 일곱 시

(1) 

____

(2) 

____

(3) 

____

(4) 

____

(5) 

____

(6) 

저녁 ____________

(7) 

밤 ____________

(8) 

밤 ____________

Tiempo gramatical

Forma de presente "A/V–(스)ㅂ니다"

안녕하십니까?
Buenas noches.

9시 뉴스**입니다**.
Son las noticias de las nueve.

질문 **있습니까**?
¿Hay alguna pregunta?

A 이것을 어떻게 **생각합니까**?
¿Qué opinan sobre esto?

B **좋습니다**.
Es bueno.

Pista **013**

Enfoque Gramatical

El tiempo presente en estilo cortés formal se forma añadiendo la terminación –(스)ㅂ니다. Esta forma verbal es muy habitual en situaciones de cara al público, en la transmisión de noticias, en el ejército, en las reuniones y en las conferencias.

	Raíz terminada en vocal	Raíz terminada en consonante
Enunciativa	–ㅂ니다	–습니다
Interrogativa	–ㅂ니까?	–습니까?

Raíz terminada en vocal	가다 (ir)	가 + **–ㅂ니다** → 갑니다 (Enunciativa) **–ㅂ니까?** → 갑니까? (Interrogativa)	
	오다 (venir)	오 + **–ㅂ니다** → 옵니다 (Enunciativa) **–ㅂ니까?** → 옵니까? (Interrogativa)	

<table>
<tr><td rowspan="2">Raíz terminada en consonante</td><td>먹다
(comer)</td><td>먹 +</td><td>−습니다 → 먹습니다 (Enunciativa)
−습니까? → 먹습니까? (Interrogativa)</td></tr>
<tr><td>앉다
(sentarse)</td><td>앉 +</td><td>−습니다 → 앉습니다 (Enunciativa)
−습니까? → 앉습니까? (Interrogativa)</td></tr>
</table>

	Infinitivo	Forma enunciativa	Forma interrogativa
Raíz terminada en vocal + −ㅂ니다 −ㅂ니까?	자다	잡니다	잡니까?
	예쁘다	예쁩니다	예쁩니까?
	이다	입니다	입니까?
	아니다	아닙니다	아닙니까?
	*만들다	만듭니다	만듭니까?
Raíz terminada en consonante + −습니다 −습니까?	읽다	읽습니다	읽습니까?
	작다	작습니다	작습니까?
	있다	있습니다	있습니까?
	없다	없습니다	없습니까?

* Forma irregular

En Acción

Pista **014**

A 학교에 갑니까?
B 네, 학교에 갑니다.

A ¿Vas a la escuela?
B Sí, voy a la escuela.

A 아침을 먹습니까?
B 네, 먹습니다.

A ¿Desayunas?
B Sí, desayuno.

A 운동을 합니까?
B 네, 운동을 합니다.

A ¿Haces ejercicio?
B Sí, hago ejercicio.

Mire las siguientes imágenes y complete los huecos como se le indica en los ejemplos.

보기 

A <u>갑니까?</u>
B <u>네, 갑니다.</u>

(가다)

보기 

A 뭐 합니까?
B <u>운동합니다.</u>

(운동하다)

(1) 

A 햄버거를 __________?
B ________________.

(먹다)

(2) 

A 뭐 합니까?
B 친구를 __________.

(기다리다)

(3) 

A 신문을 __________?
B ________________.

(읽다)

(4) 

A 뭐 합니까?
B 친구를 __________.

(만나다)

(5)

A 뭐 합니까?
B 일기를 __________.

(쓰다)

(6)

A 책을 ___________?
B ________________.

(사다)

A 맛있어요?
¿Está rico?

B 네, 맛있어요.
Sí, está rico.

Pista **015**

A 어디에 가요?
¿Adónde vas?

B 학교에 가요.
Voy a la escuela.

사랑해요, 캐럴 씨.
Te amo, Carol.

Enfoque Gramatical

El estilo cortés informal es la forma cortés que se usa con mayor frecuencia en las conversaciones cotidianas. En comparación al estilo cortés formal, este es menos frío y formal, por lo que su empleo es habitual con parientes, amigos y conocidos. En este estilo, las frases enunciativas e interrogativas son iguales salvo por la pronunciación. Mientras que las enunciativas se pronuncian con un tono descendente al final de las mismas, en el caso de las interrogativas el tono es ascendente.

1. −아요	La terminación −아요 se emplea cuando la última vocal de la raíz es ㅏ u ㅗ. ① Cuando la raíz termina en consonante, se añade simplemente la terminación −아요. 　앉다 + **아요** → 앉아요　　받다 → 받아요, 살다 → 살아요 ② Cuando la raíz termina en la vocal ㅏ, no se añade una segunda ㅏ. 　가다 + 아요 → 가요　　자다 → 자요, 만나다 → 만나요, 끝나다 → 끝나요 ③ Cuando la raíz termina en vocal, esta forma un diptongo con la vocal por la que empieza la terminación: 　오다 + **아요** → 와요 (오 + ㅏ요 → 와요)　　보다 → 봐요

La terminación −어요 se emplea cuando la última vocal de la raíz no es ㅏ ni ㅗ.

① Cuando la raíz termina en consonante, se añade simplemente la terminación −어요.

읽다 + **어요** → 읽어요   먹다 → 먹어요, 입다 → 입어요

② Cuando la raíz termina en las vocales ㅐ, ㅓ o ㅕ, la vocal 어 de la terminación −어요 desaparece.

보내다 + **어요** → 보내요   지내다 → 지내요, 서다 → 서요, 켜다 → 켜요

③ Cuando la raíz termina en la vocal ㅜ, esta forma el diptongo ㅝ con la vocal por la que empieza la terminación.

배우다 + **어요** → 배워요 (배우 + ㅓ요 → 배워요)   주다 → 줘요, 바꾸다 → 바꿔요

④ Cuando la raíz termina en la vocal ㅣ, esta forma el diptongo ㅕ con la vocal por la que empieza la terminación.

마시다 + **어요** → 마셔요 (마시 + ㅓ요 → 마셔요)
기다리다 → 기다려요, 헤어지다 → 헤어져요

2. −어요

Cuando el verbo está compuesto por 하다, se conjuga con 해요. (La conjugación original era 하여요, la raíz 하 más la terminación 여요, pero en la actualidad se contrae en 해요.)

말하다 → 말**해요**

공부하다 → 공부해요, 전화하다 → 전화해요, 여행하다 → 여행해요, 일하다 → 일해요

3. 하다 → 해요

El verbo 이다 se conjuga 이에요/예요. La forma 예요 cuando va tras un sustantivo terminado en vocal e 이에요 cuando va tras un sustantivo terminado en consonante.

① Cuando el sustantivo termina en vocal: 의사**예요** (의사 + 예요)
사과이다 → 사과예요, 어머니이다 → 어머니예요

② Cuando el sustantivo termina en consonante: 회사원**이에요** (회사원 + 이에요)
책상이다 → 책상이에요, 선생님이다 → 선생님이에요

4. 예요/ 이에요

Infinitivo	−아요	Infinitivo	−어요	Infinitivo	해요
앉다	앉아요	읽다	읽어요	말하다	말해요
살다	살아요	꺼내다	꺼내요	전화하다	전화해요
가다	가요	서다	서요	운동하다	운동해요
만나다	만나요	배우다	배워요	일하다	일해요
오다	와요	마시다	마셔요	숙제하다	숙제해요

이다					
	con sustantivos terminados en vocal	예요	간호사예요	의자예요	우유예요
	con sustantivos terminados en consonante	이에요	학생이에요	책상이에요	빵이에요

Pista **016**

A 지금 뭐 해요?

B 숙제해요.

A 몇 시에 점심을 먹어요?

B 보통 1시에 점심을 먹어요.

A 민우 씨는 직업이 뭐예요?

B 선생님이에요.

A ¿Qué haces ahora?

B Hago los deberes.

A ¿A qué hora almuerzas?

B Suelo almorzar a la una.

A ¿A qué se dedica Minu?

B Es profesor.

¡Atención!

<Características de las formas del tiempo presente>

❶ En coreano, el tiempo presente puede utilizarse para referirse a actividades que se realizan con frecuencia, para las acciones que se están haciendo en ese mismo momento y para acciones que tendrán lugar en el futuro.

- Presente simple – 저는 대학교에 다닙니다/다녀요.   Voy (= Suelo ir) a la universidad.

- Presente continuo – 저는 지금 공부를 합니다/해요.   Ahora estudio (= estoy estudiando).

- Futuro – 저는 내일 학교에 갑니다/가요.   Mañana voy (= iré) a la escuela.

❷ El tiempo presente se emplea igualmente para hablar de realidades atemporales y para describir acciones que se realizan con cierta frecuencia.

- 지구는 태양 주위를 돌아요.   La Tierra gira en torno al Sol.

- 저는 아침마다 달리기를 해요.   Corro cada mañana.

1 Mire las siguientes imágenes y complete los huecos siguiendo el los ejemplos.

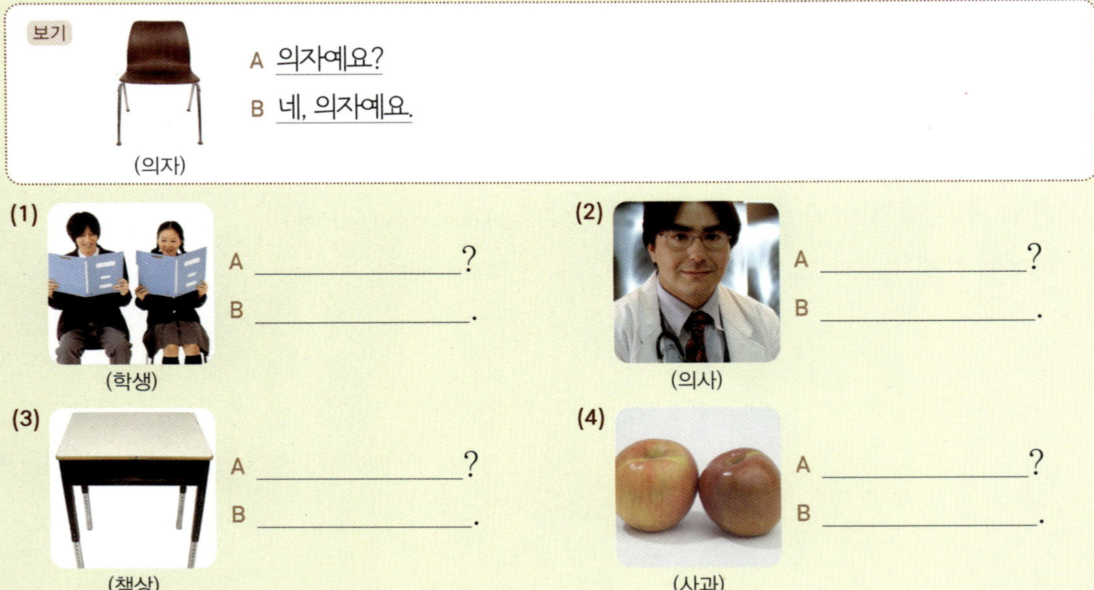

보기

A <u>의자예요?</u>
B <u>네, 의자예요.</u>

(의자)

(1)

A _______________?
B _______________.

(학생)

(2)

A _______________?
B _______________.

(의사)

(3)

A _______________?
B _______________.

(책상)

(4)

A _______________?
B _______________.

(사과)

2 Mire las siguientes imágenes y complete los huecos siguiendo los ejemplos.

보기

A <u>자요?</u>
B <u>네, 자요.</u>

(자다)

보기

A 뭐 해요?
B 친구를 <u>만나요.</u>

(만나다)

(1)

A 텔레비전을 _______?
B 네, 텔레비전을 ____.

(보다)

(2)

A 뭐 해요?
B _______________.

(전화하다)

(3)

A 책을 _________?
B 네, 책을 _______.

(읽다)

(4)

A 냉면을 _________?
B 네, 냉면을 _______.

(먹다)

(5)

A 뭐 해요?
B _______________.

(공부하다)

(6)

A 물을 _________?
B 네, 물을 _______.

(마시다)

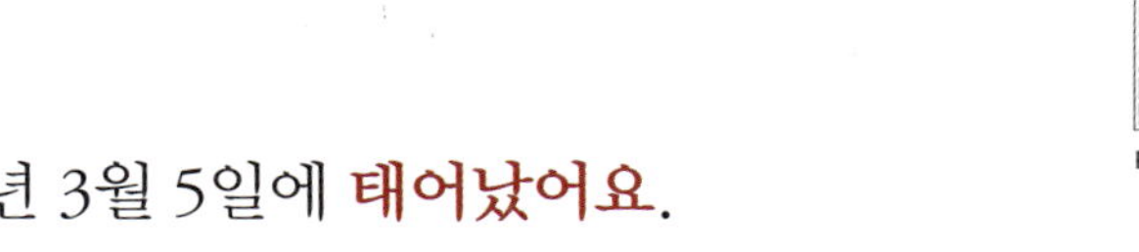

Pista **017**

1981년 3월 5일에 **태어났어요**.
Nací el cinco de marzo de 1981.

2004년 2월에 대학교를 **졸업했어요**.
Me gradué en la universidad en 2004.

작년에 **결혼했어요**.
Nos casamos el año pasado.

Enfoque Gramatical

El tiempo pasado se expresa en coreano por medio del infijo **–았/었–** entre la raíz del verbo o adjetivo y la terminación correspondiente. Cuando la última vocal de la raíz es ㅏ ㅑ ㅗ, se utiliza el infijo **–았–**. En el caso de que sea cualquier otra vocal, el infijo correspondiente es **–었–**. En el caso de los verbos y los adjetivos compuestos por **하다**, a la raíz **하–** también se le añade **–였어요** para formar **하 + 였어요**, aunque es más habitual hacer uso de la contracción **했어요**. Las formas de pasado en el estilo cortés formal son **–았/었습니다** y **했습니다**.

Raíces acabadas en ㅏ ㅑ ㅗ	Raíces terminadas en vocales que no sean ni ㅏ ni ㅗ	Verbos / Adjetivos compuestos con 하다
앉다 + **–았어요** → 앉았어요	먹다 + **–었어요** → 먹었어요	공부하다 → 공부했어요

Infinitivo	–았어요	Infinitivo	–었어요	Infinitivo	했어요
보다	봤어요	씻다	씻었어요	청소하다	청소했어요
만나다	만났어요	*쓰다	썼어요	입학하다	입학했어요

닫다	닫았어요	있다	있었어요	운동하다	운동했어요
팔다	팔았어요	열다	열었어요	요리하다	요리했어요
잡다	잡았어요	*줍다	주웠어요	숙제하다	숙제했어요
*모르다	몰랐어요	*부르다	불렀어요	게임하다	게임했어요

이다	Sustantivos terminados en vocal	였어요	간호사였어요
	Sustantivos terminados en consonante	이었어요	학생이었어요
아니다	Sustantivos terminados en vocal	가 아니었어요	간호사가 아니었어요
	Sustantivos terminados en consonante	이 아니었어요	학생이 아니었어요

* Forma irregular

En Acción

Pista **018**

A 어제 뭐 했어요?

B 공부했어요.

A ¿Qué hiciste ayer?

B Estudié.

A 토요일에 영화를 봤어요?

B 네, 봤어요. 재미있었어요.

A ¿Viste alguna película el sábado?

B Sí, vi una. Era interesante.

A 주말에 뭐 했어요?

B 음악을 들었어요.

A ¿Qué hiciste el fin de semana?

B Escuché música.

¡Atención!

A pesar de que el pasado del verbo 주다 se puede escribir tanto 주었어요 como 줬어요, y el del verbo 보다 se puede escribir tanto 보았어요 como 봤어요, el pasado del verbo 오다 solo se puede escribir como 왔어요. La forma 오았어요 no es correcta.

- 주다 + -었어요 → 주었어요 (○) 줬어요 (○)
- 보다 + -았어요 → 보았어요 (○) 봤어요 (○)
- 오다 + -았어요 → 왔어요 (○) 오았어요 (×)

¿Qué hizo Carol la semana pasada? Mire el calendario de abajo y elija las palabras del recuadro adecuadas para rellenar los huecos con ellas en pasado –았/었어요.

가다　　만나다　　맛있다　　먹다　　보다　　부르다
사다　　싸다　　아프다　　재미있다　　청소하다

- 12월 7일:　**(1)** 친구를 ________________.

　　　　　　(2) 피자를 ________________.

　　　　　　(3) 피자가 ________________.

- 12월 8일:　**(4)** 백화점에 ______________.

　　　　　　(5) 구두를 ______________.

　　　　　　(6) 구두가 ______________.

- 12월 9일:　**(7)** 머리가 ______________. 병원에 갔어요.

- 12월 10일:　**(8)** 노래를 ______________.

- 12월 11일:　**(9)** ____________________.

- 12월 12일:　**(10)** 영화를 ______________.

　　　　　　(11) 영화가 ______________.

2년 후에 차를 **살 거예요**.
Compraré un auto dentro de dos años.

Pista **019**

주말에 낚시를 **할 거예요**.
Iré de pesca el fin de semana.

방학에 중국에 **갈 거예요**.
Iré a China en las vacaciones.

Enfoque Gramatical

La estructura gramatical **–(으)ㄹ 거예요** se emplea para expresar planes y predicciones y sería equivalente en español al tiempo futuro y a la perífrasis "ir a + infinitivo". Si la raíz verbal termina en vocal o en ㄹ, se utiliza **–ㄹ 거예요**, pero en caso de terminar en cualquier consonante excepto ㄹ se utiliza **–을 거예요**.

Raíz verbal terminada en vocal o en ㄹ	Raíz verbal terminada en cualquier consonante excepto ㄹ
가다 + **–ㄹ 거예요** → 갈 거예요	먹다 + **–을 거예요** → 먹을 거예요

Infinitivo	–ㄹ 거예요	Infinitivo	–을 거예요
보다	볼 거예요	입다	입을 거예요
주다	줄 거예요	받다	받을 거예요
만나다	만날 거예요	씻다	씻을 거예요
공부하다	공부할 거예요	*듣다	들을 거예요
*살다	살 거예요	*붓다	부을 거예요
*만들다	만들 거예요	*돕다	도울 거예요

* Forma irregular

En Acción

A 언제 고향에 돌아갈 거예요?

B 내년에 돌아갈 거예요.

A 주말에 뭐 할 거예요?

B 자전거를 탈 거예요.

A ¿Cuándo regresarás a tu pueblo natal?

B Regresaré el próximo año.

A ¿Qué harás el fin de semana?

B Montaré en bicicleta.

Ahora le toca a usted

¿Qué hará Wang Jing esta semana? Mire el calendario de la agenda de Wang Jing y elija las palabras adecuadas del recuadro de abajo para rellenar los huecos con ellas en futuro –(으)ㄹ 거예요.

> 가다　공부하다　놀다　먹다　부르다　쉬다　타다

오늘은 5월 4일이에요. 내일은 5월 5일 '어린이날'이에요. 그래서 내일 학교에 안 가요. 내일 나는 롯데월드에 (1)_________________________. 롯데월드에서 친구들하고 같이 (2)_________________. 스케이트를 (3)_________________. 목요일에 한국어 시험이 있어요. 그래서 수요일에 학교 도서관에서 (4)_________________. 금요일은 캐럴 씨의 생일이에요. 우리는 불고기를 (5)_________________ 그리고 노래방에서 노래를 (6)_________________. 토요일은 집에서 (7)_____________.

댄 씨가 지금 음악을 **듣고 있어요**.
Dane está escuchando música ahora.

민우 씨가 지금 집에 **가고 있어요**.
Minu está yendo a casa ahora.

어제 친구가 웨슬리 씨한테 전화했어요.
그때 웨슬리 씨는 **자고 있었어요**.
Ayer un amigo llamó a Wesley por teléfono. Pero Wesley estaba durmiendo en ese momento.

Enfoque Gramatical

La estructura verbal −고 있다 se emplea para expresar simultaneidad y continuidad, y sería equivalente en español a la perífrasis "estar + gerundio". Se forma añadiendo −고 있다 en la raíz de verbo. En el caso de referirnos a un tiempo pasado, la forma que se debe utilizar es −고 있었다.

가다 + **−고 있다** → 가고 있다   먹다 + **−고 있었다** → 먹고 있었다

Infinitivo	−고 있어요	Infinitivo	−고 있어요
사다	사고 있어요	찾다	찾고 있어요
보다	보고 있어요	만들다	만들고 있어요
만나다	만나고 있어요	일하다	일하고 있어요
오다	오고 있어요	공부하다	공부하고 있어요

En Acción

A 왕징 씨, 지금 시장에 같이 가요.

B 미안해요, 지금 숙제를 하고 있어요.

A 왜 아까 전화를 안 받았어요?

B 샤워하고 있었어요.

A 지금 어디에서 살고 있어요?

B 서울에서 살고 있어요.

A Wang Jing, ¿vamos ahora al mercado?

B Lo siento. Ahora estoy haciendo las tareas.

A ¿Por qué no respondiste antes al teléfono?

B Es que me estaba duchando.

A ¿Dónde vives ahora?

B Vivo en Seúl.

¡Atención!

Para expresar una simple acción ocurrida en el pasado, se usa la forma −았/었어요.

A 어제 뭐 했어요?　　　　　　　　　　¿Qué hiciste ayer?

B 집에서 쉬고 있었어요. (×) → 집에서 쉬었어요. (○)　Descansé en casa.

Ahora le toca a usted

Mire las siguientes imágenes y rellene los huecos conjugando en forma continua los verbos entre paréntesis como se muestra en el ejemplo.

보기 

A 지금 뭐 해요?

B <u>피아노를 치고 있어요.</u>
　　(피아노를 치다)

(1) 

A 지금 뭐 해요?

B ______________.
　　(세수하다)

(2)

A 요즘 뭐 해요?

B ______________.
　　(한국어를 배우다)

(3) 

A 운룡 씨가 지금 공부를 해요?

B 아니요, ______________.
　　(밥을 먹다)

(4) 

A 무엇을 찾고 있었어요?

B ______________.
　　(반지를 찾다)

미국에 **갔었어요**.

Fui a Estados Unidos.
(Pero ya me fui de allí.)

Pista **023**

중국에서 **살았었어요**.

He vivido en China.
(Pero ya no vivo ahí.)

아버지가 **뚱뚱했었어요**.

Mi padre estaba gordo.
(Pero ya no lo está.)

Enfoque Gramatical

El pluscuamperfecto coreano –았/었었어요 se emplea para expresar acciones y estados del pasado que no tienen continuidad con el presente y que sucedieron mucho tiempo antes del momento en que se mencionan. Cuando la última vocal de la raíz del verbo o del adjetivo es ㅏ u ㅗ, se le añade la terminación –았었어요. En el caso de que la raíz de los verbos y los adjetivos termine en otras vocales, se le añade la terminación –었었어요. En el caso de los verbos y los adjetivos compuestos por 하다, se le añade la terminación –했었어요.

Raíces acabadas en ㅏ u ㅗ	Raíces terminadas en vocales que no sean ㅏ ni ㅗ	Verbos / Adjetivos compuestos con 하다
살다 + **–았었어요** → 살았었어요	먹다 + **–었었어요** → 먹었었어요	공부하다 → 공부했었어요

Infinitivo	–았/었었어요	Infinitivo	–았/었었어요
가다	갔었어요	많다	많았었어요
사다	샀었어요	싸다	쌌었어요
배우다	배웠었어요	길다	길었었어요

읽다	읽었었어요	친절하다	친절했었어요
일하다	일했었어요	한가하다	한가했었어요
*듣다	들었었어요	*어렵다	어려웠었어요

* Forma irregular

En Acción

Pista **024**

A 담배를 안 피워요?

B 작년에는 담배를 피웠었어요.
그렇지만 지금은 안 피워요.

A 요즘 바다에 사람이 없어요.

B 여름에는 사람이 많았었어요.

A 주말에 뭐 했어요?

B 롯데월드에 갔었어요.
아주 재미있었어요.

A ¿No fumas?

B El año pasado fumaba. Pero ahora no fumo.

A Estos días no hay nadie en la playa.

B En verano había mucha gente.

A ¿Qué hiciste el fin de semana?

B Fui a Lotte World. Fue muy divertido.

● **¿Cuál es la diferencia?**

-았/었어요	**-았/었었어요**
Se utiliza para referirse a acciones y estados del pasado que no han variado desde entonces.	Hace referencia a un hecho ocurrido en el pasado que no continúa en el momento presente.
• 댄 씨는 작년에 한국에 왔어요. (No sabemos el paradero de Dane desde que vino a Corea. Puede que Dane siga en Corea o que se encuentre en otro país.) • 댄 씨는 서울에서 1년 동안 살았어요. (Dane vivió en Seúl por un año, pero no sabemos dónde vive ahora.)	• 댄 씨는 작년에 한국에 왔었어요. (Dane vino a Corea el año pasado pero se marchó y ya no está en Corea.) • 댄 씨는 서울에서 1년 동안 살았었어요. (Dane vivió un año en Seúl pero ahora ya no vive en Seúl sino en otra ciudad.)

¿Cómo era Hayoung hace diez años? Mire las siguientes imágenes y rellene los huecos con los verbos y adjetivos entre paréntesis en pluscuamperfecto –았/었었어요 como en el ejemplo.

보기

하영 씨는 <u>안경을 안 썼었어요</u>.
(안경을 안 쓰다)

(10년 전 / 현재)

(1)

하영 씨는 _______________________.
(키가 작다)

(10년 전 / 현재)

(2)

하영 씨는 _______________________.
(머리가 길다)

(10년 전 / 현재)

(3)

하영 씨는 _______________________.
(고기를 안 먹다)

(10년 전 / 현재)

(4)

하영 씨는 _______________________.
(치마를 안 입다)

(10년 전 / 현재)

2.

La expresión de la negación

01 Palabras para negar

02 안 A/V-아/어요 (A/V-지 않아요)

03 못 V-아/어요 (V-지 못해요)

Pista **025**

한국 사람이에요.
Es coreana.

한국 사람이 **아니에요**.
No es coreana.

돈이 있어요.
Tiene dinero.

돈이 **없어요**.
No tiene dinero.

한국말을 알아요.
Sé coreano.

한국말을 **몰라요**.
No sé coreano.

Enfoque Gramatical

Las frases negativas se construyen por medio de palabras que expresan la negación de toda la frase o parte de ella. La contrapartida negativa de 이다 es 아니다, mientras que la de 있다 es 없다 y la de 알다 es 모르다. La forma negativa 아니다 rige la desinencia 이/가, aunque esta se suele omitir en el discurso oral.

	Estilo cortés formal	Estilo cortés informal
아니다 ↔ 이다	아닙니다	아니에요
없다 ↔ 있다	없습니다	없어요
모르다 ↔ 알다	모릅니다	몰라요

Pista **026**

A 민우 씨가 학생이에요?

B 아니요, 학생이 아니에요. 선생님이에요.
(= 아니요, 학생이 아니라 선생님이에요.)

A 오늘 시간 있어요?

B 아니요, 오늘 시간 없어요. 바빠요.

A 일본어를 알아요?

B 아니요, 몰라요.

A ¿Es Minu estudiante?

B No, no es estudiante. Es profesor.
(= No, no es estudiante sino profesor.)

A ¿Hoy tienes tiempo?

B No, hoy no tengo tiempo. Estoy ocupada.

A ¿Conoces el idioma japonés?

B No, no lo conozco.

Ahora le toca a usted

Mire las imágenes y rellene los huecos con los verbos en forma negativa como en el ejemplo.

A 미국 사람이에요?

B 아니요, 미국 사람<u>이 아니에요</u>. 영국 사람이에요.

(1) 

A 남자 친구예요?

B 아니요, 남자 친구______________. 동생이에요.

(2) 

A 집에 개가 있어요?

B 아니요, 개______________.

(3) 

A 교실에 댄 씨가 있어요?

B 아니요, 댄 씨______________.

(4) 

A 선생님의 전화번호를 알아요?

B 아니요, 저는 선생님의 전화번호를 ______________.
요코 씨가 알아요.

Pista 027

저는 오징어를 **안 먹어요**.
(= 저는 오징어를 **먹지 않아요**.)
No como calamar.

그 구두는 **안 예뻐요**.
(= 그 구두는 **예쁘지 않아요**.)
Esos zapatos no son bonitos.

방이 **안 넓어요**.
(= 방이 **넓지 않아요**.)
La habitación no es amplia.

Enfoque Gramatical

Esta es la manera en la que se niegan tanto verbos como adjetivos cuando queremos negar una acción o un estado, y viene a ser el equivalente de "no" en español. Mientras que **안** antecede a verbos y adjetivos, **–지 않다** se añade al final de la raíz.

안 + 가다 → 안 가요	가다 + **–지 않아요** → 가지 않아요
안 + 크다 → 안 커요	크다 + **–지 않아요** → 크지 않아요

Como los verbos compuestos por **하다** están compuestos por "Sustantivo + **하다**", la negación **안** se ubica entre el sustantivo y **하다**: "Sustantivo + **안 하다**". Por el contrario, en el caso de los adjetivos, la negación siempre se coloca antes: "**안** + Adjetivo". Es importante tener en cuenta que los verbos **좋아하다** (gustar) y **싫어하다** (desagradar), no deben entenderse como verbos compuestos por **하다** sino como verbos simples y, por ello, indivisibles por lo que se niegan de la siguiente manera: **안 좋아하다/좋아하지 않다** y 안 싫어하다/싫어하지 않다.

안 + 일**하다**　→ 일 안 해요　　　　일**하다**　 + **−지 않아요** → 일하지 않아요

안 + 친절**하다** → 안 친절해요　　　친절**하다** + **−지 않아요** → 친절하지 않아요

안 + 좋아**하다** → 안 좋아해요/좋아하지 않아요 (○) 좋아 안 해요 (×)

Infinitivo	안 −아/어요	−지 않아요
타다	안 타요	타지 않아요
멀다	안 멀어요	멀지 않아요
불편하다	안 불편해요	불편하지 않아요
공부하다	공부 안 해요	공부하지 않아요
*덥다	안 더워요	덥지 않아요
*걷다	안 걸어요	걷지 않아요

* Forma irregular

Aunque **안** y **−지 않다** se pueden emplear para negar frases enunciativas e interrogativas, no se pueden usar en frases imperativas ni propositivas.

- 안 가십시오 (×), 가지 않으십시오 (×)

  → 가지 마십시오 (○)　No vaya, por favor.

- 안 먹읍시다 (×), 먹지 않읍시다 (×)

  → 먹지 맙시다 (○)　　No comamos.

En Acción

Pista **028**

A 불고기를 좋아해요?

B 아니요, 저는 고기를 안 먹어요.

A ¿Te gusta el bulgogi?

B No, no como carne.

A 토요일에 회사에 가요?

B 아니요, 토요일에는 가지 않아요.

A ¿Vas a la compañía los sábados?

B No, los sábados no voy.

A 집이 멀어요?

B 아니요, 안 멀어요. 가까워요.

A ¿Está tu casa lejos?

B No, no está lejos. Está cerca.

Mire las imágenes y rellene los huecos con los verbos y los adjetivos en forma negativa como en el ejemplo.

A 교회에 다녀요?
B 아니요, <u>안 다녀요.</u> / <u>다니지 않아요.</u>

(1)

A 오늘 영화를 봐요?
B 아니요, _______________________.

(2)

A 매일 운동해요?
B 아니요, _______________________.

(3)

A 물이 깊어요?
B 아니요, _______________________.

(4)

A 식당 아저씨가 친절해요?
B 아니요, _______________________.

못 V–아/어요 (V–지 못해요)

저는 수영을 **못해요**.
(= 저는 **수영하지 못해요**.)
No puedo (= sé) nadar.

오늘은 술을 **못 마셔요**.
(= 오늘은 술을 **마시지 못해요**.)
Hoy no puedo beber.

저는 노래를 **못 불러요**.
(= 저는 노래를 **부르지 못해요**.)
No puedo (= sé) cantar.

Pista **029**

Enfoque Gramatical

De esta manera se expresa la incapacidad del sujeto para llevar a cabo una determinada acción o algo que no sale como se esperaba a causa de factores externos. Equivaldría en español a "no poder" y se forma colocando **못** antes del verbo o añadiendo **–지 못해요** a la raíz verbal.

(Para más información, dirigirse a la Unidad 6. Capacidad y posibilidad 01 V–(으)ㄹ 수 있다/없다)

못 + 가다 → 못 가요   가다 + **–지 못해요** → 가지 못해요
못 + 요리하다 → 요리 못해요 (O)   못 요리해요 (×)

Infinitivo	못 –아/어요	–지 못해요
타다	못 타요	타지 못해요
읽다	못 읽어요	읽지 못해요
숙제하다	숙제 못해요	숙제하지 못해요
*쓰다	못 써요	쓰지 못해요
*듣다	못 들어요	듣지 못해요

* Forma irregular

Pista **030**

A 운전해요?

B 아니요, 운전 못해요.
운전을 안 배웠어요.

A 왜 밥을 안 먹어요?

B 이가 아파요. 그래서 먹지 못해요.

A ¿Puedes (= Sabes) manejar?

B No, no puedo (= sé). No he aprendido a manejar.

A ¿Por qué no comes?

B Es que me duelen los dientes. Por eso, no puedo comer.

¿Cuál es la diferencia?

안 (–지 않다)	못 (–지 못하다)
❶ Se utiliza tanto con verbos como con adjetivos.	❶ Se utiliza con verbos pero no se suele emplear con adjetivos.
• 학교에 안 가요. (○) No voy a la escuela.	• 학교에 못 가요. (○) No puedo ir a la escuela.
• 치마가 안 예뻐요. (○) La falda no es bonita.	• 치마가 못 예뻐요. (×)
❷ Se utiliza para indicar que no se realiza una determinada acción independientemente de la capacidad del sujeto o de factores externos.	❷ Se utiliza para indicar que el sujeto es incapaz de llevar a cabo una determinada acción.
• 저는 운전을 안 해요. No manejo. (Sé manejar pero decido no hacerlo.)	• 저는 운전을 못해요. No puedo conducir. (Debido a circunstancias externas como, por ejemplo, a un problema en la pierna.)
• 오늘은 쇼핑을 하지 않아요. Hoy no voy de compras. (Porque no me apetece.)	• 오늘은 쇼핑을 하지 못해요. Hoy no puedo ir de compras. (Debido a circunstancias externas como, por ejemplo, a que no tenga dinero.)

Ahora le toca a usted

Mire las imágenes y rellene los huecos utilizando 못 como se muestra en el ejemplo.

보기

A 요코 씨, 술을 마셔요?

B 아니요, 못 마셔요. /
마시지 못해요.

(1)

A 숙제 다 했어요?

B 아니요, __________.
어려워요.

(2)

A 티루엔 씨의 생일 파티에 가요?

B 아니요, __________.
바빠요.

(3)

A 어제 영화 봤어요?

B 아니요, __________.
표가 없었어요.

Unidad **3.**

Desinencias

날씨**가** 좋아요.

Hace buen tiempo.

Pista **031**

옛날에 공주**가** 있었어요.

Érase una vez una princesa.

저기 재준 씨**가** 와요.

Allí viene Jaejun.

Enfoque Gramatical

1 La desinencia 이/가 se añade al sustantivo que sea el sujeto de la frase. Si el sustantivo termina en vocal, se añade **가**, pero en caso de terminar en consonante se añade **이**.

- 조엘 씨가 빵을 먹어요.   Joel come pan.
- 과일이 너무 비싸요.   La fruta es demasiado cara.

2 La desinencia 이/가 también se emplea hacer mayor énfasis en el sujeto de una frase.

A 누가 음식을 준비할 거예요? A ¿Quién preparará la comida?

B 준호 씨가 음식을 준비할 거예요. B La preparará Junho.
         (Junho y nadie más se encargará de preparar la comida.)

A 누가 안 왔어요? A ¿Quién no ha venido?

B 요코 씨가 안 왔어요. B No ha venido Yoko.

3 La desinencia 이/가 también se utiliza para introducir nueva información o un nuevo tema en una frase.

- 옛날에 한 남자가 살았어요. 그 남자는 아이들이 두 명 있었어요.
  Hace mucho tiempo vivía un hombre. Ese hombre tenía dos hijos.

- 저기 민우 씨가 와요.
  Por ahí viene Minu.

Sustantivo acabado en vocal + 가	Sustantivo acabado en consonante + 이
친구**가** 바빠요. 학교**가** 가까워요. 준호**가** 학교에서 공부해요.	선생님**이** 키가 커요. 방**이** 작아요. 동생**이** 지금 자요.

En Acción

Pista **032**

A 누가 제이슨 씨예요?

B 저 사람이 제이슨 씨예요.

A 어디가 아파요?

B 배가 아파요.

A 넥타이가 멋있어요.

B 고맙습니다.

A ¿Quién es Jason?

B Aquel es Jason.

A ¿Dónde te duele?

B Me duele el estómago.

A La corbata es bonita.

B Gracias.

¡Atención! 

Cuando se añade la desinencia 가 a los pronombres 나, 저 y 누구, la combinación resultante es la siguiente:

나 + **가** → 내가	저 + **가** → 제가	누구 + **가** → 누가

- 내가 리처드예요. Richard soy yo.
  나가 리처드예요. (×)

- 제가 할게요. Lo haré yo.
  저가 할게요. (×)

- 누가 청소하겠어요? ¿Quién hará le limpieza?
  누구가 청소하겠어요? (×)

1 Unos amigos han quedado para organizar una fiesta. ¿De qué se encargará cada uno de ellos? Mire la imagen y rellene los huecos con el nombre correspondiente y la desinencia 이/가.

(1) A 누가 사진을 찍을 거예요?

    B ________________ 사진을 찍을 거예요.

(2) A 누가 케이크를 만들 거예요?

    B ________________ 케이크를 만들 거예요.

(3) A 그럼, 누가 음료수를 살 거예요?

    B 아, ________________ 음료수를 살 거예요.

(4) A 그리고 누가 음악을 준비할 거예요?

    B ________________ 음악을 준비할 거예요.

2 Mire las imágenes y rellene los huecos utilizando 이/가.

(1) 
날씨______ 더워요.

(2) 
비빔밥______ 맛있어요.

(3) 
드라마______
재미없어요.

(4) 
꽃______ 예뻐요.

Pista **033**

안녕하세요? 저**는** 댄이에요.
Hola. Soy Dane.

형**은** 키가 커요. 동생**은** 키가 작아요.
Mi hermano mayor es alto. Mi hermano menor es bajo.

부디 씨**는** 운동을 잘해요. 그렇지만 공부**는** 못해요.
A Budi se le dan bien los deportes. Sin embargo, no se le dan bien los estudios.

Enfoque Gramatical

1 La desinencia 은/는 se añade al sustantivo que indica aquello de lo que el hablante quiere hablar o aquello que quiere explicar, es decir, el tema del discurso o de la conversación. En español, el equivalente podría ser "en lo relativo a" o "con respecto a", aunque no es exactamente igual. Cuando el sustantivo termina en vocal, se usa 는, pero en caso de terminar en consonante se usa 은.

- 저는 한국 사람입니다.   Soy coreano.
- 리처드 씨는 29살입니다.   Richard tiene veintinueve años.
- 제 직업은 변호사입니다.   Soy abogado.

2 La desinencia 은/는 se suele emplear cuando se habla sobre algo que ya ha sido previamente mencionado o cuando se trata de algo de lo que ambos interlocutores están enterados. En otras palabras, la desinencia 은/는 se emplea con cosas o personas ya conocidas.

- 저는 내일 요코 씨를 만나요. 요코 씨는 일본에서 왔어요.
  Mañana veo a Yoko. Yoko ha venido de Japón.
- 저는 작년에 뉴욕에 갔었어요. 뉴욕은 정말 아름다웠어요.
  Fui a Nueva York el año pasado. Nueva York era muy hermosa.
- 어렸을 때 옆집에 한 아이가 있었어요. 그 아이는 착하고 친절했어요.
  Cuando era pequeño, había un niño en la casa de al lado. El niño era simpático y amable.

3 La desinencia 은/는 también se utiliza cuando se comparan dos cosas. En este caso, esta desinencia no se usa solo con el sujeto de la frase, sino que se puede utilizar con los complementos u otros constituyentes de la frase.

- 에릭은 미국 사람이에요. 그렇지만 준호는 한국 사람이에요.
  Eric es estadounidense. Sin embargo, Junho es coreano.
  (contraste entre sujetos)

- 저는 축구는 좋아해요. 그렇지만 야구는 좋아하지 않아요.
  Me gusta el fútbol. Sin embargo, no me gusta el béisbol.
  (contraste entre complementos directos)

- 서울에는 눈이 왔어요. 그렇지만 부산에는 눈이 오지 않았어요.
  Ha nevado en Seúl. Sin embargo, no ha nevado en Busan.
  (contraste entre complementos circunstanciales de lugar)

A 사과 있어요?   ¿Hay manzanas?

B 아니요, 배는 있어요.   No, pero hay peras.
    (La desinencia 는 implica que hay peras en lugar de manzanas.)

Sustantivo terminado en vocal + 는	Sustantivo terminado en consonante + 은
소냐는 겨울을 좋아해요. 제주도는 섬이에요.	제이슨은 의사예요. 서울은 한국에 있어요.

En Acción

Pista **034**

A 부모님 직업이 뭐예요?

B 아버지는 회사원이에요.
그리고 어머니는 선생님이에요.

A ¿A qué se dedican tus padres?

B Mi padre trabaja en una empresa.
Y mi madre es maestra.

A 도쿄가 어때요?

B 도쿄는 많이 복잡해요.

A ¿Cómo es Tokio?

B Tokio es complicada.

A 안녕하세요? 저는 댄입니다.

B 안녕하세요? 저는 캐럴이에요.
미국 사람이에요.

A Hola. Soy Dane.

B Hola. Yo soy Carol. Soy estadounidense.

1 Lea la presentación personal de Tiruen y rellene los huecos con 은/는 según corresponda.

안녕하세요? **(1)** 제 이름_____ 티루엔이에요. **(2)** 저_____ 베트남 사람이에요. **(3)** 제 고향_____ 하노이예요. **(4)** 하노이___ 아주 복잡해요. 저는 가족이 3명 있어요. **(5)** 아버지_____ 회사원이에요. **(6)** 그리고 어머니______ 선생님이에요. **(7)** 동생___ 학생이에요. **(8)** 동생___ 음악을 좋아해요. **(9)** 저___ 운동을 좋아해요. 그래서 운동을 많이 해요. **(10)** 그렇지만 수영___ 못해요.

2 Mire las imágenes y rellene los huecos utilizando 은/는.

(1) 이 사람_____ 왕징 씨예요.

(2) 왕징 씨_____ 중국 베이징에서 왔어요.

(3) 한국_____ 겨울이에요.

(4) 시드니_____ 여름이에요.

(5) 작년에 파리에 갔었어요. 파리_____ 아름다웠어요.

부디 씨가 영화**를** 봐요.

Budi ve una película.

아버지가 신문**을** 읽어요.

Mi padre lee el periódico.

요코 씨가 음악**을** 들어요.

Yoko escucha música.

Pista **035**

Enfoque Gramatical

La desinencia 을/를 se añade a los sustantivos en función de complemento directo. Si el sustantivo acaba en vocal, se añade **를**, pero en caso de terminar en consonante se añade 을. El complemento directo y su desinencia se emplean con verbos transitivos como **먹다** (comer), **마시다** (beber), **좋아하다** (gustar), **읽다** (leer), **보다** (ver), **만나다** (encontrarse con alguien), **사다** (comprar), **가르치다** (enseñar), **배우다** (aprender) y **쓰다** (escribir). No obstante, la desinencia 을/를 suele omitirse en la lengua coloquial.

Sustantivo terminado en vocal + 를	Sustantivo terminado en consonante + 을
커피**를** 마셔요.	물**을** 마셔요.
영화**를** 봐요.	신문**을** 봐요.
친구**를** 만나요.	선생님**을** 만나요.
구두**를** 사요.	옷**을** 사요.
노래**를** 들어요.	음악**을** 들어요.

Pista **036**

A 무슨 운동을 좋아해요?
B 축구를 좋아해요.

A 무엇을 배워요?
B 한국어를 배워요.

A 오늘 누구를 만나요?
B 여자 친구를 만나요.

A ¿Qué deporte te gusta?
B Me gusta el fútbol.

A ¿Qué aprendes?
B Aprendo coreano.

A ¿A quién vas a ver hoy?
B Voy a ver a mi novia.

¡Atención!

❶ N + 하다 → N하다

Cuando se omite la desinencia 을/를 en, por ejemplo, 공부를 하다, 수영을 하다, 운동을 하다 y 산책을 하다, se escribe todo junto como si fuera una única palabra: 공부하다, 수영하다, 운동하다 y 산책하다. Sin embargo, en el caso de los verbos 좋아하다 y 싫어하다, como 좋아– y 싫어– no son sustantivos, no se pueden escribir separadamente.

❷ 뭐 해요?

El pronombre interrogativo 무엇 se puede simplificar en 무어 y contraer en 뭐. Igualmente, la frase interrogativa 뭐를 해요? se puede simplificar en 뭘 해요? y contraer en 뭐 해요? Estas simplificaciones son muy comunes en la lengua oral.

- 무엇 → 무어 → 뭐
- 무엇을 해요? → 뭐를 해요? → 뭘 해요? → 뭐 해요?

Ahora le toca a usted

Mire las imágenes y rellene los huecos con 을/를.

(1) 

A 민우 씨가 무엇을 해요?
B 노래____ 불러요.

(2) 

A 웨슬리 씨가 뭐를 해요?
B 한국어____ 배워요.

(3) 

A 요코 씨가 뭐 해요?
B ____________.

(4) 

A 티루엔 씨가 뭐 해요?
B ____________.

저는 수박**과** 딸기를 좋아해요.
Me gustan la sandía y las fresas.

(= 저는 딸기**와** 수박을 좋아해요.)
Me gustan las fresas y la sandía.

Pista **037**

어제 가방**이랑** 모자를 샀어요.
Ayer compré un bolso y un sombrero.

(= 어제 모자**랑** 가방을 샀어요.)
Ayer compré un sombrero y un bolso.

햄버거**하고** 콜라 주세요.
Deme una hamburguesa y una cola, por favor.

Enfoque Gramatical

1 Todas estas desinencias sirven para coordinar sustantivos en enumeraciones siendo equivalentes en español a "y". La desinencia 와/과 se utiliza principalmente en el lenguaje escrito, mientras que las desinencias (이)랑 y 하고 son más habituales en las conversaciones cotidianas. Si los sustantivos terminan en vocal, se usan las formas 와 y 랑, mientras que en el caso de los sustantivos acabados en consonante se hace uso de las formas 과 e 이랑. Por su parte, 하고 se puede emplear con cualquier sustantivo independientemente de si termina en vocal o en consonante.

Sustantivo terminado en vocal + 와/랑/하고	Sustantivo terminado en consonante + 과/이랑/하고
의자**와** 책상이 있습니다.	신문**과** 잡지를 봅니다.
엄마**랑** 아빠는 회사에 가요.	동생**이랑** 저는 아이스크림을 좋아해요.
불고기**하고** 비빔밥을 먹어요.	옷**하고** 운동화를 살 거예요.

2 Estas desinencias también se emplean para indicar que se realiza una acción en compañía o en colaboración de otra persona siendo equivalente en español a la preposición "con". En estos casos, la desinencia suele ir seguida de 같이 y 함께.

- 내일 친구**하고 같이** 영화를 볼 거예요. Mañana veré una película con un amigo.

• 가족**과 함께** 여행을 가고 싶어요.   Quiero ir de viaje con la familia.

• 우리 선생님**하고 같이** 식사할까요?   ¿Comemos con el profesor?

En Acción

Pista **038**

A 교실에 누가 있습니까?   **A** ¿Quién está en el aula?

B 선생님과 학생들이 있습니다.   **B** Están el profesor y los estudiantes.

A 무슨 음식을 좋아해요?   **A** ¿Qué tipo de comida te gusta?

B 냉면이랑 김밥을 좋아해요.   **B** Me gustan el naengmyeon y el kimbap.

¡Atención!

1 Cuando se utilizan en enumeraciones de cosas, las desinencias (이)랑 y 하고 se pueden añadir a todos los sustantivos de la enumeración, pero 와/과 no se puede colocar tras el último sustantivo de la enumeración.

- 바지랑 가방을 샀어요. (○)
- 바지하고 가방을 샀어요. (○)
- 바지와 가방을 샀어요. (○)

He comprado unos pantalones y un bolso.

- 옷이랑 가방이랑 사요. (○)
- 옷하고 가방하고 사요. (○)
- 옷과 가방과 사요. (×)

Compro ropa y un bolso.

2 Aunque las desinencias 와/과, (이)랑 y 하고 son similares y, por lo tanto, intercambiables, no se pueden alternar en una misma frase.

- 저는 딸기와 바나나하고 귤이랑 감을 좋아해요. (×)
- 저는 딸기와 바나나와 귤과 감을 좋아해요. (○)   Me gustan las fresas, los plátanos, las mandarinas y los caquis.
- 저는 딸기하고 바나나하고 귤하고 감을 좋아해요. (○)
- 저는 딸기랑 바나나랑 귤이랑 감을 좋아해요. (○)

Ahora le toca a usted

Mire las imágenes y rellene los huecos con 와/과, (이)랑 o 하고.

(1) 

A 무엇을 좋아해요?

B 비빔밥_______ 불고기를 좋아해요.

(2) 

A 어제 집에서 뭘 했어요?

B 청소_______ 빨래를 했어요.

(3) 

A 누구하고 여행을 할 거예요?

B ________ 여행을 할 거예요.

(4) 

A 누구랑 살아요?

B _________ 같이 살아요.

이것은 웨슬리**의** 책이에요.
(= 이것은 웨슬리 책이에요.)
Este es el libro de Wesley.

이분은 부디 씨**의** 선생님입니다.
(= 이분은 부디 씨 선생님입니다.)
Esta es la maestra de Budi.

제 이름은 요코입니다.
(= 저**의** 이름은 요코입니다.)
Mi nombre es Yoko.

Enfoque Gramatical

La desinencia 의 indica una relación de posesión entre dos sustantivos, precediendo el poseedor a lo poseído. Esta desinencia equivaldría en español a la preposición "de" aunque el orden de los sustantivos es el contrario, primero el poseedor y después lo poseído. Cuando indica la posesión, la desinencia 의 se puede pronunciar tanto [의] o como [에], aunque lo más habitual es que se pronuncie [에]. Por otra parte, esta desinencia se omite con mucha frecuencia a nivel coloquial. Los pronombres 나, 저 y 너 con la desinencia 의 se pueden contraer de la siguiente manera: 나의 → 내, 저의 → 제 y 너의 → 네. La desinencia 의 siempre se ubica entre el poseedor y lo poseído.

Sustantivo + 의
리처드**의** 어머니 (= 리처드 어머니)
우리**의** 선생님 (= 우리 선생님)
나**의** 친구/내 친구
저**의** 이름/제 이름
너**의** 책/네 책

Pista **040**

A 이것은 누구의 우산입니까?
B 재준 씨의 우산입니다.

A 이분은 누구예요?
B 제이슨 씨의 어머니예요.

A 이름이 뭐예요?
B 제 이름은 이민우예요.

A ¿De quién es este paraguas?
B Es de Jaejun.

A ¿Quién es esta persona?
B Es la madre de Jason.

A ¿Cuál es tu nombre?
B Mi nombre es Lee Minu.

¡Atención!

Cuando uno se refiere a algo compartido con otras personas (la casa, la familia, el país o la escuela), en coreano es habitual utilizar los pronombres 우리 y 저희 en lugar de 나. De igual manera, al hablar de los parientes propios, se emplea 우리 en lugar de 제 y 내. No obstante, en el caso de 동생 (hermano/a menor) es más frecuente que se use con 제 o 내 que con 우리.

- 내 집 (mi casa) → 우리 집 (mi/nuestra casa)
- 내 가족 (mi familia) → 우리 가족 (mi/nuestra familia)
- 제 회사 (mi compañía) → 우리 회사 (mi/nuestra compañía)
- 제 나라 (mi país) → 우리나라 (mi/nuestro país)
- 제 학교 (mi escuela) → 우리 학교 (mi/nuestra escuela)

- 내 어머니 (mi madre) → 우리 어머니 (mi/nuestra madre)
- 제 아버지 (mi padre) → 우리 아버지 (mi/nuestro padre)
- 제 언니 (mi hermana mayor) → 우리 언니 (mi/nuestra hermana mayor)
- 제 남편/아내 (mi esposo/esposa) → 우리 남편/아내 (mi/nuestro esposo / mi/nuestra esposa)
- 제 딸/아들 (mi hija/mi hijo) → 우리 딸/아들 (mi/nuestra hija / mi/nuestro hijo)

* 제 동생/내 동생 (mi hermano/a menor)

Para mostrar deferencia hacia el interlocutor, se suele emplear 저희, que es la forma humilde de 우리. Ejemplos habituales son 저희 어머니 y 저희 아버지. No obstante, al hablar del país propio, siempre se utiliza 우리나라, no 저희 나라.

Mire las imágenes y rellene los huecos con las palabras entre paréntesis correspondientes y la desinencia 의.

(1)

A 이것은 누구의 가방이에요?
B ___________ 가방이에요.
　　　(저)

(2)

A 그것은 누구의 지갑이에요?
B ___________ 지갑이에요.
　　　(부디 씨)

(3)

A 저 남자분은 누구세요?
B ___________________________.
　　　　(김 선생님, 남편)

(4)

A 이분은 누구세요?
B 이분은 ___________________.
　　　　　(우리, 어머니)

친구가 한국**에** 와요.
Un amigo viene a Corea.

동생이 대학교**에** 다녀요.
Mi hermano menor va a la universidad.

다음 달에 고향**에** 돌아가요.
El próximo mes regreso a mi ciudad natal.

Pista **041**

Enfoque Gramatical

1 La desinencia **에** suele venir exigida por verbos como **가다** (ir), **오다** (venir), **다니다** (ir a trabajar/clase), **돌아가다** (volver), **도착하다** (llegar), **올라가다** (subir), y **내려가다** (bajar). Esta desinencia indica la dirección o el destino que alguien o algo tienen. Su equivalente en español sería la preposición "a".

Sustantivo + 에 가다/오다
매일 회사**에** 가요.
우리 집**에** 오세요.
교회**에** 다녀요.

2 La desinencia **에** también se emplea con los verbos **있다** y **없다**, pero en este caso indica la ubicación de algo o alguien, de manera que su equivalente español sería la preposición "en". (Para más información, dirigirse a Fundamentos 02. El verbo 있다 (estar, tener)

- 소파 위에 강아지가 있어요. Hay un perro encima del sofá.
- 지금 집에 어머니와 동생이 있어요. Mi madre y mi hermano/a menor están ahora en la casa.

En Acción

A 어디에 가요?

B 백화점에 가요.

A 요코 씨가 생일 파티에 와요?

B 아니요, 안 와요.

A 오늘 오후에 뭐 해요?

B 서점에 가요.

A ¿Adónde vas?

B Voy al centro comercial.

A ¿Viene Yoko a la fiesta de cumpleaños?

B No, no viene.

A ¿Qué haces hoy?

B Voy a ir a la librería.

Ahora le toca a usted

Mire las imágenes y rellene los huecos empleando la desinencia 에.

(1) 

A 캐럴 씨가 어디에 가요?

B ___________________________.

(2) 

A 운룡 씨가 학교를 졸업했어요?

B 네, 졸업했어요. 요즘___________________________.

(3) 

A 지금 동생이 어디에 있어요?

B ___________________________.

(4) 

A 전화기가 어디에 있어요?

B ___________________________.

저는 아침 8시**에** 일어나요.
Me levanto a las ocho de la mañana.

3월 2일**에** 한국에 왔어요.
Vine a Corea el día dos de marzo.

토요일**에** 만나요.
Nos vemos el sábado.

Enfoque Gramatical

La desinencia 에 también se utiliza para indicar cuándo una acción o un suceso tienen lugar. En español no hay un equivalente exacto, ya que en español dependiendo del sustantivo temporal puede que se usen tanto las preposiciones "a" o "en", como ninguna preposición. Una importante característica de la desinencia 에 es que se puede combinar con otras como 는 y 도: 에는 y 에도.

Sustantivo temporal + 에	
년/해 (año)	2009년에, 작년에, 올해에, 내년에
월/달 (mes)	4월에, 지난달에, 이번 달에, 다음 달에
날 (día)	4월 18일에, 생일에, 어린이날에, 크리스마스에
요일 (día de la semana)	월요일에, 토요일에, 주말에
시간 (hora)	한 시에, 오전에, 오후에, 아침에, 저녁에
계절 (estación)	봄에, 여름에, 가을에, 겨울에

No todas las palabras con significado temporal pueden emplearse con la desinencia 에, ya que su uso no es posible con 그제 (= 그저께) (antes de ayer), 어제 (= 어저께) (ayer), 오늘 (hoy), 내일 (mañana), 모레 (pasado mañana) ni 언제 (cuándo).

- 어제에 친구를 만났어요. (×) → 어제 친구를 만났어요. (○)
  Ayer me encontré con un amigo.

- 내일에 영화를 볼 거예요. (×) → 내일 영화를 볼 거예요. (○)
  Mañana veré una película.

- 언제에 일본에 가요? (×) → 언제 일본에 가요? (○)
  ¿Cuándo vas a Japón?

En Acción

Pista **044**

A 보통 몇 시에 자요?

B 보통 밤 11시에 자요.

A ¿A qué hora te acuestas normalmente?

B Normalmente me acuesto a las once de la noche.

A 언제 고향에 돌아갈 거예요?

B 내년 6월에 돌아갈 거예요.

A ¿Cuándo volverás a tu ciudad natal?

B Volveré en junio del próximo año.

A 주말에 시간이 있어요?

B 네, 주말에 시간이 있어요.

A ¿Tienes tiempo el fin de semana?

B Sí, tengo tiempo.

¡Atención!

Cuando coinciden varios sustantivos temporales en una misma frase, la desinencia 에 solamente se añade al último.

- 다음 주에 토요일에 오전에 10시 30분에 만나요. (×)
- → 다음 주 토요일 오전 10시 30분에 만나요. (○)
  ¡Veámonos el próximo sábado a las diez y media de la mañana!

Mire las imágenes y rellene los huecos empleando la desinencia 에.

(1) 

A 일요일 몇 시에 만나요?

B _______________________.

(2) 

A 한국에 언제 왔어요?

B _______________________.

(3) 

A 댄 씨의 생일 파티를 언제 해요?

B _______________________.

(4) 

A 부디 씨는 언제 결혼해요?

B _______________________.

08 N에서

Pista 045

학교에 가요. 학교**에서** 공부를 해요.
Voy a la escuela. Estudio en la escuela.

극장에 갔어요. 극장**에서** 영화를 봤어요.
Fui al cine. Vi una película en el cine.

식당에 갈 거예요. 식당**에서** 밥을 먹을 거예요.
Iré al comedor. Comeré en el comedor.

Enfoque Gramatical

La desinencia 에서 se añade al sustantivo que indica el lugar en el que una acción o un aconteci-miento tiene lugar. Su equivalente en español sería "en".

Sustantivo de lugar + 에서
백화점**에서** 쇼핑해요.
도서관**에서** 공부해요.
우체국**에서** 편지를 보내요.
커피숍**에서** 커피를 마셔요.
헬스클럽**에서** 운동해요.

En Acción

Pista 046

A 어디에서 살아요?

B 서울에서 살아요.

A 어제 뭐 했어요?

B 명동에서 친구를 만났어요.

A 내일 뭐 할 거예요?

B 도서관에서 공부할 거예요.

A ¿Dónde vives?

B Vivo en Seúl.

A ¿Qué hiciste ayer?

B Me encontré con un amigo en Myeong-dong.

A ¿Qué harás mañana?

B Voy a estudiar en la biblioteca.

¡Atención!

Con el verbo 살다 es posible usar tanto 에 como 에서 sin que apenas varíe el significado.

- 저는 서울에 살아요. (○)　(Simplemente informa del hecho de vivir en Seúl.)
- 저는 서울에서 살아요. (○) (Enfatiza el hecho de vivir en Seúl.)

● ¿Cuál es la diferencia?

에	에서
Indica el lugar en el que alguien o algo está, o el lugar al que alguien o algo se dirige, por lo que se suele utilizar con verbos que implican movimiento, ubicación o existencia.	Indica el lugar en el que una acción tiene lugar y se emplea con una gran variedad de verbos.

- 시청은 서울에 있어요. (○)
  El ayuntamiento está en Seúl.
- 집에 에어컨이 없어요. (○)
  No hay aire acondicionado en casa.
- 식당에 밥을 먹어요. (×)
- 학교에 한국어를 배웠어요. (×)

- 시청은 서울에서 있어요. (×)
- 집에서 에어컨이 없어요. (×)
- 식당에서 밥을 먹어요. (○)
  Como en el comedor.
- 학교에서 한국어를 배웠어요. (○)
  Aprendí coreano en la escuela.

Mire las imágenes y rellene los huecos empleando la desinencia 에서.

(1)

A 어디에서 일해요?

B ____________________________.

(2)

A 어디에서 기차를 타요?

B ____________________________.

(3)

A 토요일에 뭐 할 거예요?

B ____________________________.

(4)

A 어제 저녁에 뭐 했어요?

B ____________________________.

Pista **047**

학교**에서** 집**까지** 걸어왔어요.
Caminé de la escuela a la casa.

서울**에서** 부산**까지** 시간이 얼마나 걸려요?
¿Cuánto se tarda de Seúl a Busan?

오전 9시**부터** 오후 5시**까지** 일해요.
Trabajo desde las nueve de la mañana hasta las cinco de la tarde.

Enfoque Gramatical

Las desinencias ···에서 ···까지 y ···부터 ···까지 se usan para acotar una acción o un evento a nivel espacial y a nivel temporal respectivamente. Sus equivalentes en español serían las preposiciones "desde" y "hasta". Para acotar algo en el espacio físico se usa "Sustantivo에서 Sustantivo까지", mientras que para acotar algo en el tiempo se emplea "Sustantivo부터 Sustantivo까지". No obstante, en ocasiones es posible usar ambas estructuras indistintamente.

Lugar에서 Lugar까지 (acotación espacial)	Momento부터 Momento까지 (acotación temporal)
집**에서** 학교**까지** 버스로 20분쯤 걸려요. 한국**에서** 일본**까지** 배로 갈 수 있어요. 여기**에서** 저기**까지** 몇 미터(m)예요? (= 여기부터 저기까지 몇 미터(m)예요?)	점심시간은 오후 1시**부터** 2시**까지**입니다. 월요일**부터** 금요일**까지** 학교에 가요. 7월**부터** 8월**까지** 방학이에요. (= 7월에서 8월까지 방학이에요.)

Pista **048**

A 여기에서 학교까지 멀어요?
B 네, 버스로 한 시간쯤 걸려요.

A ¿De aquí a la escuela hay mucha distancia?
B Sí, se tarda aproximadamente una hora en autobús.

A 이 도서관은 토요일에 문을 엽니까?
B 네, 토요일은 오전 10시부터 오후 4시까지 엽니다.

A ¿Esta biblioteca abre sus puertas los sábados?
B Sí, abre los sábados desde las diez de la mañana hasta las cuatro de la tarde.

A 명동에서 동대문까지 어떻게 가요?
B 지하철 4호선을 타고 가세요.

A ¿Cómo se va de Myeong-dong a Dongdaemun?
B Tome la línea 4 de metro.

Ahora le toca a usted

Mire las imágenes y rellene los huecos empleando las desinencias …에서 …까지 o …부터 …까지.

(1)

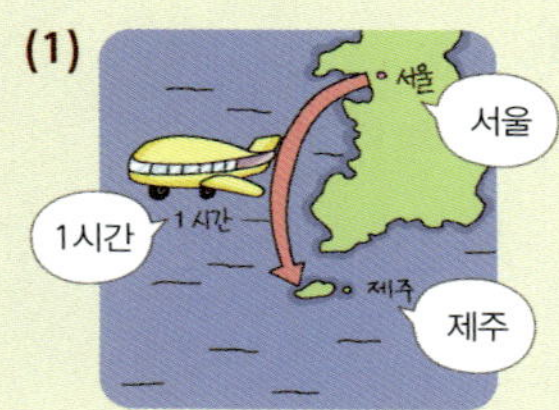

A 서울______ 제주도______ 얼마나 걸립니까?
B 비행기로 1시간 걸립니다.

(2)

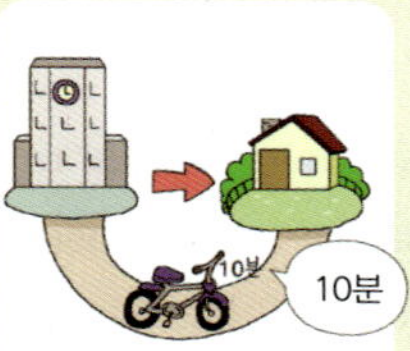

A _________________ 얼마나 걸려요?
B 자전거로 10분 걸려요.

(3)

A 몇 시부터 몇 시까지 점심시간이에요?
B 오후 1시_______ 2시______ 점심시간입니다.

(4)

A 언제부터 언제까지 학교 축제예요?
B _________________ 학교 축제예요.

(10. 8~10. 10)

N에게/한테

Pista **049**

재준 씨가 캐럴 씨**에게** 선물을 줍니다.
Jaejun le da un regalo a Carol.

선생님이 학생들**에게** 한국어를 가르칩니다.
La profesora les enseña coreano a los alumnos.

동생이 개**한테** 밥을 줘요.
Mi hermanita le da la comida al perro.

Enfoque Gramatical

Las desinencias 에게/한테 se añaden al sustantivo que tenga la función de complemento indirecto, es decir, a aquel que recibe el efecto de la acción realizada por el sujeto. La desinencia 한테 se una con más frecuencia a nivel coloquial que 에게. Tanto 에게 como 한테 solo se pueden usar cuando el sustantivo se refiere a una persona u otro ser vivo. En caso de que el sustantivo no se refiera a alguien sino a alguna cosa, algún lugar o alguna planta, se ha de usar 에.

No todos los verbos admiten las desinencias 에게/한테. Entre los verbos que sí pueden usarse con estas desinencias destacan **주다** (dar), **선물하다** (regalar), **던지다** (lanzar), **보내다** (enviar), **부치다** (enviar, remitir), **쓰다** (escribir), **전화하다** (llamar por teléfono), **묻다** (preguntar), **가르치다** (enseñar), **말하다** (hablar), **팔다** (vender), **가다** (ir) y **오다** (venir).

Persona · Animal + 에게/한테	Cosa · Planta · Lugar + 에
개**에게** 줘요	나무**에** 물을 줘요
친구**에게** 소포를 보내요	중국**에** 소포를 보내요
선생님**한테** 물어봐요	회사**에** 물어봐요
친구**한테** 전화해요	사무실**에** 전화해요
아기가 엄마**한테** 와요	친구가 우리 집**에** 와요

Pista **050**

A 누구한테 편지를 써요?

B 고향 친구한테 편지를 써요.

A ¿A quién le escribes la carta?

B Le escribo la carta a un amigo de mi ciudad natal.

A 왜 꽃을 샀어요?

B 여자 친구한테 선물할 거예요.

A ¿Por qué has comprado flores?

B Es que se las voy a regalar a mi novia.

A 선생님, 남산도서관 전화번호가 몇 번이에요?

B 미안해요. 잘 몰라요. 114에 전화해 보세요.

A Profesor, ¿cuál es el número de teléfono de la biblioteca de Namsan?

B Lo siento. No lo sé. Llame al 114.

¡Antención! 

❶ Cuando se le da algo a alguien o se hace algo por alguien de una posición social parecida o inferior a la del hablante, se emplea 에게 주다. Por el contrario, cuando se trata de alguien de mayor posición social o es alguien a quien se le debe mostrar cierta deferencia, se utiliza la desinencia 께, que es el equivalente honorífico de 에게/한테, y el verbo 주다 por el más respetuoso 드리다. (Para más información, dirigirse a la Introducción a la lengua coreana 5. El lenguaje honorífico)

- 나는 할아버지**에게** 선물을 **주었습니다**. → 나는 할아버지**께** 선물을 **드렸습니다**.
  Le di un regalo a mi abuelo.

- 사장님**에게** **전화를 했습니다**. → 사장님**께** **전화를 드렸습니다**.
  Llamé por teléfono al jefe.

- 아버지**에게** **말했습니다**. → 아버지**께** **말씀드렸습니다**.
  Hablé con mi padre.

❷ Cuando se recibe algo o se aprende algo de alguien, se suele usar 에게서 받다/배우다 o 한테서 받다/배우다, aunque es posible omitir 서 y usar simplemente 에게 받다/배우다 o 한테 받다/배우다. Cuando se recibe o aprende algo de alguien de mayor posición social, se utiliza la desinencia honorífica 께 en lugar de 에게서/한테서.

- 내 생일에 친구**에게서** 선물을 받았습니다. = 내 생일에 친구**에게** 선물을 받았습니다.
  Recibí un regalo de un amigo por mi cumpleaños.

- 이정아 선생님**한테서** 한국말을 배웠습니다. = 이정아 선생님**한테** 한국말을 배웠습니다.
  Aprendí coreano con la profesora Jeong-a Lee.

- 어렸을 때 할아버지**께** 한자를 배웠습니다.
  Aprendí caracteres sinocoreanos con mi abuelo cuando era niño.

Mire las imágenes y rellene los huecos empleando la desinencia 에(게)/한테.

(1) 

캐럴 씨가 남자 친구________ 전화해요.

(2) 

아이가 칠판________ 그림을 그립니다.

(3) 

댄 씨가 ______________ 공을 던집니다.

(4) 

요코 씨가 꽃________ 물을 줍니다.

무쿨 씨는 인도 사람이에요.
그리고 친구**도** 인도 사람이에요.

Mukul es indio. Y su amigo también es indio.

아버지는 키가 커요. 그리고 저**도** 키가 커요.

Mi padre es alto. Y yo también soy alto.

왕징 씨는 사과를 좋아해요. 그리고 딸기**도** 좋아해요.

A Wang Jing le gustan las manzanas. Y las fresas también le gustan.

Pista **051**

Enfoque Gramatical

La desinencia 도 se añade a los sustantivos en función de sujeto y objetivo para indicar que partici-pan en una acción o estado determinados al igual que otros sujetos previamente mencionados. Sus equivalentes en español serían "también" y "tampoco".

Sustantivo + 도
나는 한국 사람입니다. 그리고 친구**도** 한국 사람입니다.
아버지는 돈이 많습니다. 그리고 시간**도** 많습니다.
나는 사과를 좋아합니다. 그리고 수박**도** 좋아합니다.
나는 공부를 잘합니다. 그리고 운동**도** 잘합니다.

El uso de 도 exige la desaparición de la desinencia de sujeto 은/는.

- 나는 한국 사람이에요. 그리고 친구**는도** 한국 사람이에요. (×)
  → 나는 한국 사람이에요. 그리고 친구**도** 한국 사람이에요. (○)
  Soy coreano. Y mi amigo también es coreano.

De igual manera, la desinencia de complementos directo 을/를 también desaparece al entrar en contacto con 도.

- 나는 사과를 좋아해요. 그리고 딸기**를도** 좋아해요. (×)
  → 나는 사과를 좋아해요. 그리고 딸기**도** 좋아해요. (○)
  Me gustan las manzanas. Y también me gustan las fresas.

Por el contrario, cuando 도 entra en contacto con cualquier otra desinencia que no sea ni la de sujeto ni la de complemento directo, esta no desaparece.

- 일본에 친구가 있어요. 그리고 미국**에도** 친구가 있어요. (○)
  Tengo un amigo en Japón. También tengo un amigo en Estados Unidos.
  일본에 친구가 있어요. 그리고 미국**도** 친구가 있어요. (×)

- 집에서 공부해요. 그리고 도서관**에서도** 공부해요. (○)
  Yo estudio en casa. Y estudio también en la biblioteca.
  집에서 공부해요. 그리고 도서관**도** 공부해요. (×)

- 친구에게 선물을 주었어요. 그리고 동생**에게도** 선물을 주었어요. (○)
  Le hice un regalo a un amigo. Y a mi hermano/a menor también le hice un regalo.
  친구에게 선물을 주었어요. 그리고 동생**도** 선물을 주었어요. (×)

En Acción

Pista **052**

A 무엇을 먹을 거예요?

B 비빔밥을 먹을 거예요.
  그리고 된장찌개도 먹을 거예요.

A ¿Qué vas a comer?

B Voy a comer bibimbap.
  Y también voy a comer doenjang jjigae.

A 요즘 무엇을 배워요?

B 한국어를 배워요.
  그리고 태권도도 배워요.

A ¿Qué estudias estos días?

B Estoy aprendiendo coreano.
  Y también estoy aprendiendo taekwondo.

A 어제 생일 파티에 누가 왔어요?

B 마틴 씨가 왔어요.
  그리고 요코 씨도 왔어요.

A ¿Quién vino ayer a la fiesta?

B Vino Martin. Y también vino Yoko.

Mire las imágenes y rellene los huecos empleando la desinencia 도.

(1) 

A 무슨 음식을 좋아해요?

B 불고기를 좋아해요. 그리고 비빔밥______ 좋아해요.

(2) 

A 누가 예뻐요?

B 하영 씨가 예뻐요.

그리고 _________________.

(3) 

A 어제 누구를 만났어요?

B 친구를 ___________.

그리고 여자 친구___________.

(4) 

A 어제 시장에서 무엇을 샀어요?

B 바지를 __________.

그리고 _________________.

Pista **053**

오늘 학교에 캐럴 씨**만** 왔어요.
Hoy solo ha venido a la escuela Carol.

댄 씨는 야채는 안 먹어요. 고기**만** 먹어요.
Dane no come verduras. Solo come carne.

5분**만** 기다려 주세요.
Espéreme solo cinco minutos, por favor.

Enfoque Gramatical

La desinencia 만 se emplea para indicar que el sustantivo tras el que se coloca, realiza la acción o recibe los efectos de esta en exclusiva. El equivalente español sería el adverbio "solo". Cuando se emplea 만 con una cifra, tiene el valor de "mínimo". La desinencia 만 se añade al final de la palabra sobre la que se quiere indicar su exclusividad con respecto a otras.

Sustantivo + 만
캐럴 씨는 바지**만** 입어요. 그 식당은 월요일**만** 쉬어요. 영원히 제니퍼 씨**만** 사랑할 거예요. 우리 아이는 하루 종일 게임**만** 해요.

Las desinencias 이/가, 은/는 y 을/를 pueden usarse con 만 o pueden omitirse. En el caso de decidirse hacer uso de ellas, 만 debe aparecer siempre antes que 이, 은 y 을: 만이, 만은 y 만을.

- 준호만 대학에 입학했어요. (○) = 준호만이 대학에 입학했어요. (○)
  Solo Junho entró en la universidad.

- 민우는 다른 책은 안 읽고 만화책만 읽어요. (○)
  = 민우는 다른 책은 안 읽고 만화책만을 읽어요. (○)
  Minu solo lee cómics y no lee ningún otro tipo de libros.

Sin embargo, cuando se combina **만** con otras desinencias como **에서**, **에게** y **까지**, el orden es el inverso: **에서만**, **에게만** y **까지만**.

- 우리 딸은 학교에서만 공부하고 집에서는 공부하지 않아요. (○)
  Nuestra hija estudia solo en la escuela y no estudia (nada) en la casa.
  우리 딸은 학교만에서 공부하고 집에서는 공부하지 않아요. (×)

- 준호 씨에게만 선물을 줬어요. (○) Solo le hice un regalo a Junho.
  준호 씨만에게 선물을 줬어요. (×)

- 제이슨 씨는 12시까지만 공부하고 자요. (○)
  Jason solo estudia hasta las doce y (luego) se acuesta.
  제이슨 씨는 12시만까지 공부하고 자요. (×)

En Acción

Pista **054**

A 학생들이 다 왔어요?
B 부디 씨만 안 왔어요.
  다른 학생들은 다 왔어요.

A ¿Han venido todos los alumnos?
B Solo Budi no ha venido.
  Todos los otros alumnos han venido.

A 커피에 설탕과 크림 다 넣으세요?
B 설탕만 넣어 주세요.

A ¿Le echa al café azúcar y crema?
B Écheme solo azúcar.

Ahora le toca a usted

Mire las imágenes y rellene los huecos empleando la desinencia 만.

(1)

A 캐럴 씨와 댄 씨 모두 미국 사람이에요?
B 아니요, ___________________________.
  (캐럴 씨)

(2)

A 동생에게도 편지를 썼어요?
B 아니요, ___________________________.
  (부모님)

(3)

A 남편이 집에서도 회사 일을 해요?
B 아니요, ___________________________.
  (회사)

N밖에

사과가 한 개**밖에** 안 남았어요.
No queda más que una manzana.

냉장고에 우유**밖에** 없어요.
Tan solo queda leche en el frigorífico.

선물을 한 개**밖에** 못 받았어요.
Tan solo he recibido un único regalo.

Pista **055**

Enfoque Gramatical

La desinencia **밖에** se utiliza para indicar la exclusividad de algo o alguien enfatizándolo y dejando claro que no hay ninguna otra posibilidad. Sus equivalentes en español serían "tan solo" y "nada/nadie más que". Además, el uso de **밖에** tiene un valor negativo, ya que implica que el sustantivo que le precede, no es suficiente y que se necesita algo más. A causa de ese significado negativo, el uso de **밖에** exige que el verbo vayan en forma negativa.

Sustantivo + 밖에	Verbo en forma negativa	Ejemplo
	안 (= –지 않다)	학생들이 두 명**밖에** 안 왔어요.
	못 (= –지 못하다)	그 돈으로는 사과를 한 개**밖에** 못 사요.
	없어요	음식이 조금**밖에** 없어요.
	몰라요	한국어는 '안녕하세요'**밖에** 몰라요.

La desinencia **밖에** exige que el verbo vaya en forma negativa, pero no se puede utilizar con **아니다**. Tampoco es posible usar **밖에** con el verbo en forma imperativa ni propositiva.

- 민우는 학생밖에 아니에요. (×)

- 토마토를 조금밖에 사지 마세요. (×) → 토마토를 조금만 사세요. (○)

  Solo compre unos pocos tomates.

- 10분밖에 기다리지 맙시다. (×) → 10분만 기다립시다. (○)

  Esperemos solo diez minutos.

(Para más información, dirigirse a la Unidad 3. Desinencias 12 N만, 16 N(이)나 ②)

En Acción

Pista **056**

A 그 책을 많이 읽었어요?

B 어려워서 다섯 쪽밖에 못 읽었어요.

A ¿Has leído mucho del libro?

B No he podido leer más que cinco páginas porque es difícil.

A 파티에 사람들이 많이 왔어요?

B 30명을 초대했어요.
그런데 20명밖에 안 왔어요.

A ¿Vino mucha gente a la fiesta?

B Invité a treinta personas. Pero no vinieron más que veinte.

A 시간이 얼마나 남았어요?

B 10분밖에 안 남았어요.

A ¿Cuánto tiempo queda?

B No quedan más que diez minutos.

¿Cuál es la diferencia?

Las desinencias 밖에 y 만 tienen significados parecidos, pero mientras que 만 se puede usar con verbos tanto en forma afirmativa como negativa, 밖에 solo puede usarse con los verbos en forma negativa.

밖에	만
• 교실에 재준 씨밖에 있어요. (×) 교실에 재준 씨밖에 없어요. (○) En el aula no hay nadie más que Jaejun. • 가게에서 과일밖에 샀어요. (×) 가게에서 과일밖에 안 샀어요. (○) En la tienda tan solo compré fruta.	• 교실에는 재준 씨만 있어요. (○) En el aula solo está Jaejun. 교실에는 재준 씨만 없어요. (○) Solo Jaejun no está en el aula. (Los demás estudiantes sí están.) • 가게에서 과일만 샀어요. (○) En la tienda solo compré fruta. 가게에서 과일만 안 샀어요. (○) Lo único que no compré en la tienda fue fruta. (Compré todas las otras cosas en la tienda.)

Mire las imágenes y rellene los huecos empleando la desinencia 밖에.

(1)

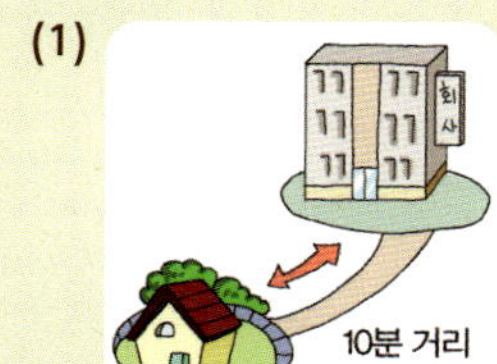

A 집에서 회사까지 시간이 많이 걸려요?
B 아니요, 집에서 회사까지 10분________ 안 걸려요.

(2)

A 어제 많이 잤어요?
B 아니요, 세 시간________ 못 잤어요.

(3)

A 반에 여학생이 많아요?
B ________________________.

(4)

A 집에 에어컨이 있어요?
B 아니요, ________________________.

Pista **057**

여기에서 오른쪽**으로** 가세요.
Gire a la derecha a partir de aquí.

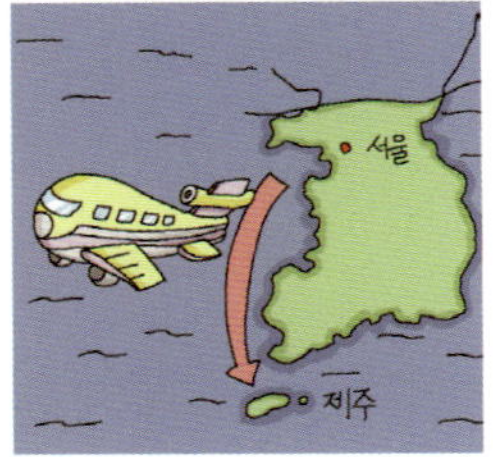

서울에서 제주도까지 비행기**로** 가요.
Voy en avión de Seúl a la isla de Jeju.

가위**로** 종이를 잘라요.
Corto el papel con unas tijeras.

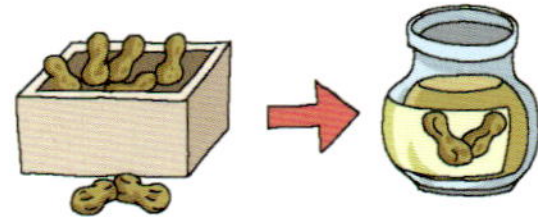

땅콩**으로** 잼을 만들었어요.
He hecho mantequilla de maní.

Enfoque Gramatical

1 La desinencia (으)로 se emplea para indicar la dirección o el destino, equivaliendo en español a las preposiciones "a" y "hacia". Cuando el sustantivo acaba en vocal o en la consonante ㄹ, se emplea 로, mientras que en el caso de sustantivos acabados en cualquier otra consonante se emplea 으로.

- 오른쪽으로 가세요. 은행이 나와요. Gire a la derecha. El banco está por ahí.
- 앞으로 쭉 가세요. 우체국이 있어요. Siga todo recto. La oficina de correos está ahí.

2 La desinencia (으)로 también se utiliza para indicar el medio de transporte, así como la manera, los instrumentos y los materiales empleados para hacer algo. No existe en español un único equivalente sino que hay varios según el contexto: "en", "de", "por", "con", etc.

- 부산에 기차로 갈 거예요. Iré a Busan en tren.
- 가위로 종이를 잘라요. Corto el papel con las tijeras.
- 밀가루로 빵을 만들어요. Hago pan con harina de trigo.

Sustantivo acabado en vocal o ㄹ + 로	Sustantivo acabado en cualquier otra consonante + 으로
버스**로** 가요. 비행기**로** 왔어요. 지하철**로** 갈 거예요. 한국어**로** 말하세요. 칼**로** 잘라요.	왼쪽**으로** 가세요. 오른쪽**으로** 가세요. 트럭**으로** 가요. 콩**으로** 만들어요. 젓가락**으로** 먹어요.

En Acción

A 실례합니다. 은행이 어디에 있어요?
A Disculpe. ¿Dónde está el banco?

B 저 약국 앞에서 오른쪽으로 가세요.
B Gire a la derecha en aquella farmacia.

A 서울에서 부산에 어떻게 가요?
A ¿Cómo voy de Seúl a Busan?

B 기차로 가세요. 기차가 빨라요.
B Vaya en tren. El tren es rápido.

A 이 과자가 맛있어요. 뭐로 만들었어요?
A Esta galleta está buena. ¿De qué está hecha?

B 이 과자는 쌀로 만들었어요.
B Esta galleta está hecha de arroz.

A 한국 사람은 숟가락으로 밥을 먹어요.
A Los coreanos comen el arroz con cuchara.

B 일본 사람은 젓가락으로 밥을 먹어요.
B Los japoneses comen el arroz con palillos.

¡Atención! 

Cuando se indica la manera del desplazamiento no con un sustantivo sino con un verbo, este debe llevar la forma −아/어서 como en 걸어서, 뛰어서, 달려서, 운전해서 y 수영해서.

- 학교에서 집까지 걸어서 가요. Voy de la escuela a la casa caminando.
- 서울에서 부산까지 운전해서 갔어요. Fui de Seúl a Busan manejando.
- 부산에서 제주도까지 수영해서 갈 거예요. Iré de Busan a Seúl nadando.

❶ ¿Cuál es la diferencia entre 차로 왔어요 y 운전해서 왔어요?

La frase 차로 왔어요 solo informa de que el sujeto viajó en auto, ya sea como conductor o como pasajero. Por el contrario, 운전해서 왔어요 se usa solo cuando el sujeto manejó el auto.

민우 씨가 차로 왔어요.	민우 씨가 운전해서 왔어요.
* Se puede usar si Minu viajó en auto. * Se puede usar si Minu manejó el auto. * Se puede usar si Minu no fue el único que manejó el auto.	* Se puede usar si Minu viajó manejando el auto. * Se puede usar si Minu manejó el auto. * No se puede usar si Minu no fue el único que manejó el auto.

❷ ¿Cuál es la diferencia entre (으)로 가다 y 에 가다?

Mientras que (으)로 가다 se utiliza para indicar la dirección, 에 가다 se emplea para señalar el destino, el cual no tiene que coincidir con la dirección necesariamente.

(으)로 가다	에 가다
* Ante todo señala la dirección: 에릭 씨가 집으로 가요. (○) Eric va a su casa. 오른쪽으로 가세요. (○)　　Gire a la derecha.	* Ante todo señala el destino: 에릭 씨가 집에 가요. (○) Eric va a su casa. 오른쪽에 가세요. (×)

Ahora le toca a usted

Mire las imágenes y rellene los huecos empleando la desinencia (으)로.

(1) 

  A 집에서 회사까지 어떻게 가요?

  B ＿＿＿＿＿＿＿＿ 가요.

  C ＿＿＿＿＿＿＿＿ 가요.

  D ＿＿＿＿＿＿＿＿ 가요.

(2) 

  A 집에서 한강공원까지 어떻게 가요?

  B ＿＿＿＿＿＿＿＿ 가요.

(3) 

숙제를 ＿＿＿＿＿＿ 하지 마세요. ＿＿＿＿＿ 쓰세요.

(4) 

계란하고 밀가루＿＿＿＿＿ 빵을 만들어요.

15 N(이)나 ①

Pista **059**

아침에 빵**이나** 밥을 먹어요.

En las mañanas como pan o arroz.

목이 말라요. 물**이나** 주스 주세요.

Tengo sed. Deme agua o jugo, por favor.

방학에 제주도**나** 설악산에 가고 싶어요.

En las vacaciones quiero ir a la isla de Jeju o al monte Seorak.

Enfoque Gramatical

La desinencia (이)나 se emplea para indicar dos o más sustantivos que son opciones entre las que hay que elegir. Tras sustantivos acabados en vocal, se usa 나, mientras que a aquellos terminados en consonante se les añade 이나. En el caso de adjetivos y verbos, se añade 거나 a la raíz. (Para más información, dirigirse a la Unidad 4. Desinencias conjuntivas oracionales 02 V-거나)

Sustantivo acabado en vocal + 나	Sustantivo acabado en consonante + 이나
잡지**나** 신문을 봐요.	신문**이나** 잡지를 봐요.
딸기**나** 수박을 사요.	수박**이나** 딸기를 사요.
우유**나** 물을 마셔요.	물**이나** 우유를 마셔요.
바다**나** 산에 가요.	산**이나** 바다에 가요.
축구**나** 수영을 해요.	수영**이나** 축구를 해요.

Cuando se añade la desinencia (이)나 a un sustantivo en función de sujeto o complemento directo, las respectivas desinencias de sujeto 이/가 y complementos directo 을/를 se omiten, ya que no se pueden combinar con (이)나.

- 어머니**가나** 아버지가 요리해요. (×) → 어머니**나** 아버지가 요리해요. (○)

  Cocina mi madre o mi padre.

- 빵**을이나** 밥을 먹어요. (×) → 빵**이나** 밥을 먹어요. (○) Como pan o arroz.

Cuando (이)나 coincide con las desinencias 에, 에서 o 에게, se puede usar de las siguientes maneras: 1) añadiendo (이)나 al final del primer sustantivo de la lista y añadiendo 에, 에서 o 에게 al final del último sustantivo; 2) combinando (이)나 con 에, 에서 o 에게: 에나, 에서나 o 에게나. Entre estas dos opciones, la primera es la más habitual.

- 토요일에나 일요일에 운동해요. (○) = 토요일이나 일요일에 운동해요. (○)
  Hago ejercicio el sábado o el domingo.

- 산에나 바다에 가요. (○) = 산이나 바다에 가요. (○)
  Voy a la montaña o al mar.

- 공원에서나 커피숍에서 데이트해요. (○) = 공원이나 커피숍에서 데이트해요. (○)
  Quedamos en algún parque o en alguna cafetería.

- 선생님에게나 한국 친구에게 질문해요. (○) = 선생님이나 한국 친구에게 질문해요. (○)
  Le pregunto a mi profesor o a mis amigos coreanos.

En Acción

Pista **060**

A 무엇을 살 거예요?

B 구두나 가방을 살 거예요.

A 이 문법 문제를 잘 모르겠어요.

B 이 선생님이나 김 선생님에게
　물어보세요.

A ¿Qué vas a comprar?

B Voy a comprar unos zapatos o un bolso.

A No entiendo este ejercicio de gramática.

B Pregunte al profesor Lee o al profesor Kim.

Ahora le toca a usted

Mire las imágenes y rellene los huecos empleando la desinencia (이)나.

(1)

A 명동에 어떻게 가요?

B 지하철______ 버스를 타세요.

(2)

A 어디에서 책을 읽을 거예요?

B 도서관_______ 공원에서 읽을 거예요.

(3)

A 방학에 어디에 갈 거예요?

B ________________ 갈 거예요.

Pista **061**

친구를 두 시간**이나** 기다렸어요.
Esperé a mi amiga al menos dos horas.

아이가 여덟 명**이나** 있어요.
Tenemos nada menos que ocho hijos.

사과가 맛있어요. 그래서 열 개**나** 먹었어요.
Las manzanas están deliciosas. Por eso, me he comido al menos diez.

Enfoque Gramatical

La desinencia (이)나 se emplea para indicar que el número o la cantidad de algo es mayor de lo que se espera o de lo que se suele considerar normal. En español equivaldría a "al menos", "como mínimo", "nada menos" o "no menos de". Tras sustantivos acabados en vocal, se usa 나, mientras que a aquellos terminados en consonante se les añade 이나.

Sustantivo acabado en vocal + 나	Sustantivo acabado en consonante + 이나
바나나를 일곱 개**나** 먹었어요. 한 시간 동안 30페이지**나** 읽었어요.	친구에게 다섯 번**이나** 전화했어요. 어제 열두 시간**이나** 잤어요.

(Para más información, dirigirse a la Unidad 3. Desinencias 13 N밖에)

En Acción

A 어제 술을 많이 마셨어요?

B 네, 맥주를 열 병이나 마셨어요.

A ¿Bebiste mucho alcohol ayer?

B Sí, como mínimo bebí diez botellas.

A 기차 시간이 얼마나 남았어요?

B 30분이나 남았어요.

A ¿Cuánto queda para tomar el tren?

B Como mínimo quedan treinta minutos.

A 마틴 씨는 자동차가 많아요?

B 네, 5대나 있어요.

A ¿Tiene Martin muchos autos?

B Sí, tiene al menos cinco.

¿Cuál es la diferencia?

Mientras que la desinencia 밖에 informa de que cierto número o cierta cantidad son inferiores o no llegan a lo esperado o lo que se considera normal, la desinencia (이)나 informa de que el número o la cantidad de los que se habla, exceden lo esperado o lo que se considera normal. Obviamente, una determinada cantidad puede interpretarse como mayor o menor de lo normal según la perspectiva subjetiva de cada hablante, y las desinencias 밖에 e (이)나 permiten expresar ese punto de vista del hablante.

- 물이 반**밖에** 없어요.
  (La cantidad es inferior a la esperada o a la que se considera necesaria.)
- 물이 반**이나** 있어요.
  (La cantidad es superior a la esperada o supera la que se considera necesaria.)

A 우리는 아이가 네 명**밖에** 없어요.
  (No se considera una cantidad excesiva.)

B 네 명**이나** 있어요? 저는 한 명인데요.
  (La cantidad se considera mayor de lo normal.)

댄   이번 시험에서 80점**이나** 받았어요.
  (Para Dane 80 puntos es un buen resultado, ya que lo normal es que consiga menos puntos en los exámenes.)

왕징   이번 시험에서 80점**밖에** 못 받았어요.
  (Para Wang Jing 80 puntos es un mal resultado, ya que habitualmente consigue mayores calificaciones en los exámenes.)

Mire las imágenes y rellene los huecos empleando las palabras entre paréntesis y la desinencia (이)나.

(1) 

A 오늘 길이 너무 막혔어요.
B 맞아요. 회사까지 ___________ 걸렸어요.
　　　　　　　　　　(1시간)

(2) 

A 그 영화가 재미있어요?
B 네, 너무 재미있어요. 그래서 ___________ 봤어요.
　　　　　　　　　　　　　　　　(3번)

(3) 

A 책이 그렇게 어려워요?
B 네, ___________ 읽었어요. 그런데 아직도 모르겠어요.
　　　　　(5번)

(4) 

A 조엘 씨 집에는 개가 정말 많아요.
B 몇 마리 있어요?
A ___________ 있어요.
　　(10마리)

(5) 

A 티루엔 씨는 커피를 정말 많이 마셔요.
B 맞아요. 하루에 ___________ 마셔요.
　　　　　　　　　(6잔)

파티에 20명**쯤** 왔어요.
Vinieron unas veinte personas a la fiesta.

공항에 한 시**쯤** 도착했어요.
Llegué al aeropuerto sobre la una.

요즘 토마토가 3,000원**쯤** 해요.
Estos días los tomates cuestan alrededor de 3,000 wones.

Enfoque Gramatical

La desinencia **쯤** se añade a números, cantidades y a horas para indicar que carecen de exactitud pues son aproximaciones, siendo en español equivalente a "aproximadamente", "más o menos" y "alrededor de".

Sustantivo + 쯤
한 시**쯤** 만납시다.
10,000원**쯤** 있어요.
두 달**쯤** 배웠어요.
5번**쯤** 만났어요.

En Acción

A 내일 몇 시쯤 만날까요?

B 1시쯤 어때요?
　수업이 12시 50분에 끝나요.

A ¿Sobre qué hora nos vemos mañana?

B ¿Qué tal sobre la una?
　La clase termina a la una menos diez.

A 학교에서 집까지 얼마나 걸려요?

B 버스로 30분쯤 걸려요.

A 한국에 언제 오셨어요?

B 1년 전쯤 왔어요.

A ¿Cuánto tardas aproximadamente desde la escuela hasta la casa?

B Tardo unos treinta minutos en autobús.

A ¿Cuándo vino a Corea?

B Vine hace un año aproximadamente.

¡Atención!

Cuando se habla de precios, es más frecuente usar "Sustantivo + 쯤 하다" que "Sustantivo + 쯤이다".

A 사과가 요즘 얼마쯤 해요?   ¿A cuántos están los tomates estos días?

B 요즘 3개에 2,000원쯤 해요.   Tres tomates salen a unos dos mil wones estos días.

A 중국까지 비행기 표가 얼마쯤 해요?   ¿Cuánto cuesta aproximadamente un boleto de avión para China?

B 글쎄요, 300,000원쯤 할 거예요.   Pues, costará unos trescientos mil wones.

Ahora le toca a usted

Mire las imágenes y rellene los huecos empleando la desinencia 쯤.

(1) 

A 오늘 몇 시에 일어났어요?

B ___________________________.

(2) 

A 고향까지 얼마나 걸려요?

B ___________________________.

(3) 

A 영국에서 얼마나 여행했어요?

B ___________________________.

(4)

A 남대문시장에서 청바지가 얼마쯤 해요?

B ___________________________.

Pista **065**

가수**처럼** 노래를 잘 불러요.
Canta tan bien como un cantante profesional.

하영 씨는 천사**같이** 착해요.
Hayeong es tan buena como un ángel.

영화배우**같이** 잘생겼어요.
Es tan guapo como un actor de cine.

Enfoque Gramatical

Las desinencias **처럼/같이** indican que una acción o una cosa son idénticas o muy semejantes al sustantivo que las precede. En español el equivalente sería "como".

Sustantivo + 처럼/같이
인형**처럼** 예뻐요. (= 인형**같이** 예뻐요.)
아기**처럼** 웃어요. (= 아기**같이** 웃어요.)
엄마**처럼** 친절해요. (= 엄마**같이** 친절해요.)
실크**처럼** 부드러워요. (= 실크**같이** 부드러워요.)
하늘**처럼** 높아요. (= 하늘**같이** 높아요.)

En Acción

Pista **066**

A 댄 씨가 정말 한국말을 잘하지요?

B 네, 저도 댄 씨처럼 한국말을 잘했으면 좋겠어요.

A ¿Dane habla muy buen coreano, ¿verdad?

B Sí, ojalá pudiera hablar bien coreano como Dane.

A 그 남자가 어때요?

B 코미디언같이 재미있어요.

A 서울이 복잡해요?

B 네, 일본 도쿄처럼 복잡해요.

Es muy habitual que 처럼/같이 se utilicen para indicar de manera metafórica ciertas características comparándolas con animales o elementos de la naturaleza. Por ello, es habitual escuchar con bastante frecuencia expresiones como 호랑이처럼 무섭다 para señalar que alguien da miedo, 토끼처럼 귀엽다 para indicar que alguien es muy lindo, 거북이처럼 느리다 para señalar que alguien realiza alguna acción muy despacio y 바다처럼 마음이 넓다 para señalar que alguien es muy generoso.

Ahora le toca a usted

Mire las siguientes imágenes y relaciónelas con sus correspondientes enunciados.

(1) 우리 언니는 요리사처럼 요리를 잘해요. ( )

(2) 슬퍼서 아이처럼 울었어요. ( )

(3) 눈이 별처럼 빛나요. ( )

(4) 우리 할아버지는 호랑이처럼 무서워요. ( )

(5) 돌고래처럼 수영을 잘해요. ( )

(6) 우리는 가족같이 친해요. ( )

Pista **067**

비행기가 기차**보다** 빨라요.
(= 기차**보다** 비행기가 빨라요.)

El avión es más rápido que el tren.

동생이 언니**보다** 더 커요.
(= 언니**보다** 동생이 더 커요.)

Mi hermana menor es más alta que mi hermana mayor.

백화점이 시장**보다** 더 비싸요.
(= 시장**보다** 백화점이 더 비싸요.)

El centro comercial es más caro que el mercado.

Enfoque Gramatical

La desinencia 보다 se añade al sustantivo que constituye el segundo término de una comparación, lo que equivaldría en español a la estructura "más … que". Aunque normalmente el segundo término de la comparación "Sustantivo + 보다", suele ir después del sujeto "Sustantivo + 이/가", el orden puede ser el contrario sin que se altere el significado de la estructura. Es habitual el uso de los adverbios 더 y 덜 en estas estructuras con 보다, aunque se pueden omitir.

Sustantivo + 보다
사과**보다** 딸기를 (더) 좋아해요.
동생**보다** 수영을 (더) 잘해요.
어제**보다** 오늘이 (덜) 추워요.
작년**보다** 올해 눈이 많이 왔어요.

En Acción

Pista **068**

A 봄을 좋아해요, 여름을 좋아해요?

B 여름보다 봄을 더 좋아해요.

A 댄 씨, 토요일이 바빠요,
일요일이 바빠요?

B 저는 일요일에 교회에 가요.
그래서 토요일보다 일요일이 더 바빠요.

A 제주도하고 서울하고
어디가 더 따뜻해요?

B 제주도가 서울보다 더 따뜻해요.

A ¿Prefieres la primavera o el verano?

B Me gusta más la primavera que el verano.

A Dane, ¿estás ocupado el sábado o el domingo?

B Los domingos voy a la iglesia.
Por eso el domingo estoy más ocupado que el sábado.

A ¿El clima es más cálido en Seúl o en la isla de Jeju?

B El clima es más cálido en la isla de Jeju que en Seúl.

Ahora le toca a usted

Mire las imágenes y rellene los huecos empleando la desinencia 보다.

(1)  

(적비, 5kg)   (운룡, 3kg)

A 누구의 가방이 더 무거워요?

B _______________________________.

(2)  

A 소파가 편해요, 의자가 편해요?

B _______________________________.

(3)  

(₩50,000)   (₩30,000)

A 어느 것이 더 싸요?

B _______________________________.

(4) 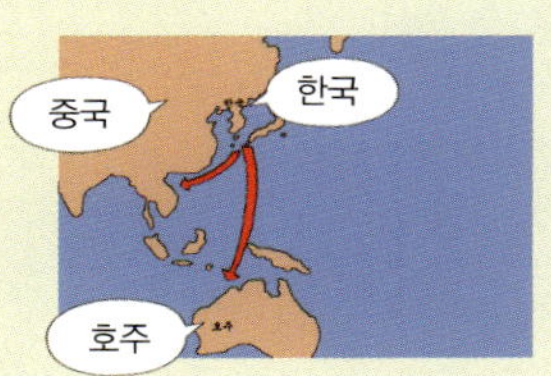

A 한국에서 어느 나라가 더 가까워요?

B _______________________________.

Pista **069**

웨슬리 씨는 일요일**마다** 교회에 가요.
Wesley va a la iglesia cada domingo.

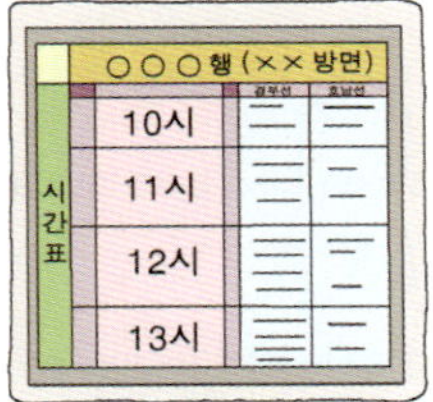

기차는 한 시간**마다** 있어요.
Hay un tren cada hora.

나라**마다** 국기가 달라요.
Cada país tiene una bandera diferente.

Enfoque Gramatical

1 La desinencia **마다** se añade a sustantivos de naturaleza temporal. Se utiliza para indicar la repetición de una determinada acción cada cierto tiempo y vendría a ser el equivalente coreano del indefinido "cada".

- 두 달마다 머리를 잘라요. Me corto el pelo cada dos meses.
- 오 분마다 지하철이 와요. El metro pasa cada cinco minutos.

2 La desinencia **마다** también puede emplearse para indicar la totalidad del conjunto denotado por el sustantivo que modifica, lo que equivaldría en español a "cada" y a "todo/a". **마다** ha de colocarse justo detrás del sustantivo que modifique.

- 주말마다 여행을 가요. Me voy de viaje cada fin de semana.
- 점심시간에는 식당마다 자리가 없어요. A la hora del almuerzo, todos los restaurantes están llenos.

Sustantivo + 마다
1시간**마다** 버스가 출발해요.
날**마다** 청소해요.
해**마다** 외국 여행을 해요.
토요일**마다** 가족하고 전화해요.

Pista **070**

A 이번 주 금요일 저녁에 시간 있어요?

B 금요일마다 태권도를 배워요.
그래서 시간이 없어요.

A 비행기가 자주 있어요?

B 이틀마다 있어요.

A 컴퓨터가 교실마다 있어요?

B 네, 모든 교실에 다 있어요.

A ¿Tienes tiempo este viernes por la tarde?

B Todos los viernes tengo clase de taekwondo.
Por eso no tengo tiempo.

A ¿Hay vuelos frecuentes?

B Hay uno cada dos días.

A ¿Hay una computadora en cada aula?

B Sí, todas las aulas tienen uno.

¡Atención!

❶ El significado de 날마다, 일주일마다, 달마다 y 해마다 es prácticamente el mismo que el de 매일, 매주, 매월/매달 y 매년 respectivamente.

- 날마다 회사에 가요. = 매일 회사에 가요.
  Voy a la empresa cada día. = Voy a la empresa todos los días.

- 일주일마다 회의가 있어요. = 매주 회의가 있어요.
  Hay una reunión cada semana. = Hay una reunión todas las semanas.

- 달마다 잡지가 나와요. = 매월/매달 잡지가 나와요.
  La revista sale cada mes. = La revista sale todos los meses.

- 해마다 이사해요. = 매년 이사해요.
  Cada año me mudo de casa. = Todos los años me mudo de casa.

❷ En el caso de la palabra 집 no se usa 집마다 sino 집집마다.

- 요즘에는 집집마다 인터넷을 사용해요. Estos días en todos los hogares se usa internet.

Mire las imágenes y rellene los huecos empleando la desinencia 마다.

(1)

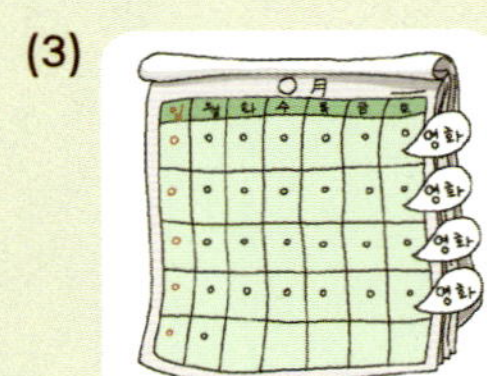

A 부디 씨, 고향에 자주 가세요?

B _______________________.
       (방학)

(2)

A 한국 사람은 젓가락, 숟가락으로 식사해요.

B 미국 사람은 나이프와 포크, 인도 사람은 손으로 식사해요.
      __________ 식사 방법이 달라요.
   (나라)

(3)

A 영화를 보세요?

B 네, _____________ 봐요.
    (토요일)

(4)

A 몇 분마다 지하철이 와요?

B 출근 시간에는_____________________.
           (5분)

Desinencias conjuntivas oracionales

Pista **071**

캐럴 씨는 키가 **크고** 날씬해요.
Carol es alta y delgada.

민우 씨는 한국 사람**이고** 댄 씨는 영국 사람입니다.
Minu es coreano y Dane es británico.

어제 파티에서 티루엔 씨가 노래도 **부르고** 춤도 췄어요.
Tiruen cantó y bailó en la fiesta de ayer.

Enfoque Gramatical

1 La terminación **−고** se añade tras la raíz de un verbo o un adjetivo para coordinar dos o más acciones, estados o situaciones. Su equivalente en español sería la conjunción "y".

- 형은 **커요. 그리고** 동생은 작아요. Mi hermano mayor es grande. Y mi hermano menor es pequeño.
- → 형은 **크고** 동생은 작아요.　　Mi hermano mayor es grande y mi hermano menor es pequeño.

2 La terminación **−고** también se emplea para indicar que la primera acción mencionada tuvo lugar antes que la segunda, lo que en español equivaldría a "y (luego)". En estos casos solo el último verbo va conjugado.
(Para más información, dirigirse a la Unidad 5. Frases temporales 03 V−고 나서)

- 어제 밥을 **먹었어요. 그리고** 숙제를 했어요.
  Ayer comí. Luego hice las tareas.
  → 어제 밥을 **먹고** 숙제를 했어요. 〔어제 밥을 먹었고 숙제를 했어요. (×)〕
  Ayer comí y luego hice las tareas.

가다 + **−고** → 가고 크다 + **−고** → 크고

Verbo en infinitivo	−고	Adjetivo sin modificar	−고
오다	오고	예쁘다	예쁘고
보다	보고	바쁘다	바쁘고
읽다	읽고	넓다	넓고
찾다	찾고	작다	작고
공부하다	공부하고	날씬하다	날씬하고

¡Atención!

Es muy habitual el uso de la estructura "N도 V고 N도 V" cuando se coordinan dos verbos que tienen un mismo sujeto.

- 형은 수영을 잘해요. 그리고 농구도 잘해요.

  Mi hermano mayor nada muy bien. Además también juega muy bien al baloncesto.

  → 형은 수영**도** 잘**하고** 농구**도** 잘해요.

    Mi hermano mayor es bueno tanto en natación como en baloncesto.

- 저는 딸기를 좋아해요. 그리고 바나나도 좋아해요.

  Me gustan las fresas. Además, también me gustan los plátanos.

  → 저는 딸기**도** 좋아**하고** 바나나**도** 좋아해요.

    Me gustan las fresas y también me gustan los plátanos.

En Acción

Pista **072**

A 내일 뭐 할 거예요?

B 오전에는 친구를 만나고
오후에는 도서관에 갈 거예요.

A 어제 뭐 했어요?

B 피자도 먹고 영화도 봤어요.

A 여자 친구가 어때요?

B 똑똑하고 예뻐요.

A ¿Qué harás mañana?

B Por la mañana veré a un amigo
y por la tarde iré a la biblioteca.

A ¿Qué hiciste ayer?

B Comí pizza y vi una película.

A ¿Cómo es tu novia?

B Es inteligente y bonita.

Mire las imágenes y rellene los huecos empleando las palabras entre paréntesis y la forma –고.

(1) 

A 날씨가 어때요?

B 바람이 __________ 추워요.
(불다)

(2) 

A 디나 씨 남자 친구가 어때요?

B __________________.
(멋있다, 친절하다)

(3) 

A 가족들은 주말에 보통 뭐 해요?

B 오빠는 __________, 언니는 __________.
(운동하다, 데이트하다)

(4) 

A 어제 왕징 씨의 집에서 뭐 했어요?

B ________도 ____고 ______도 ______.
(요리를 하다, 텔레비전을 보다)

아침에 빵을 **먹거나** 우유를 마셔요.
Por las mañanas como pan o bebo leche.

Pista **073**

주말에 음악을 **듣거나** 영화를 볼 거예요.
El fin de semana escucharé música o veré una película.

바쁘거나 가방이 무거울 때 택시를 타요.
Tomo un taxi cuando tengo prisa o cuando la maleta pesa mucho.

Enfoque Gramatical

La terminación **–거나** se añade a la raíz de un verbo o un adjetivo para indicar la existencia de dos o más opciones. En español su equivalente es la conjunción disyuntiva "o". Se suele usar para coordinar dos verbos o dos adjetivos, pero puede coordinar tres o más. Esta terminación tiene la misma función y el mismo significado que la desinencia **–(이)나**, radicando la diferencia entre ellas que la primera se usa con verbos o adjetivos, y la segunda exclusivamente con sustantivos.

(Para más información, dirigirse a la Unidad 3. Desinencias 15 N(이)나 ①)

보다 + **–거나** → 보거나　　　　　　　먹다 + **–거나** → 먹거나

Infinitivo	–거나	Infinitivo	–거나
자다	자거나	듣다	듣거나
만나다	만나거나	돕다	돕거나
만들다	만들거나	공부하다	공부하거나

En Acción

Pista **074**

A 이번 주말에 뭐 할 거예요?

B 운동을 할 거예요.
테니스를 치거나 수영을 할 거예요.

A ¿Qué harás este fin de semana?

B Haré ejercicio.
Jugaré al tenis o nadaré.

A 목이 아파요.

B 그럼 생강차를 마시거나 사탕을 드세요.

A Me duele la garganta.

B Entonces tómese una infusión de jengibre o tómese un caramelo.

A 결혼기념일에 뭐 할 거예요?

B 여행을 가거나 외식을 할 거예요.

A ¿Qué harán en su aniversario de boda?

B Haremos un viaje o saldremos a comer.

Ahora le toca a usted

Mire las imágenes y rellene los huecos empleando las palabras entre paréntesis y la desinencia –거나.

(1) 

A 너무 피곤해요. 저녁 식사 어떻게 해요?

B ________________ 피자를 주문합시다.
(외식을 하다)

(2) 

A 안녕! 잘 있어요. 건강하세요. 2년 후에 올게요.

B 잘 가요. 가끔 편지를 _________ 이메일을 보내세요!
(쓰다)

(3) 

A 이 단어를 잘 몰라요.

B 한국어 선생님에게 _________ 사전을 찾으세요.
(물어보다)

(4) 

A 시간이 있으면 보통 뭐 하세요?

B ____________ 그림을 그려요.
(영화를 보다)

Pista **075**

한국말은 **어렵지만** 재미있어요.
El coreano es difícil pero es interesante.

형은 **크지만** 동생은 작아요.
Mi hermano mayor es grande pero mi hermano menor es pequeño.

하영 씨는 많이 **먹지만** 날씬해요.
Hayeong come mucho pero está delgada.

Enfoque Gramatical

Se hace uso de la terminación **–지만** cuando el contenido de la segunda oración contrasta con el de la primera, por lo que en español equivale a "pero". La terminación **–지만** se añade a la raíz de los verbos y de los adjetivos, y es compatible con el infijo del tiempo pasado **–았/었–** dando como resultado **–았/었지만**.

사다 + **–지만** → 사지만   좋다 + **–지만** → 좋지만

Verbo en infinitivo	–지만	Adjetivo sin modificar	–지만
보다	보지만	슬프다	슬프지만
먹다	먹지만	배고프다	배고프지만
배우다	배우지만	작다	작지만
수영하다	수영하지만	편하다	편하지만

(Para más información, dirigirse a la Unidad 4. Desinencias conjuntivas oracionales 04 A/V-(으)ㄴ/는데 ①)

Pista **076**

A 오늘 날씨가 어때요?

B 바람이 불지만 춥지는 않아요.

A 요코 씨, 아파트가 어때요?

B 작지만 깨끗해요.

A 댄 씨가 한국말을 잘해요?

B 네, 외국 사람이지만 한국말을 잘해요.

A ¿Qué tiempo hace hoy?

B Sopla el viento pero no hace frío.

A Yoko, ¿cómo es el apartamento?

B Es pequeño pero está limpio.

A ¿Dane habla bien coreano?

B Sí, es extranjero pero habla coreano bien.

Ahora le toca a usted

Mire las imágenes y rellene los huecos empleando las palabras entre paréntesis y la desinencia –지만.

(1)

A 한국 음식이 어때요?

B _________________.
(맵다, 맛있다)

(2)

A 언니가 학생이에요?

B 저는 __________ 언니는 __________.
(학생이다)　　　　　　　　(회사원이다)

(3)

A 주말에도 바빠요?

B 평일에는 __________ 주말에는 __________.
(바쁘다)　　　　　　　(한가하다)

(4)

A 나탈리아 씨, 추워요?

B 네, _____________________.
(옷을 많이 입다, 춥다)

A/V-(으)ㄴ/는데 ①

낮에는 차가 **많은데** 밤에는 차가 없어요.
Durante el día hay muchos autos pero durante la noche no hay autos.

저는 오빠는 **있는데** 언니는 없어요.
Tengo un hermano mayor pero no tengo ninguna hermana mayor.

노래는 **못하는데** 춤은 잘 춰요.
No puede cantar bien pero baila bien.

Pista **077**

Enfoque Gramatical

Esta estructura se emplea cuando el contenido de la segunda oración contrasta con el de la primera de alguna manera o presenta una información que no suele darse a la vez que la previamente mencionada. En español vendría a equivaler a "pero". Cuando los adjetivos acaban en vocal, se añade ㅡㄴ데, mientras que si acaban en consonante se añade ㅡ은데. En el caso de los verbos en presente, los verbos y adjetivos en tiempo pasado y las palabras formadas por 있다/없다, siempre se utiliza ㅡ는데.

Adjetivos / Sustantivos + 이다		Verbos en presente	Verbos / Adjetivos en pasado
acabados en vocal	acabados en consonante		
ㅡㄴ데	ㅡ은데	ㅡ는데	ㅡ았/었는데
예쁜데 학생인데	높은데 적은데	오는데　읽는데 있는데　없는데	왔는데　　많았는데 의사였는데　학생이었는데

Adjetivo sin modificar	ㅡ(으)ㄴ/는데	Verbo en infinitivo	ㅡ(으)ㄴ/는데
크다	큰데	가다	가는데

낮다	낮은데	마시다	마시는데
*멀다	먼데	일하다	일하는데
*덥다	더운데	*듣다	듣는데
*빨갛다	빨간데	*살다	사는데
귀여웠다	귀여웠는데	만났다	만났는데

* Forma irregular

(Para más información, dirigirse a la Unidad 4. Desinencias conjuntivas oracionales 03 A/V-지만)

En Acción

Pista **078**

A 왜 그 시장에 안 가요?

B 가격은 싼데 너무 멀어요.

A ¿Por qué no vas al mercado?

B Es barato pero está lejos.

A 회사가 어때요?

B 일은 많은데 월급은 적어요.

A ¿Qué tal en la compañía?

B Hay mucho trabajo pero el sueldo es escaso.

Ahora le toca a usted

Mire las imágenes y rellene los huecos empleando las palabras entre paréntesis y la desinencia –(으)ㄴ/는데.

(1) 

A 그 식당 어때요?

B ____________________.
　　(맛있다, 비싸다)

(2) 

A 티루엔 씨 집이 어때요?

B 방은 __________ 화장실은 __________.
　　(크지 않다)　　　　　　(2개이다)

(3) 

A 캐럴 씨는 결혼했어요?

B 아니요, 아직 ____________ 남자 친구는 있어요.
　　(결혼 안 하다)

(4) 

A 저녁 먹었어요?

B 네, __________ 배가 고파요.
　　(먹다)

Frases temporales

2년 **전에** 한국에 왔습니다.
Vine a Corea hace dos años.

식사 **전에** 이 약을 드세요.
Tómese la medicina antes de cada comida.

수영하기 전에 준비운동을 해요.
Hay que hacer precalentamientos antes de nadar.

Pista **079**

Enfoque Gramatical

Esta estructura indica que algo tiene lugar o se desarrolla con anterioridad a alguna acción o un cierto tiempo antes, por lo que correspondería en español a "antes" y a "hace". Sus usos incluyen los siguientes: "Cantidad de tiempo + **전에**", "Sustantivo + **전에**" y "Verbo + **–기 전에**".

La estructura "Sustantivo + **전에**" se emplea principalmente con sustantivos a los que se les puede añadir **하다** para formar un verbo, de manera que en dicho caso también es posible hacer uso de "Verbo + **–기 전에**" sin que se modifique el significado **식사 전에 = 식사하기 전에**. En lo que respecta a los verbos no formados con **하다**, solo es posible el uso de "Verbo + **–기 전에**".

Sustantivo + 전에	Raíz verbal + –기 전에
식사 + **전에** → 식사 전에	식사하다 + **–기 전에** → 식사하기 전에

Cantidad de tiempo + 전에	Sustantivo + 전에	Infinitivo	Raíz verbal + –기 전에
1시간 전에	식사 전에	식사(하다)	식사하기 전에
한 달 전에	여행 전에	여행(하다)	여행하기 전에

2년 전에	방문 전에	방문(하다)	방문하기 전에
1시 전에	수업 전에	수업(하다)	수업하기 전에
하루 전에	운동 전에	자다	자기 전에
–		마시다	마시기 전에
		죽다	죽기 전에

En Acción

Pista **080**

A 같이 점심 식사해요.

B 미안해요. 1시간 전에 식사했어요.

A 다음 달에 결혼하지요?

B 네, 결혼하기 전에 이것저것 준비할 게 많네요.

A 한국에 오기 전에 어디에 살았어요?

B 뉴욕에서 살았어요.

A Almorcemos juntos.

B Lo siento. Almorcé hace una hora.

A Te vas a casar el próximo mes, ¿verdad?

B Sí, tengo varias cosas por preparar antes de casarme.

A ¿Dónde vivías antes de venir a Corea?

B Vivía en Nueva York.

● ¿Cuál es la diferencia?

¿Cuál es la diferencia entre 1시 전에 y 1시간 전에?

- 1시 전에 오세요.
  (Aquí se le pide al interlocutor que venga antes de la una, es decir, a las 12:50, a las 12:00 o quizá incluso a las 11:00.)

- 1시간 전에 오세요.
  (Aquí se le pide al interlocutor que venga una hora antes de la hora previamente acordada. Por ejemplo, si hubiera una reunión prevista para las tres, se le estaría pidiendo al interlocutor que viniera a las dos.)

¿Qué se debe hacer antes de realizar las acciones ilustradas en la columna (가)? Elija la opción más adecuada entre las imágenes de la columna (나) y relacione ambas acciones trazando una línea. Por último, complete los huecos de las frases de abajo usando 전에 o −기 전에.

(가)   (나)

(1)    •   • ⓐ 

(2)    •   • ⓑ 

(3)    •   • ⓒ 

(4)    •   • ⓓ 

(1) ______________ 서류를 복사해요.

(2) ______________ 손을 씻어요.

(3) ______________ 전화해요.

(4) ______________ 기도해요.

N 후에, V–(으)ㄴ 후에

한 달 **후에** 아기가 태어나요.
Mi bebé nacerá dentro de un mes.

밥을 **먹은 후에** 이를 닦아요.
Me cepillo los dientes después de comer.

대학교 졸업 **후에** 취직을 했어요.
Encontré trabajo después de la graduación de la universidad.

(= 대학교를 **졸업한 후에** 취직을 했어요.)
Encontré trabajo después de graduarme en la universidad.

Pista **081**

Enfoque Gramatical

Esta estructura significa "dentro de cierto tiempo" y "después de cierta acción", equivaliendo 후에 en español tanto a "dentro de" como a "después de". Dentro de una frase admite los siguientes tres usos: "Periodo 후에", "Sustantivo 후에", y "V–(으)ㄴ 후에"

En el caso de los verbos, se añade –ㄴ 후에 a las raíces verbales acabadas en vocal, –은 후에 a las raíces verbales acabadas en consonante y, cuando la raíz termina en ㄹ, esta desaparece y se añade –ㄴ 후에. La estructura –(으)ㄴ 후에 es perfectamente reemplazable por –(으)ㄴ 다음에.

Sustantivo	Verbo	
Sustantivo + 후에	Raíz verbal terminada en vocal	Raíz verbal terminada en consonante
식사 **후에**	가다 + **–ㄴ 후에** → 간 후에	먹다 + **–은 후에** → 먹은 후에

Cantidad de tiempo 후에	Sustantivo + 후에	Infinitivo	Raíz verbal + –ㄴ 후에	Infinitivo	Raíz verbal + –은 후에
1시 후에	식사 후에	식사하다	식사한 후에	받다	받은 후에

1시간 후에	입학 후에	입학하다	입학한 후에	벗다	벗은 후에
한 달 후에	방학 후에	오다	온 후에	읽다	읽은 후에
3년 후에	졸업 후에	만나다	만난 후에	*듣다	들은 후에
–		*놀다	논 후에	*짓다	지은 후에
		*만들다	만든 후에	*돕다	도운 후에

* Forma irregular

En Acción

Pista **082**

A 언제 고향에 돌아가요?

B 1년 후에 가요.

A ¿Cuándo regresarás a tu ciudad natal?

B Regresaré dentro de un año.

A '집들이'가 뭐예요?

B 한국에서 이사한 후에 하는 파티예요.

A ¿Qué es "집들이"?

B Es una fiesta que se hace en Corea después de mudarse.

A 수업 후에 시간 있어요?

B 미안해요. 바빠요. 수업이 끝난 다음에 식당에서 아르바이트를 해요.

A ¿Tienes tiempo después de las clases?

B Lo siento. Estoy ocupada. Trabajo a tiempo parcial en un restaurante después de las clases.

¿Cuál es la diferencia?

¿Cuál es la diferencia entre 1시 후에 y 1시간 후에?

- 1시 후에 오세요.

  (Aquí se le pide al interlocutor que venga después de la una, es decir, a la 01:10, a las 02:00 o quizá incluso a las 03:00.)

- 1시간 후에 오세요.

  (Aquí se le pide al interlocutor que venga justo una hora después de la hora previamente acordada. Por ejemplo, si hubiera una reunión prevista para las tres, se le estaría pidiendo al interlocutor que viniera a las cuatro.)

¿Qué se debe hacer después de realizar las acciones ilustradas en la columna (가)? Elija la opción
más adecuada entre las imágenes de la columna (나) y relacione ambas acciones trazando una línea.
Por último, complete los huecos de las frases de abajo usando 후에 o –(으)ㄴ 후에.

(가)

(나)

(1)

    ⓐ

(2)

    ⓑ

(3)

    ⓒ

(4)

    ⓓ

(1) ________________ 샤워해요. (운동하다)

(2) ________________ 집들이를 해요. (이사하다)

(3) ________________ 지하철을 타요. (내리다)

(4) ________________ 영수증을 받아요. (우유를 사다)

일을 **하고 나서** 쉽니다.
Después de terminar de trabajar, descanso.

텔레비전을 **보고 나서** 잡니다.
Me acuesto después de ver la televisión.

아침을 **먹고 나서** 신문을 봅니다.
Leo el periódico después de desayunar.

Pista **083**

Enfoque Gramatical

La estructura **-고 나서** indica que al finalizarse una acción, se realiza otra a continuación, por lo que en español se podría traducir por "hacer (algo) después de" o "hacer (algo) y luego". En ocasiones es posible omitir **나서** sin que varíe el significado, de manera que en lugar de **일을 하고 나서 쉬세요** se puede usar **일을 하고 쉬세요**. No obstante, la presencia de **나서** ayuda a dejar claro que la segunda acción no tiene lugar hasta que la primera haya concluido.

보다 + **-고 나서** → 보고 나서   먹다 + **-고 나서** → 먹고 나서

Infinitivo	-고 나서	Infinitivo	-고 나서
끝나다	끝나고 나서	듣다	듣고 나서
먹다	먹고 나서	돕다	돕고 나서
읽다	읽고 나서	공부하다	공부하고 나서

La estructura −고 나서 indica un orden cronológico y solo se puede usar con verbos. Por otra parte, cuando el sujeto de ambos verbos es el mismo y el primero es un verbo de movimiento como 가다 (ir), 오다 (venir), 들어가다 (entrar), 들어오다 (entrar), 나가다 (irse, salir), 나오다 (salir, emerger), 올라가다 (subir), 내려가다 (bajar), y verbo 일어나다 (despertarse), 앉다 (sentarse), 눕다 (tumbarse), 만나다 (encontrarse con alguien), se utiliza −아/어서 en lugar de −고 y −고 나서.

- 나는 학교에 가고 나서 (나는) 공부해요. (×)
  → 나는 학교에 가서 (나는) 공부해요. (○)
  Voy a la escuela y entonces estudio.

- (나는) 오늘 버스에서 앉고 나서 (나는) 왔어요. (×)
  → (나는) 오늘 버스에서 앉아서 (나는) 왔어요. (○)
  Hoy me he montado en el autobús y me he venido.

En Acción

Pista **084**

A 김 부장님, 서류를 언제까지 드릴까요?

B 회의가 끝나고 나서 주세요.

A Director Kim, ¿para cuándo desea los documentos?

B Démelos después de que termine la reunión.

A 듣기 시험을 어떻게 봐요?

B 문제를 두 번 읽을 거예요.
문제를 잘 듣고 나서 대답을 찾으세요.

A ¿Cómo será el examen de comprensión auditiva?

B Leeré las preguntas dos veces.
Después de entender las preguntas, elijan las respuestas.

A '독후감'이 뭐예요?

B 책을 읽고 나서 쓰는 글이에요.

A ¿Qué es "독후감"?

B Es lo que uno escribe después de leer un libro.

Mire la siguiente secuencia de imágenes y rellene los huecos empleando las palabras entre paréntesis y la desinencia –서 o –고 나서.

　　댄 씨는 아침에 (1)______________ 샤워를 합니다. (2)__________________________ 아침 식사를 합니다. 한국 음식이 맛있습니다. 아침을 (3)______________ 학원에 갑니다. 학원에 (4)________ 학생들에게 영어를 가르칩니다. 영어 수업은 12시에 끝납니다. 영어를 (5)__________________ 친구하고 영화를 봅니다. 영화를 (6)________________ 커피를 마십니다.

　　저녁 6시부터 9시까지 한국어 수업이 있습니다. 한국어는 쉽지 않습니다. 그렇지만 재미있습니다. 한국어 수업이 (7)______________ 헬스장에 갑니다. 헬스장에서 운동을 합니다. (8)__________________ 집에 갑니다. 집에 (9)________ 텔레비전을 봅니다. 한국 드라마가 재미있습니다. 댄 씨는 12시에 잡니다.

 # V–아/어서 ①

바나나를 **까서** 먹었어요.
El mono peló el plátano y se lo comió.

네 시간 동안 공원에 **앉아서** 이야기했어요.
Estuvimos hablando sentadas en un parque durante cuatro horas.

여자 친구에게 목걸이를 **사(서)** 주었어요.
Le compré un collar a mi novia y se lo di.

Enfoque Gramatical

La terminación **–아/어서** tiene una función conectora que indica una relación entre los contenidos de dos frases. En concreto, indica que la segunda acción ocurrió después de la primera, pero la relación entre ambas es tan estrecha que la segunda nunca podría haberse producido sin haber tenido lugar la primera. En español equivaldría a "y" o "así que". Por otra parte, se puede omitir **–서** dejando solo **–아/어** tras la raíz verbal, aunque esto no es posible hacerlo con algunos verbos, entre los que destacan **가다** (ir), **오다** (venir) y **서다** (estar de pie). Si la última vocal de la raíz acaba en ㅏ u ㅗ, se añade **–아서**, pero en el resto de los casos se añade **–어서**. Por su parte, a los verbos compuestos por **하다** les corresponde la terminación **해서**.

Raíces verbales con ㅏ u ㅗ como última vocal	Raíces verbales cuya última vocal no es ㅏ ni ㅗ	Verbos compuestos por 하다
가다 + **–아서** → 가서	씻다 + **–어서** → 씻어서	결혼하다 → 결혼해서

Infinitivo	–아/어서	Infinitivo	–아/어서
사다	사서	만들다	만들어서

팔다	팔아서	요리하다	요리해서
앉다	앉아서	입학하다	입학해서
만나다	만나서	숙제하다	숙제해서
*쓰다	써서	*굽다	구워서

* Forma irregular

En estas estructuras, los tiempos presente, pasado y futuro aparecen indicados por el segundo verbo, no por el primero, cuya forma nunca varía independientemente del tiempo gramatical.

- 어제 친구를 만나서 영화를 봤어요.
  Ayer me encontré con un amigo y vimos una película.
- 내일 친구를 만나서 영화를 볼 거예요.
  Mañana me encontraré con un amigo y veremos una película.

El sujeto de ambos verbos debe ser el mismo.

- 나는 어제 친구를 만나서 (나는) 영화를 봤어요. (○)
  Ayer (yo) me encontré con un amigo y (yo) vi una película (con él).

  나는 어제 친구를 만나서 친구는 영화를 봤어요. (×)

En Acción

Pista **086**

A 왜 사과를 깎지 않고 먹어요?

B 사과를 깎아서 먹으면 맛이 없어요.

A ¿Por qué comes la manzana sin pelarla?

B Es que las manzanas no saben bien si las pelan y se comen.

A 오늘 학교에 지하철로 왔어요?

B 네, 그런데 한 시간 동안 서서 와서 다리가 아파요.

A ¿Has venido hoy en metro a la escuela?

B Sí, pero como vine de pie durante una hora, me duelen las piernas.

A 왜 아르바이트를 해요?

B 돈을 벌어서 카메라를 살 거예요.

A ¿Por qué trabajas a tiempo parcial?

B Para ahorrar dinero y comprarme una cámara.

❶ La desinencia conjuntiva –고 es semejante a –아/어서 ya que ambas se utilizan para indicar el orden cronológico de dos acciones. No obstante, mientras que –아/어서 indica la existencia de una fuerte relación entre ambas acciones, –고 se usa para ordenar cronológicamente dos acciones que no están relacionadas entre sí y que simplemente han tenido lugar una después de la otra.

- 과일을 씻어서 (그 과일을) 먹어요.
  Lavé la manzana y me la comí.

- 친구를 만나서 (그 친구와 같이) 영화를 봤어요.
  Me encontré con un amigo y (él y yo) vimos una película.

- 과일을 씻고 (다른 음식을) 먹어요.
  Lavé las manzanas y luego comí (otra cosa).

- 친구를 만나고 (나 혼자 또는 다른 사람과) 영화를 봤어요.
  Me encontré con un amigo y luego vi una película (con otra persona o yo solo).

❷ Para los verbos que se emplean para indicar qué ropa o complementos se llevan, no se usa –아/어서 sino –고.

- 코트를 입어서 공부해요. (×) → 코트를 입고 공부해요. (○) Me pongo el abrigo y estudio.
- 사람들이 우산을 써서 가요. (×) → 사람들이 우산을 쓰고 가요. (○) La gente va con paraguas.
- 아이가 안경을 써서 책을 봐요. (×) → 아이가 안경을 쓰고 책을 봐요. (○) El niño se pone las gafas y lee un libro.

Ahora le toca a usted

Mire las imágenes y elija el verbo del recuadro que sea adecuado para rellenar cada hueco utilizando la forma –아/어서.

가다	들어가다	만나다	만들다	사다

(1)

A 어제 뭐 했어요?
B 어제 고등학교 친구를 _______ 같이 식사했어요.

(2)

A 오늘 퇴근 후에 뭐 할 거예요?
B 노래방에 ______ 노래할 거예요.

(3)

A 보통 빵을 ______ 먹어요?
B 아니요, 우리는 빵을 _________ 먹어요.

(4)

A 날씨가 추워요.
B 그러면 커피숍에 __________ 이야기해요.

방학 **때** 아르바이트를 해요.
Trabajo a tiempo parcial durante las vacaciones.

Pista **087**

4살 **때** 사진이에요.
Es una foto de cuando tenía cuatro años.

시험 **볼 때** 옆 사람의 시험지를 보지 마세요.
Mientras hacen el examen, no miren la hoja de examen de la persona de al lado.

Enfoque Gramatical

Para ubicar cronológicamente una acción o una situación se puede usar **때**. En el caso de los sustantivo, basta con colocarlos antes de **때**, pero en el caso de los verbos se debe añadir **–ㄹ 때** a la raíz verbal si esta acaba en vocal o en **ㄹ**, y añadir **–을 때** si acaba en cualquier otra consonante.

Sustantivo	Verbo	
Sustantivo + 때	Raíz terminada en vocal o ㄹ	Raíz terminada en otras consonantes
방학 + **때** → 방학 때	가다 + **–ㄹ 때** → 갈 때	먹다 + **–을 때** → 먹을 때

Sustantivo + 때	Infinitivo	Raíz verbal + –ㄹ 때	Infinitivo	Raíz verbal + –을 때
10살 때	보다	볼 때	있다	있을 때
시험 때	만나다	만날 때	없다	없을 때
고등학교 때	끝나다	끝날 때	받다	받을 때
점심 때	나쁘다	나쁠 때	좋다	좋을 때
저녁 때	피곤하다	피곤할 때	*듣다	들을 때

| 크리스마스 때 | *살다 | 살 때 | *붓다 | 부을 때 |
| 휴가 때 | *만들다 | 만들 때 | *덥다 | 더울 때 |

* Forma irregular

En Acción

Pista **088**

A 몇 살 때 첫 데이트를 했어요?

B 20살 때 했어요.

A ¿Qué edad tenías cuando tuviste tu primera cita?

B La tuve cuando tenía veinte años.

A 초등학교 때 친구들을 자주 만나요?

B 아니요, 자주 못 만나요.

A ¿Ves con frecuencia a tus amigos de la escuela primaria?

B No, no los veo mucho.

A 이 옷은 실크예요.
세탁할 때 조심하세요.

B 네, 알았어요.

A Esta prenda es de seda.
Tenga cuidado cuando la lave.

B Sí, de acuerdo.

¡Atención!

No es posible usar 때 con 오전, 오후, 아침 ni con los días de la semana.

- 오전 때 공부를 해요. (×) → 오전에 공부를 해요. (○) Estudio en la mañana.
- 오후 때 운동을 해요. (×) → 오후에 운동을 해요. (○) Hago ejercicio en la tarde.
- 월요일 때 공항에 가요. (×) → 월요일에 공항에 가요. (○) Voy al aeropuerto el lunes.

¿Cuál es la diferencia?

¿Cuál es la diferencia entre 크리스마스에 y 크리스마스 때?

Algunos sustantivos como 저녁, 점심 y 방학 se pueden usar tanto con 에 como con 때 sin que el significado varíe. Sin embargo, ciertos sustantivos, especialmente los que designan fiestas como 크리스마스 y 추석, adquieren significados diferentes si se emplean con 에 o con 때. Si se añade 에 al nombre de una fiesta, se hace referencia a la fecha exacta en la que se celebra, mientras que si se añade 때, se hace referencia a un periodo más amplio que va más allá de la fecha. Es decir, 크리스마스에 se refiere al día 25 de diciembre exclusivamente, mientras que 크리스마스 때 incluye los días anteriores y posteriores a esta fiesta que se encuentran influidos por ella.

- 크리스마스 때 las Navidades
- 크리스마스에 el día de Navidad

En el caso de 저녁, 점심, 방학 y sustantivos parecidos se pueden usar indistintamente 에 y 때.

- 저녁 때 = 저녁에, 점심 때 = 점심에, 방학 때 = 방학에

Mire las imágenes y elija la palabra del recuadro que sea adecuada para rellenar los huecos usando 때 o –(으)ㄹ 때.

| 덥다 | 식사 | 없다 | 크리스마스 |

(1) 

A ___________ 뭐 해요?
B 친구들과 파티를 할 거예요.

(2) 

A 한국에서는 ___________ 수저를 사용합니다.
B 미국에서는 포크와 나이프를 사용해요.

(3) 

A 햄버거 좋아해요?
B 시간이 ___________ 햄버거를 먹어요.

(4) 

A 이게 뭐예요?
B 부채예요. ___________ 사용해요.

밥을 **먹으면서** TV를 봅니다.
Veo la televisión mientras como.

Pista **089**

우리 언니는 피아노를 **치면서** 노래를 해요.
Mi hermana canta mientras toca el piano.

운전하면서 전화하지 마세요. 위험해요.
No hable por teléfono mientras maneje. Es peligroso.

Enfoque Gramatical

Se añade **–(으)면서** a la raíz verbal del primer verbo para indicar que dos acciones se llevan a cabo al mismo tiempo. Su equivalente en español sería "mientras". Si la raíz verbal acaba en vocal o en ㄹ, se añade **–면서**, pero en caso de acabar en otra consonante, se añade **–으면서**.

Raíz verbal acabada en vocal o ㄹ	Raíz verbal acabada en otras consonantes
가다 + **–면서** → 가면서	먹다 + **–으면서** → 먹으면서

Infinitivo	–면서	Infinitivo	–으면서
보다	보면서	받다	받으면서
부르다	부르면서	읽다	읽으면서
기다리다	기다리면서	*듣다	들으면서
공부하다	공부하면서	*걷다	걸으면서
*울다	울면서	*짓다	지으면서
*만들다	만들면서	*돕다	도우면서

* Forma irregular

Esta estructura exige que ambos verbos compartan el sujeto, porque el sujeto de los dos verbos ha de ser el mismo.

- 하영 씨는 노래를 하면서 재준 씨는 피아노를 칩니다. (×)
  → (하영 씨는) 노래를 하면서 (하영 씨는) 피아노를 칩니다. (○)
    (Hayeong) toca el piano mientras (Hayeong) canta.
  → 하영 씨가 노래를 하는 동안 재준 씨는 피아노를 칩니다. (○)
    Jaejun toca el piano mientras Hayeong canta.

Si los verbos tienen diferentes sujetos, se debe usar **–는 동안** en lugar de **–(으)면서**.

- 동생이 청소를 하는 동안 언니는 빨래를 했습니다.
    Mientras mi hermano/a menor limpia, mi hermana mayor hace la colada.

(Para más información, dirigirse a la Unidad 5. Frases temporales 09 N 동안, V–는 동안)

Esta estructura exige que el verbo al que se le añade **–(으)면서** vaya siempre en tiempo presente y no admite que vaya ni en pasado ni en futuro.

- 어제 하영 씨는 노래를 했으면서 피아노를 쳤습니다. (×)
  → 어제 하영 씨는 노래를 하면서 피아노를 쳤습니다. (○)
    Ayer Hayeong tocó el piano mientras cantaba.

En Acción

Pista **090**

A 음악을 좋아해요?

B 네, 그래서 음악을 들으면서 공부를 해요.

A ¿Te gusta la música?

B Sí, por eso estudio escuchando música.

A 어제 많이 바빴어요?

B 네, 그래서 샌드위치를 먹으면서 일했어요.

A ¿Estuviste muy ocupada ayer?

B Sí, por eso me comí el emparedado mientras trabajaba.

A 요즘 왜 피곤해요?

B 학교에 다니면서 아르바이트를 해요. 그래서 피곤해요.

A ¿Por qué estás cansado últimamente?

B Trabajo a tiempo parcial a la vez que voy a la universidad. Por eso estoy cansado.

Mire las imágenes y rellene los huecos usando las palabras entre paréntesis y la forma –(으)면서.

(1) (커피를 마시다, 신문을 보다)

(2) (노래를 하다, 샤워를 하다)

(3) (아이스크림을 먹다, 걷다)

(4) (친구를 기다리다, 책을 읽다)

Pista **091**

지하철 **공사 중**입니다.
El metro está en obras.

(= 지하철 **공사하는 중**입니다.)
El metro está en plena construcción.

사장님은 **회의 중**입니다.
El jefe está reunido.

(= 사장님은 **회의하는 중**입니다.)
El jefe se encuentra en una reunión.

지금 집에 **가는 중**이에요.
Ahora voy de camino a casa.

이사할 거예요. 그래서 집을 **찾는 중**이에요.
Pienso mudarme. Por eso estoy buscando casa.

Enfoque Gramatical

Esta estructura se emplea para indicar que se está en pleno proceso de realización de una determinada actividad. En español equivaldría a "en pleno/a", "en medio de" y la forma de gerundio. A los sustantivos, basta con añadirles 중, pero en el caso de los verbos se les debe añadir –는 중 a la raíz.

Sustantivo + 중	Raíz verbal + –는 중
회의 + **중** → 회의 중	회의하다 + **–는 중** → 회의하는 중

Infinitivo	Sustantivo + 중	Raíz verbal + –는 중
수업(하다)	수업 중	수업하는 중
회의(하다)	회의 중	회의하는 중
공사(하다)	공사 중	공사하는 중
통화(하다)	통화 중	통화하는 중
가다		가는 중
먹다		먹는 중
배우다	–	배우는 중
*만들다		만드는 중

* Forma irregular

En Acción

Pista **092**

A 왜 이렇게 길이 막혀요?

B 백화점이 세일 중이에요.
그래서 길이 막혀요.

A ¿Por qué está la calle tan congestionada?

B Los centros comerciales están en plenas rebajas.
Por eso hay mucho tráfico.

A 여보세요? '한국무역회사'입니까?
김 과장님 좀 부탁합니다.

B 김 과장님은 지금 외출 중이십니다.
오후 5시에 들어오실 겁니다.

A ¿Aló? ¿Hablo con la compañía comercial Hanguk?
Con el supervisor Kim, por favor.

B El supervisor Kim no se encuentra aquí en estos
momentos. Regresará a las cinco de la tarde.

A 운전면허증 있어요?

B 요즘 운전을 배우는 중이에요.
다음 주에 운전면허 시험을 봐요.

A ¿Tiene licencia de manejar?

B Estos días estoy aprendiendo a manejar.
Tengo el examen de manejar la próxima semana.

¡Atención!

Las estructuras –는 중이다 y –고 있다 son muy similares. Sin embargo, mientras que –고 있다 no
presenta ninguna restricción en cuanto al sujeto, no se puede hacer uso de –는 중이다 si el sujeto lo
constituye un fenómeno natural.

- 비가 오는 중이에요. (×) → 비가 오고 있어요. (○)   Está lloviendo.
- 눈이 오는 중이에요. (×) → 눈이 오고 있어요. (○)   Está nevando.
- 바람이 부는 중이에요. (×) → 바람이 불고 있어요. (○) Está soplando el viento.

Mire las imágenes y relaciónelas con los enunciados correspondientes trazando una línea.

(1) 

• ⓐ 수리 중

(2) 

• ⓑ 샤워 중

(3) 

• ⓒ 임신 중

(4) 

• ⓓ 통화 중

(5)

• ⓔ 쓰는 중

(6)

• ⓕ 생각하는 중

(7)

• ⓖ 만드는 중

(8)

• ⓗ 읽는 중

너무 피곤해서 집에 **오자마자** 잤어요.
Estaba tan cansada que me acosté en cuanto llegué a casa.

불이 **나자마자** 소방차가 왔어요.
Los bomberos vinieron nada más iniciarse el fuego.

수업이 **끝나자마자** 학생들은 교실을 나갔어요.
Los estudiantes abandonaron el aula nada más terminar la clase.

Enfoque Gramatical

La estructura **–자마자** indica que una acción tiene lugar inmediatamente después de otra. En español equivaldría a "en cuanto" y "nada más."

가다 + **–자마자** → 가자마자   먹다 + **–자마자** → 먹자마자

Infinitivo	–자마자	Infinitivo	–자마자
보다	보자마자	씻다	씻자마자
켜다	켜자마자	앉다	앉자마자
끝나다	끝나자마자	듣다	듣자마자
시작하다	시작하자마자	묻다	묻자마자
만들다	만들자마자	눕다	눕자마자

En esta estructura, los verbos pueden compartir el sujeto o tener sujetos diferentes.

- (내가) 집에 오자마자 (내가) 잤어요.
  Tan pronto como llegué a casa, me acosté.

- 엄마가 나가자마자 아기가 울어요.
  El bebé empieza a llorar en cuanto la madre se va.

El tiempo verbal no se expresa en el primer verbo sino únicamente en el segundo.

- 집에 갔자마자 잤어요. (×) → 집에 가자마자 잤어요. (○)
  Nada más llegar a casa, me acosté.

- 집에 갈 거자자마자 잘 거예요. (×) → 집에 가자마자 잘 거예요. (○)
  Me voy a acostar nada más llegar a casa.

En Acción

Pista **094**

A 정아 씨와 언제 결혼할 거예요?

B 대학교를 졸업하자마자 결혼할 거예요.

A ¿Cuándo te casarás con Jeong-a?

B Nos casaremos en cuanto nos graduemos.

A 오늘 왜 기분이 안 좋아요?

B 어제 우산을 샀어요.
그런데 우산을 사자마자 잃어버렸어요.

A ¿Por qué estás de mal humor hoy?

B Ayer compré un paraguas,
pero lo perdí nada más comprarlo.

A 배가 너무 불러요. 누워서 좀 자고
싶어요.

B 밥을 먹자마자 누우면 건강에
안 좋아요.

A Estoy llenísima. Quiero tumbarme y dormir un poco.

B Tumbarse nada más comer no es bueno para la
salud.

¿Qué hicieron las personas de abajo? Relacione las imágenes de la izquierda con las de la derecha trazando una línea, y después elija el verbo del recuadro que sea adecuado para rellenar cada hueco utilizando la forma –자마자.

| 끊다 | 나가다 | 시작하다 | 오다 |

(1) 집에 ______________________ 컴퓨터를 켜요.

(2) 엄마가 방에서 ______________________ 아기가 울어요.

(3) 영화가 ______________________ 자요.

(4) 전화를 ______________________ 나갔어요.

어제 4시간 **동안** 공부했어요.
Ayer estudié durante cuatro horas.

곰은 겨울 **동안에** 겨울잠을 자요.
Los osos hibernan durante el invierno.

친구들이 점심을 **먹는 동안** 나는 숙제를 했어요.
Hice mis tareas mientras mis amigos almorzaban.

Pista **095**

Enfoque Gramatical

Esta estructura sirve para indicar la duración total de una determinada acción o comportamiento. En español equivale a la preposición "durante". Se usa **동안** tras los sustantivos y **–는 동안** se añade a las raíces de los verbos.

가다 + **–는 동안** → 가는 동안   먹다 + **–는 동안** → 먹는 동안

Sustantivo + 동안	Infinitivo	Raíz verbal + –는 동안
10분 동안	자다	자는 동안
일주일 동안	읽다	읽는 동안
한 달 동안	듣다	듣는 동안
방학 동안	여행하다	여행하는 동안
휴가 동안	*살다	*사는 동안

* Forma irregular

Cuando se usa la estructura **–는 동안**, los sujetos de los verbos pueden ser distintos o el mismo.

- (내가) 한국에서 사는 동안 (나는) 좋은 친구들을 많이 만났어요.
  Hice muchos buenos amigos cuando vivía en Corea.

- 내가 친구들과 노는 동안 동생은 학교에서 열심히 공부했어요.
  Mientras yo me divertía con mis amigos, mi hermano menor estudiaba con ahínco en la escuela.

En Acción

Pista **096**

A 얼마 동안 한국에 있을 거예요?

B 3년 동안 있을 거예요.

A ¿Cuánto tiempo estarás en Corea?

B Estaré (durante) tres años.

A 방학 동안에 뭐 할 거예요?

B 친척 집을 방문할 거예요.

A ¿Qué harás durante las vacaciones?

B Iré a casa de mis parientes a visitarlos.

A 비행기가 2시간 후에 출발해요.

B 그러면 비행기를 기다리는 동안 면세점에서 쇼핑을 합시다.

A El avión sale dentro de dos horas.

B Entonces vayamos de compras a las tiendas libres de impuesto mientras esperamos el avión.

● ¿Cuál es la diferencia?

¿Cuál es la diferencia entre –(으)면서 y –는 동안?

Cuando una misma persona realiza dos o más acciones de manera simultánea se utiliza –(으)면서. Por su parte, –는 동안(에) puede usarse cuando los verbos que indican esas acciones simultáneas tienen sujetos distintos; es decir, sirve para indicar que mientras alguien está realizando una acción determinada, otra persona está llevando a cabo otra acción al mismo tiempo.

–(으)면서	–는 동안에
Los dos verbos deben tener el mismo sujeto.	Los verbos pueden tener sujetos distintos.
• 하영 씨는 음악을 들으면서 책을 읽었습니다. Hayeong leía un libro mientras escuchaba música. 10:00~10:30	• 하영 씨가 음악을 듣는 동안에 재준 씨는 책을 읽었습니다. Hayeong escuchaba música mientras Jaejun leía un libro. 10:00~10:30

Mire las imágenes y rellene los huecos empleando 동안 o –는 동안.

(1) 

여러분, ___________ 휴식 시간이에요.

(2) 

___________ 식당에서 아르바이트를 했어요.

(3) 

어머니가 ___________ 아버지가 청소를 해요.

(4) 

아이가 ___________ 산타클로스가 선물을 주고 가요.

10 V-(으)ㄴ 지

저는 한국에 **온 지** 2년이 되었습니다.
Hace dos años que llegué a Corea.

담배 **끊은 지** 한 달 되었어요.
Hace un mes que dejé de fumar.

컴퓨터 게임을 **한 지** 5시간이 넘었어요.
Llevas cinco horas jugando al videojuego.

Pista **097**

Enfoque Gramatical

Para indicar cuánto tiempo ha transcurrido desde que una acción o situación comenzó a tener lugar se utiliza −(으)ㄴ 지, siendo más o menos equivalente a las estructuras españolas "hace + tiempo que" y "llevar + tiempo + gerundio". Se pueden encontrar en estructuras tales como −(으)ㄴ 지 ⋯ 되다, −(으)ㄴ 지 ⋯ 넘다 y −(으)ㄴ 지 ⋯ 안 되다. Si la raíz verbal acaba en vocal o en ㄹ, se utiliza −ㄴ 지, pero si la raíz verbal acaba en cualquier otra consonante, se emplea −은 지.

Raíz verbal acabada en vocal o ㄹ	Raíz verbal acabada en otras consonantes
가다 + **−ㄴ 지** → 간 지	먹다 + **−은 지** → 먹은 지

Infinitivo	−ㄴ 지	Infinitivo	−은 지
오다	온 지	끊다	끊은 지
사귀다	사귄 지	*듣다	들은 지
공부하다	공부한 지	*걷다	걸은 지
*놀다	논 지	*짓다	지은 지
*만들다	만든 지	*돕다	도운 지

* Forma irregular

Pista **098**

A 언제부터 한국어를 공부했어요?

B 한국어를 공부한 지 6개월이 되었어요.

A 남자 친구와 얼마나 사귀었어요?

B 사귄 지 3년이 넘었어요.

A ¿Desde cuándo estudias coreano?

B Hace seis meses que estudio coreano.

A ¿Cuánto tiempo llevas saliendo con tu novio?

B Llevamos tres años saliendo.

Ahora le toca a usted

Mire el cronograma y complete los huecos de las frases empleando –(으)ㄴ 지.

(1) 리처드 씨는 대학교를 __________ 10년 되었습니다.

(2) 리처드 씨는 __________ 5년 넘었습니다.

(3) 리처드 씨는 한국에 __________ 4년 되었습니다.

(4) 리처드 씨는 __________ 4년 되었습니다.

(5) 리처드 씨는 __________ 1년이 좀 안 되었습니다.

(6) 리처드 씨는 __________ 4개월이 되었습니다.

(7) 리처드 씨는 __________ 4년이 좀 넘었습니다.

Unidad

6.

Capacidad y posibilidad

01 V-(으)ㄹ 수 있다/없다

02 V-(으)ㄹ 줄 알다/모르다

01 V-(으)ㄹ 수 있다/없다

이 영화를 **볼 수 있어요**.

Podemos ver esta película.

저 영화를 **볼 수 없어요**.

No podemos ver aquella película.

한국말을 **할 수 있어요**.

Puedo hablar coreano.

아프리카 말을 **할 수 없어요**.

No puedo hablar afrikáans.

한자를 **읽을 수 있어요**.

Puedo leer caracteres sinocoreanos.

한자를 **읽을 수 없어요**.

No puedo leer caracteres sinocoreanos.

Pista **099**

Enfoque Gramatical

Esta estructura sirve para expresar la capacidad y la posibilidad. Cuando alguien es capaz de realizar una determinada acción o se dan las condiciones necesarias para llevarlas a cabo, se emplea −(으)ㄹ 수 있다, mientras que, cuando alguien no es capaz de hacer algo o no se dan las condiciones necesarias para llevar algo a cabo, se hace uso de −(으)ㄹ 수 없다. Esta estructura equivale en español al verbo "poder". Si la raíz verbal acaba en vocal o en ㄹ, se añade −ㄹ 수 있다/없다, mientras que se hace uso de −을 수 있다/없다 si la raíz verbal acaba en cualquier otra consonante.

Raíz verbal acabada en vocal o ㄹ	Raíz verbal acabada en cualquier otra consonante
가다 + **−ㄹ 수 있다/없다** → 갈 수 있다/없다	먹다 + **−을 수 있다/없다** → 먹을 수 있다/없다

Infinitivo	−ㄹ 수 있어요/없어요	Infinitivo	−을 수 있어요/없어요
가다	갈 수 있어요/없어요	받다	받을 수 있어요/없어요
만나다	만날 수 있어요/없어요	*듣다	들을 수 있어요/없어요
수영하다	수영할 수 있어요/없어요	*걷다	걸을 수 있어요/없어요

| *놀다 | 놀 수 있어요/없어요 | *짓다 | 지을 수 있어요/없어요 |
| *살다 | 살 수 있어요/없어요 | *돕다 | 도울 수 있어요/없어요 |

* Forma irregular

En Acción

Pista **100**

A 무슨 운동을 할 수 있어요?

B 축구를 할 수 있어요. 그리고 태권도도 할 수 있어요. 그렇지만 수영은 할 수 없어요.

A ¿Qué deportes puedes hacer?

B Puedo jugar al fútbol. Además puedo hacer taekwondo. Pero no puedo nadar.

A 요코 씨, 오늘 저녁에 만날 수 있어요?

B 미안해요. 만날 수 없어요. 약속이 있어요.

A Yoko, ¿puedes quedar esta noche?

B Lo siento. No puedo quedar. Tengo una cita.

A 한국 드라마를 이해할 수 있어요?

B 네, 드라마는 조금 이해할 수 있어요. 그렇지만 뉴스는 이해할 수 없어요.

A ¿Puedes entender las telenovelas coreanas?

B Sí, puedo entenderlas un poco. Pero no puedo entender las noticias.

¡Atención!

Se puede añadir la desinencia 가 a la estructura –(으)ㄹ 수 있다/없다 y la forma resultante –(으)ㄹ 수가 있다/없다 permite hacer un mayor énfasis.

- 떡볶이가 매워서 먹을 수 없어요. Como el tteokpokki es picante, no puedo comerlo.
- 떡볶이가 매워서 먹을 수가 없어요. El tteokpokki es tan picante que no puedo comerlo.
- 길이 막혀서 갈 수 없어요. Como hay mucho tráfico, no puedo ir.
- 길이 막혀서 갈 수가 없어요. Hay tanto tráfico que no puedo ir.

Mire las imágenes y elija el verbo del recuadro que sea adecuado para rellenar los huecos usando –(으)ㄹ 수 있다/없다.

> 걷다   고치다   부르다   열다   추다

(1)

A 컴퓨터가 고장 났어요.
B 내가 _______________.

(2)

A 한국 노래를 _______________?
B 네, '아리랑'을 _______________.
　 한국 춤도 _______________.

(3)

A 왜 그래요?
B 발이 아파요. _______________.

(4)

A 이 병을 _______________.
B 걱정하지 마세요. 내가 _______________.

딸기잼을 **만들 줄 알아요**.
Sé hacer mermelada de fresa.

Pista **101**

휴대 전화로 사진을 **보낼 줄 몰라요**.
No sé enviar fotos con el celular.

된장찌개를 맛있게 **끓일 줄 알아요**.
Sé cocinar un doenjang jjigae muy rico.

Enfoque Gramatical

Esta estructura se emplea para expresar que alguien tiene el conocimiento y la capacidad para llevar a cabo una determinada acción. Si la raíz verbal acaba en vocal o en ㄹ, se añade **ㄹ 줄 알다/모르다**, mientras que se hace uso de **-을 줄 알다/모르다** si la raíz verbal acaba en cualquier otra consonante. Esta estructura equivaldría en español a "saber/no saber + infinitivo".

Raíz verbal acabada en vocal o ㄹ	Raíz verbal acabada en cualquier otra consonante
보내다 + **-ㄹ 줄 알다/모르다** → 보낼 줄 알다/모르다	입다 + **-을 줄 알다/모르다** → 입을 줄 알다/모르다

Infinitivo	**-ㄹ 줄 알아요/몰라요**	Infinitivo	**-을 줄 알아요/몰라요**
쓰다	쓸 줄 알아요/몰라요	읽다	읽을 줄 알아요/몰라요
고치다	고칠 줄 알아요/몰라요	접다	접을 줄 알아요/몰라요
사용하다	사용할 줄 알아요/몰라요	*굽다	구울 줄 알아요/몰라요
*만들다	만들 줄 알아요/몰라요	*짓다	지을 줄 알아요/몰라요

* Forma irregular

En Acción

A 캐럴 씨, 컴퓨터 게임 '스타크래프트'를 할 줄 알아요?

A Carol, ¿sabes jugar al videojuego Starcraft?

B 아니요, 할 줄 몰라요. 어떻게 해요?

B No, no sé. ¿Cómo se hace?

A 무슨 음식을 만들 줄 알아요?

A ¿Qué tipo de comida sabes hacer?

B 저는 잡채하고 스파게티를 만들 줄 알아요.

B Sé hacer japchae y espaguetis.

¿Cuál es la diferencia?

-(으)ㄹ 줄 알다/모르다	-(으)ㄹ 수 있다/없다
Indica si alguien tiene tanto el conocimiento como la habilidad para llevar a cabo una determinada acción.	Indica meramente si alguien es capaz o no de realizar una determinada acción en un momento dado o si las condiciones permiten o no que se lleve a cabo.

• 나는 딸기잼을 만들 줄 몰라요.
  No sé hacer mermelada de fresa.

No se puede utilizar para expresar la posibilidad o imposibilidad de hacer algo a causa de condiciones externas.

• 오늘 저녁에 만날 줄 알아요? (×)
  → 오늘 저녁에 만날 수 있어요? (○)
  ¿Podemos vernos esta noche?

• 나는 딸기잼을 만들 수 없어요.
  (1) No sé hacer mermelada de fresa.
  (2) Sé hacer mermelada de fresa pero por alguna razón (por ejemplo, que no haya fresas disponibles), no puedo hacerla en este momento.

Ahora le toca a usted

Mire las imágenes y elija el verbo del recuadro que sea adecuado para rellenar cada hueco utilizando la forma –(으)ㄹ 줄 알다/모르다.

두다	사용하다	타다

(1)

A 자전거를 탈 줄 알아요?

B 네, 외발자전거도 _______________.

(2)

A 바둑 _______________?

B 체스는 _______________.
  그렇지만 바둑은 _______________.

(3)

A 이거 어떻게 사용해요?

B 글쎄요. 저도 _______________.

Mandatos y obligación, Permiso y prohibición

01 V-(으)세요

02 V-지 마세요

03 A/V-아/어야 되다/하다

04 A/V-아/어도 되다

05 A/V-(으)면 안 되다

06 A/V-지 않아도 되다 (안 A/V-아/어도 되다)

여기 **앉으세요**.
Siéntese aquí.

책 15쪽을 **보세요**.
Vayan a la página 15 del libro.

이 길로 쭉 **가세요**.
Vaya recto por esta calle.

Pista **103**

Enfoque Gramatical

La terminación –(으)세요 se emplea cuando se le pide al interlocutor que haga algo o se le dan instrucciones o direcciones. En español correspondería a las formas de imperativo de "usted" y de "ustedes". También se puede usar la forma –아/어요 para dar órdenes e instrucciones, pero resulta menos cortés que –(으)세요. Si la raíz verbal acaba en vocal, se añade –세요, pero si acaban en consonante se añade –으세요, aunque ciertos verbos tienen formas especiales. En caso de querer ser más formal, se puede utilizar –(으)십시오.

Raíz verbal acabada en vocal	Raíz verbal acabada en consonante
가다 + **–세요** → 가세요	앉다 + **–으세요** → 앉으세요

Infinitivo	–세요	Infinitivo	–(으)세요	Infinitivo	Forma especial
사다	사세요	입다	입으세요	먹다/마시다	드세요
오다	오세요	찾다	찾으세요	자다	주무세요
주다	주세요	받다	받으세요	말하다	말씀하세요

운동하다	운동하세요	벗다	벗으세요	있다	계세요
*만들다	만드세요	*듣다	들으세요	◆ 주다	주세요
*살다	사세요	*걷다	걸으세요		드리세요

* Forma irregular

◆ (Para más información, dirigirse a Introducción a la lengua coreana 5. El lenguaje honorífico.)

No se puede utilizar la forma imperativa –(으)세요 con "Sustantivo + 이다" ni con ningún adjetivo, sino solo con verbos.

- 의사이세요 (×) → 의사가 되세요. (○) Sea médico.
- 기쁘세요 (×) → 기뻐하세요. (○)   Sea feliz.
  (※Forma verbal del adjetivo.)

(Para más información, dirigirse a la Unidad 18. Cambios morfológicos 04 A–아/어하다)

No obstante, existe una serie de adjetivos compuestos por 하다 que permiten el uso de la forma imperativa –(으)세요.

- 할아버지, 건강하세요. 오래오래 사세요.
  Abuelo, cuídese mucho. Que viva muchos años.
- 민우 씨, 결혼 축하해요. 행복하세요.
  ¡Minu, felicidades por su matrimonio! Que sean felices.

En Acción

Pista **104**

A 살을 빼고 싶어요.

B 그럼 야채를 많이 드세요.
그리고 운동을 많이 하세요.

A 여기에 이름과 전화번호를 쓰세요.

B 알겠습니다.

A 여러분, 조용히 하세요!
자, 사장님, 말씀하세요.

B 고마워요, 김 부장.

A Quiero perder peso.

B Entonces, coma muchas verduras.
También haga mucho ejercicio.

A Escriba aquí su nombre y su número de teléfono.

B De acuerdo.

A ¡Guarden silencio, por favor! Ya puede hablar, jefe.

B Gracias, señor Kim.

¿Qué se debería decir en las situaciones de abajo? Mire las imágenes y señale la frase más adecuada para cada caso trazando una línea.

(1)

•   • ⓐ 학교에 일찍 오세요.

(2)

•   • ⓑ 들어오세요.

(3)

•   • ⓒ 한국어로 말하세요.

(4)

•   • ⓓ 많이 드세요.

Pista **105**

술을 **마시지 마세요**.
No beba alcohol.

전화하지 마세요.
No use el celular.

수업 시간에 **자지 마세요**.
No duerma en clase.

Enfoque Gramatical

La terminación **–지 마세요** se emplea para pedir, persuadir, indicar u ordenar al interlocutor que no realice una determinada acción. Es la forma negativa de **–(으)세요** y en español correspondería al uso del subjuntivo con valor de imperativo negativo. La terminación **–지 마세요** se añade a la raíz del verbo. En un registro de mayor formalidad, se puede emplear **–지 마십시오**.

가다 + **–지 마세요** → 가지 마세요   먹다 + **–지 마세요** → 먹지 마세요

Infinitivo	–지 마세요	Infinitivo	–지 마세요
사다	사지 마세요	운동하다	운동하지 마세요
오다	오지 마세요	듣다	듣지 마세요
읽다	읽지 마세요	만들다	만들지 마세요

La forma imperativa negativa **–지 마세요** solo se puede usar con verbos, por lo que no es posible su empleo ni con **이다** ni con ningún adjetivo.

- 변호사이지 마세요. (×)
- 슬프지 마세요. (×) → 슬퍼하지 마세요. (○)   No estés triste.
- 기분 나쁘지 마세요. (×) → 기분 나빠하지 마세요. (○)   No estés de mal humor.
  (※Forma verbal del adjetivo.)

(Para más información, dirigirse a la Unidad 18. Cambios morfológicos 04 A–아/어하다)

En Acción

A 버스를 탈까요?

B 길이 막히니까 버스를 타지 마세요.
지하철을 타세요.

A 이 영화 어때요? 재미있어요?

B 이 영화를 보지 마세요. 재미없어요.

A 음악을 너무 크게 듣지 마세요.
귀에 안 좋아요.

B 네, 알겠어요.

A ¿Tomo el autobús?

B No tome el autobús porque hay mucho tráfico.
Tome el metro.

A ¿Qué tal está esta película?

B No vea esa película. Es aburrida.

A No escuche la música tan alta.
Es malo para los oídos.

B Está bien, de acuerdo.

Ahora le toca a usted

Las siguientes situaciones presentan a alguien con un problema. Escriba el consejo correspondiente utilizando las palabras entre paréntesis y la terminación de imperativo negativo −지 마세요.

(1) 

A 너무 뚱뚱해요. 살을 빼고 싶어요.
B 그러면 _______________________. (햄버거를 먹다)

(2) 

A 요즘 목이 너무 아파요.
B 그러면 _______________________. (담배를 피우다)

(3) 

A 요즘 밤에 잠을 못 자요.
B 그럼 _______________________. (커피를 마시다)

(4) 

A 요즘 눈이 많이 아파요.
B 그럼 _______________________. (컴퓨터 게임을 하다)

내일 시험이 있어요. 그래서 **공부해야 돼요**.
Mañana tengo un examen. Por eso tengo que estudiar.

Pista **107**

여자 친구 생일이라서 선물을 **사야 돼요**.
Como es el cumpleaños de mi novia, debo comprarle un regalo.

먹기 전에 돈을 **내야 해요**.
Hay que pagar antes de comer.

Enfoque Gramatical

Las estructuras **–아/어야 되다** o **–아/어야 하다** se emplean para expresar la obligación o la necesidad de llevar a cabo cierta acción. En español equivaldrían a "deber" y "tener que". Los significados de ambas estructuras son casi los mismos, por lo que **–아/어야 되다** y **–아/어야 하다** son normalmente intercambiables. Si la última vocal de la raíz verbal es ㅏ u ㅗ, se añade **–아야 되다/하다**, mientras que en el resto de los casos se añade **–어야 되다/하다**. En lo que respecta a los verbos formados con **하다**, esta estructura adopta la forma **해야 되다/하다**. Esta estructura puede emplearse en pasado, en cuyo caso adopta la forma: **–아/어야 됐어요/했어요**.

Raíces acabadas en ㅏ u ㅗ	Raíces terminadas en vocales que no sean ㅏ ni ㅗ	Verbos / Adjetivos compuestos con 하다
앉다 + **–아야 되다/하다** → 앉아야 되다/하다	기다리다 + **–어야 되다/하다** → 기다려야 되다/하다	공부하다 → 공부해야 되다/하다

Infinitivo	–아/어야 돼요/해요	Infinitivo	–아/어야 돼요/해요
가다	가야 돼요/해요	청소하다	청소해야 돼요/해요
보다	봐야 돼요/해요	*쓰다	써야 돼요/해요
읽다	읽어야 돼요/해요	*자르다	잘라야 돼요/해요
배우다	배워야 돼요/해요	*듣다	들어야 돼요/해요

* Forma irregular

Pista **108**

A 주말에 같이 영화 볼까요?

B 미안해요. 어머니 생신이라서 고향에 가야 돼요.

A 여름에 제주도에 가려고 해요.

B 비행기 표를 예약했어요? 사람이 많아서 미리 예약해야 돼요.

A 어제 왜 파티에 안 오셨어요?

B 일이 많아서 회사에서 일해야 됐어요.

A ¿Vemos una película este fin de semana?

B Lo siento. Como es el cumpleaños de mi madre, tengo que ir a mi ciudad natal.

A Pienso ir a la isla de Jeju en verano.

B ¿Has reservado un billete de avión? Como hay mucha gente (que quiere ir), debes reservar con antelación.

A ¿Por qué no viniste ayer a la fiesta?

B Como había mucho trabajo (que hacer), tenía que seguir trabajando en la empresa.

¡Atención!

Existen dos maneras de negar –아/어야 되다/하다 pero sus significados son diferentes. Mientras que –지 않아도 되다 indica que no es necesario llevar a cabo una determinada acción, –(으)면 안 되다 señala que no se puede o no se debe realizar una determinada acción.

❶ –지 않아도 되다 (no ser necesario, no hacer falta)
(Para más información, dirigirse a la Unidad 7. Mandatos y obligación, Permiso y prohibición 06 A/V–지 않아도 되다)

A 내일 회사에 가요?   ¿Vas mañana a la empresa?

B 아니요, 내일은 휴가라서 회사에 가지 않아도 돼요.   No, como es festivo, no tengo que ir a la empresa.

A 공원까지 버스로 가요? ¿Vas al parque en autobús?

B 가까워요. 그래서 버스를 타지 않아도 돼요. 걸어가도 돼요.
  Está cerca. Por eso no necesito tomar el autobús. Puedo ir caminando.

❷ –(으)면 안 되다 (no deber, no poder, no estar permitido)
(Para más información, dirigirse a la Unidad 7. Mandatos y obligación, Permiso y prohibición 05 A/V –(으)면 안 되다)

• 박물관에서는 사진을 찍으면 안 돼요. No se pueden hacer fotos en el museo.

• 실내에서 담배를 피우면 안 돼요.   No está permitido fumar en el interior.

Mire las imágenes y rellene los huecos usando las palabras entre paréntesis y la forma –아/어야 되다/하다.

(1) 

A 오늘 시간 있으면 같이 테니스 칠까요?

B 미안해요. 부모님이 한국에 오셔서 ________________.
(공항에 가다)

(2) 

A 파리에서 일하고 싶어요.

B 그러면 ________________.
(프랑스어를 잘하다)

(3) 

A 같이 술 한잔할까요?

B 미안해요. 오늘 ________________.
(운전하다)

그래서 같이 술을 못 마셔요.

(4) 

A 약속이 있어서 시내에 1시까지 가야 해요.

B 그럼 ________________.
(12시에 출발하다)

(5) 

A 어제 왜 헬스클럽에 안 왔어요?

B 몸이 많이 아파서 ________________.
(병원에 가다)

사진을 **찍어도 돼요**?
¿Puedo hacer una foto?

Pista **109**

여기 **앉아도 돼요**?
¿Puedo sentarme aquí?

펜을 **써도 돼요**?
¿Puedo usar este bolígrafo?

Enfoque Gramatical

La estructura **–아/어도 되다** indica permiso o aprobación de un determinado comportamiento, por lo que en español correspondería a "poder" y "estar permitido". Si la última vocal de la raíz verbal es ㅏ u ㅗ, se añade **–아도 되다**, mientras que en el resto de los casos se añade **–어도 되다**. En lo que respecta a los verbos formados con **하다**, esta estructura adopta la forma **해도 되다**. Es posible sustituir **–아/어도 되다** por **–아/어도 괜찮다** o por **–아/어도 좋다**.

Raíces verbales acabadas en ㅏ u ㅗ	Raíces verbales terminadas en vocales que no sean ㅏ ni ㅗ	Verbos compuestos con 하다
사다 + **–아도 되다** → 사도 되다	마시다 + **–어도 되다** → 마셔도 되다	구경하다 → 구경해도 되다

Infinitivo	–아/어도 돼요	Infinitivo	–아/어도 돼요
가다	가도 돼요	*듣다	들어도 돼요
보다	봐야 돼요/해요	*쓰다	써도 돼요
읽다	읽어도 돼요	*자르다	잘라도 돼요
요리하다	요리해도 돼요	*눕다	누워도 돼요

* Forma irregular

A 밤에 전화해도 돼요?

B 물론이에요. 전화하세요.

A ¿Puedo llamarlo por la noche?

B Por supuesto. Llámeme.

A 창문을 열어도 돼요?

B 그럼요, 열어도 돼요.

A ¿Puedo abrir la ventana?

B Desde luego, puede abrirla.

A 라디오를 켜도 돼요?

B 아이가 자고 있어요. 켜지 마세요.

A ¿Puedo encender la radio?

B El bebé está durmiendo. No la encienda, por favor.

Ahora le toca a usted

Mire las imágenes y elija el verbo del recuadro que sea adecuado para rellenar cada hueco utilizando la forma −아/어도 되다.

들어가다	술을 마시다	쓰다	켜다

(1)

A 선생님, _______________?

B 아니요, 술을 마시지 마세요.

(2)

A 에어컨을 _______________?

B 네, 켜세요.

(3)

A 지금 _______________?

B 공연이 시작했어요. 쉬는 시간에 들어가세요.

(4)

A 전화를 _______________?

B 네, 쓰십시오.

실내에서 담배를 **피우면 안 돼요**.

No se puede fumar en el interior.

운전 중에 **전화하면 안 돼요**.

No se puede hablar por el celular mientras se maneja.

지금 길을 **건너면 안 돼요**.

No se puede cruzar la calle ahora.

Enfoque Gramatical

Las estructuras **–(으)면 안 되다** indica la prohibición o la imposibilidad de que se realice una determinada acción. No obstante, en algunos contextos también puede emplearse al deducirse que algo no debe hacerse por sentido común o a causa de alguna convención social. Esta estructura equivaldría en español a "no poder" o "no estar permitido". Si la raíz verbal acaba en vocal o en **ㄹ**, se añade **–면 안 되다**, mientras que se hace uso de **–으면 안 되다** si la raíz verbal acaba en cualquier otra consonante.

Raíz verbal acabada en vocal o ㄹ	Raíz verbal acabada en otra consonante
가다 + **–면 안 돼요** → 가면 안 돼요	먹다 + **–으면 안 돼요** → 먹으면 안 돼요

Infinitivo	–면 안 돼요	Infinitivo	–으면 안 돼요
자다	자면 안 돼요	앉다	앉으면 안 돼요
보다	보면 안 돼요	받다	받으면 안 돼요
운동하다	운동하면 안 돼요	*듣다	들으면 안 돼요
*놀다	놀면 안 돼요	*붓다	부으면 안 돼요

* Forma irregular

En Acción

A 수업 시간에 영어로 말해도 돼요?

B 수업 시간에는 영어로 말하면
안 돼요. 한국말을 하세요.

A ¿Puedo hablar en inglés durante la clase?

B No, no puede hablar en inglés durante la clase.
Hable en coreano, por favor.

A 한국에서는 밥을 먹을 때 코를 풀면
안 돼요.

B 아, 그래요? 몰랐어요.

A En Corea no se puede sonar la nariz cuando uno
come.

B Ah, ¿de verdad? No lo sabía.

A 도서관에서 얘기하면 안 돼요.

B 아, 죄송합니다.

A No se puede charlar en la biblioteca.

B Ah, disculpe.

¡Atención!

Es posible usar –(으)면 안 되다 con doble negación para enfatizar que una determinada acción debe
llevarse a cabo sin falta.

- 8월은 휴가철이니까 비행기 표를 미리 사지 않으면 안 돼요. (= 표를 미리 사야 돼요.)

  Debes comprar con antelación los boletos de avión sin falta porque agosto coincide con el periodo vacacional. Se han de
  comprar los boletos de avión con antelación.

- 병이 심각해서 수술하지 않으면 안 돼요. (= 수술해야 돼요.)

  Como su enfermedad es grave, debemos operarlo sin falta. Tenemos que operarlo.

- 다음 주에 중요한 시험이 있어서 공부하지 않으면 안 돼요. (= 공부해야 돼요.)

  Debo estudiar sin falta porque la próxima semana tengo un examen importante. Tengo que estudiar.

Mire las imágenes y elija el verbo del recuadro que sea adecuado para rellenar cada hueco utilizando la forma –(으)면 안 되다.

들어오다　　　마시다　　　버리다　　　키우다

(1) 

A 기숙사에서 개를 키워도 돼요?
B 아니요, 개를 ________________.

(2) 

A 선생님, 커피를 마셔도 돼요?
B 커피를 ________________.

(3) 

A 여기에 쓰레기를 ________________.
B 죄송합니다.

(4) 

A 들어가도 돼요?
B ________________. 옷을 갈아입고 있어요.

유치원생은 버스 요금을 **내지 않아도 돼요**.
Los alumnos de jardín de infancia no tienen que pagar la tarifa del autobús.

Pista **113**

평일이니까 영화 표를 미리 **사지 않아도 돼요**.
No es necesario reservar las entradas de la película porque hoy es un día laborable.

금요일에는 정장을 **입지 않아도 돼요**.
Los viernes no hace falta llevar ropa formal.

Enfoque Gramatical

La estructura **–지 않아도 되다** indica que no es necesario realizar una determinada acción o comportarse de cierta manera. Se trata del equivalente negativo de **–아/어야 되다/하다**, que indica que hay que realizar una determinada acción o comportarse de un modo concreto. En español equivaldría a "no tener que", "no ser necesario" y "no hacer falta". Tanto **–지 않아도 되다** como **안 –아/어도 되다** se añaden a la raíz verbal.

(Para más información, dirigirse a la Unidad 16. Frases condicionales e hipotéticas 03 A/V–아/어도)

가다 + **–지 않아도 되다**
→ 가지 않아도 되다 (= 안 가도 되다)

먹다 + **–지 않아도 되다**
→ 먹지 않아도 되다 (= 안 먹어도 되다)

Infinitivo	–지 않아도 돼요	안 –아/어도 돼요
사다	사지 않아도 돼요	안 사도 돼요
보다	보지 않아도 돼요	안 봐도 돼요
기다리다	기다리지 않아도 돼요	안 기다려도 돼요
전화하다	전화하지 않아도 돼요	전화 안 해도 돼요

*듣다	듣지 않아도 돼요	안 들어도 돼요
*쓰다	쓰지 않아도 돼요	안 써도 돼요
*자르다	자르지 않아도 돼요	안 잘라도 돼요

* Forma irregular

En Acción

Pista **114**

A 오늘 회식에 꼭 가야 돼요?

B 바쁘면 안 가도 돼요.

A 저는 다이어트해야 돼요!

B 지금도 날씬해요.
　다이어트하지 않아도 돼요.

A ¿Hay que ir obligatoriamente a la cena de empresa?

B Si estás ocupado, no hace falta que vayas.

A Tengo que ponerme a dieta.

B Pero si ya estás delgada.
　No necesitas hacer dieta.

Ahora le toca a usted

Mire las imágenes y complete las frases utilizando la forma –지 않아도 되다 o la forma 안 –아/어도 되다.

(1)

A 많이 기다려야 해요?

B 사람이 없으니까 많이 ____________________.

(2)

A 주사를 맞아야 돼요?

B 아니요, 심하지 않아서 주사를 ____________________.

(3)

A 책을 사야 돼요?

B 도서관에 있으니까 ____________________.

(4)

A 내일도 일찍 일어나요?

B 내일은 수업이 오후에 있으니까 ____________________.

Expresiones del deseo

01 V-고 싶다

02 A/V-았/었으면 좋겠다

Pista **115**

한국말을 잘 못해요. 한국말을 **잘하고 싶어요**.
No puedo hablar coreano bien. Quiero hablar coreano bien.

가족을 2년 동안 못 만났어요. 가족이 **보고 싶어요**.
No he podido ver a mi familia durante dos años. Quiero ver a mi familia.

딸기를 **먹고 싶어요**.
Quiero comer fresas.

Enfoque Gramatical

La estructura –고 싶다 se emplea para señalar los deseos que el hablante tiene. Se añade a la raíz verbal y equivale en español al verbo "querer". Se utiliza –고 싶다 cuando el sujeto está en primera o segunda persona, pero si está en tercera persona se utiliza –고 싶어 하다 en su lugar.

(Para más información, dirigirse a ¡Atención!)

사다 + **–고 싶다** → 사고 싶다   읽다 + **–고 싶다** → 읽고 싶다

Infinitivo	–고 싶어요	Infinitivo	–고 싶다
가다	가고 싶어요	받다	받고 싶어요
보다	보고 싶어요	먹다	먹고 싶어요
만나다	만나고 싶어요	결혼하다	결혼하고 싶어요
만들다	만들고 싶어요	듣다	듣고 싶어요
울다	울고 싶어요	눕다	눕고 싶어요

En Acción

Pista **116**

A 뭐 마시고 싶어요?

B 졸려요. 커피를 마시고 싶어요.

A ¿Qué quieres beber?

B Tengo sueño. Quiero beber café.

A 크리스마스에 무슨 선물을 받고 싶어요?

B 예쁜 장갑을 받고 싶어요.

A ¿Qué regalo quieres por Navidad?

B Quiero unos guantes bonitos.

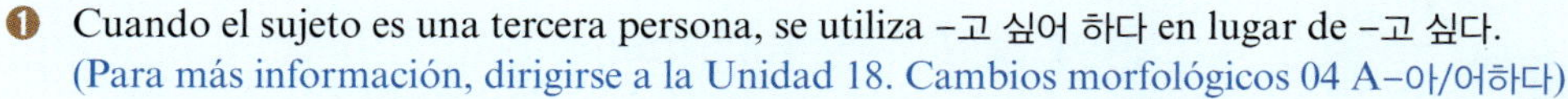

¡Atención!

❶ Cuando el sujeto es una tercera persona, se utiliza −고 싶어 하다 en lugar de −고 싶다.
(Para más información, dirigirse a la Unidad 18. Cambios morfológicos 04 A−아/어하다)
- 에릭 씨는 자동차를 사고 싶어요. (×) → 에릭 씨는 자동차를 사고 싶어 해요. (○) Eric quiere comprar un auto.

❷ Aunque −고 싶다 no se puede emplear con adjetivos, estos se pueden verbalizar por medio de −아/어지다.
(Para más información, dirigirse a la Unidad 19. Descripción del estado 03 A−아/어지다)
- 날씬하고 싶어요. (×) → 날씬해지고 싶어요. (○) Quiero adelgazar.

❸ Se puede usar tanto la desinencia 을/를 como 이/가 con −고 싶다.
(Para más información, dirigirse a la Unidad 18. Cambios morfológicos 04 A − 아/어하다)
- 가족이 보고 싶어요. (○) Quiero ver a mi familia.
- 가족을 보고 싶어요. (○) Quiero ver a mi familia.

Ahora le toca a usted

En este ejercicio se les pregunta a cinco personajes qué quieren hacer en Corea. Mire la imagen y
conteste empleando las palabras entre paréntesis y la estructura −고 싶다.

(1) _______________________________.
(제주도, 말을 타다)

(2) _______________________________.
(가수, 사인을 받다)

(3) _______________________________.
(휴대 전화, 사다)

(4) _______________________________.
(좋아하는 가수, 만나다)

(5) _______________________________.
(쇼핑, 하다)

차가 **있었으면 좋겠어요**.
Ojalá tuviera auto.

돈이 **많았으면 좋겠어요**.
Ojalá tuviera mucho dinero.

크리스마스에 눈이 **왔으면 좋겠어요**.
Me gustaría que nevase en Navidad.

Enfoque Gramatical

La estructura −았/었으면 좋겠다 indica el deseo o la esperanza que alguien tiene con respecto a algo que todavía no ha sucedido. Por otra parte, también se emplea para señalar el deseo que una situación fuera diferente a cómo realmente es. Esta estructura correspondería en español a "ojalá" y a "me gustaría". Si la última vocal de la raíz verbal es ㅏ ㅜ ㅗ, se añade −았으면 좋겠다, mientras que en el resto de los casos se añade −었으면 좋겠다. En cuanto a los verbos formados con 하다, esta estructura adopta la forma −했으면 좋겠다.

Además de −았/었으면 좋겠다, también se puede hacer uso de −았/었으면 하다 con prácticamente el mismo significado, aunque la primera estructura expresa un mayor grado de deseo.

Raíces verbales acabadas en ㅏ ㅜ ㅗ	Raíces verbales terminadas en vocales que no sean ㅏ ni ㅗ	Verbos compuestos con 하다
가다 + **−았으면 좋겠다** → 갔으면 좋겠다	먹다 + **−었으면 좋겠다** → 먹었으면 좋겠다	여행하다 → 여행했으면 좋겠다

Infinitivo	–았/었으면 좋겠어요	Infinitivo	–았/었으면 좋겠어요
오다	왔으면 좋겠어요	밝다	밝았으면 좋겠어요
사다	샀으면 좋겠어요	길다	길었으면 좋겠어요
있다	있었으면 좋겠어요	따뜻하다	따뜻했으면 좋겠어요
학생이다	학생이었으면 좋겠어요	친절하다	친절했으면 좋겠어요
부자이다	부자였으면 좋겠어요	*부르다	불렀으면 좋겠어요
작다	작았으면 좋겠어요	*듣다	들었으면 좋겠어요

＊ Forma irregular

En Acción

Pista **118**

A 언제 결혼하고 싶어요?

B 따뜻한 봄에 결혼했으면 좋겠어요.

A 요즘도 바빠요?

B 네, 계속 바빠요.
  좀 쉬었으면 좋겠어요.

A 이번 방학에 뭐 할 거예요?

B 친구들하고 스키장에 갈 거예요.
  방학이 빨리 왔으면 좋겠어요.

A ¿Cuándo quieres casarte?

B Me gustaría casarme en primavera con clima
  templado.

A ¿Estos días también estás ocupado?

B Sí, sigo ocupado.
  Me gustaría descansar un poco.

A ¿Qué vas a hacer estas vacaciones?

B Voy a ir a esquiar con unos amigos.
  Ojalá llegaran pronto mis vacaciones.

¡Atención!

La estructura –(으)면 좋겠다 es muy parecida a –았/었으면 좋겠다, aunque –았/었으면 좋겠다 siempre implica
que se desea algo que todavía no ha ocurrido y que difiere de la situación actual.

• 돈이 많으면 좋겠어요. Ojalá tenga mucho dinero. (El hablante simplemente expresa su deseo de tener mucho dinero.)

• 돈이 많았으면 좋겠어요. Ojalá tuviera mucho dinero. (El hablante imagina que tuviera mucho dinero, situación que
                  contrasta con la situación actual, en la que no dispone de mucho dinero; hecho que esta
                  estructura enfatiza.)

1 Mire las imágenes y conteste a las preguntas usando las palabras entre paréntesis y la estructura –았/었으면 좋겠다.

(1) 

A 올해 소원이 뭐예요?

B ________________________________. (애인이 생기다)

(2) 

A 죽기 전에 무엇을 하고 싶어요?

B ________________________________. (세계 여행을 하다)

(3) 

A 내년에 무엇을 하고 싶어요?

B ________________________________. (아파트로 이사하다)

2 Mire las imágenes y escriba la segunda frase siguiendo el ejemplo de abajo.

보기 노래를 못해요. 노래를 잘했으면 좋겠어요.

(1) 

키가 작아요. ________________________________.

(2) 

회사 일이 너무 힘들어요. ________________________.
(주말이다)

(3) 

운동을 못해요. ________________________________.

Causalidad

01 A/V-아/어서 ②

02 A/V-(으)니까 ①

03 N 때문에, A/V-기 때문에

Pista **119**

만나서 반갑습니다.
Encantado de conocerle.

기분이 **좋아서** 춤을 췄어요.
Estaba de tan buen humor que me puse a bailar.

늦어서 죄송합니다.
Siento llegar tarde.

Enfoque Gramatical

La estructura −아/어서 se emplea para señalar que la acción de la primera frase es el desencadenante de la que sigue. En español equivaldría a la conjunción subordinante "como". Si la última vocal de la raíz verbal es ㅏ u ㅗ, se añade −아서, mientras que en el resto de los casos se añade −어서. En cuanto a los verbos formados con 하다, esta estructura adopta la forma −해서. Esta estructura se puede usar también con 이다, que pasa a 이어서, aunque a nivel conversacional 이라서 es más habitual.

Raíces verbales acabadas en ㅏ u ㅗ	Raíces verbales terminadas en vocales que no sean ㅏ ni ㅗ	Verbos compuestos con 하다
오다 + **−아서** → 와서	읽다 + **−어서** → 읽어서	날씬하다 → 날씬해서

Infinitivo	−아/어서	Infinitivo	−아/어서
가다	가서	좁다	좁아서
살다	살아서	길다	길어서

있다	있어서	피곤하다	피곤해서
이다	이어서(이라서)	*바쁘다	바빠서
운동하다	운동해서	*춥다	추워서
청소하다	청소해서	*듣다	들어서

* Forma irregular

La estructura **−아/어서** no puede utilizarse con frases imperativas ni propositivas.

- 이 신발은 커서 다른 신발을 보여 주세요. (×)
  → 이 신발은 크니까 다른 신발을 보여 주세요. (○)
    Por favor, enséñeme otro calzado porque este me queda grande.

- 오늘 약속이 있어서 내일 만날까요? (×)
  → 오늘 약속이 있으니까 내일 만날까요? (○)
    Como hoy tengo una cita, ¿por qué no nos vemos mañana?

- 이게 좋아서 이걸로 삽시다. (×)
  → 이게 좋으니까 이걸로 삽시다. (○)
    Este está bien, así que comprémoslo.

(Para más información, dirigirse a la Unidad 09. Causalidad 02 A/V−(으)니까 ①)

Es incompatible el uso de los infijos **−았/었−** y **−겠−** con la estructura **−아/어서**.

- 밥을 많이 먹었어서 배가 아파요. (×)
  → 밥을 많이 먹어서 배가 아파요. (○)
    Como he comido mucho, me duele el estómago.

- 이 옷이 예쁘겠어서 입고 싶어요. (×)
  → 이 옷이 예뻐서 입고 싶어요. (○)
    Quiero ponerme esta ropa porque es bonita.

(Para más información, dirigirse a la Unidad 5. Frases temporales 04 V−아/어서)

A 토요일에 시간이 있어요?

B 이번 주는 바빠서 시간이 없어요.

A ¿Tienes tiempo el sábado?

B Esta semana estoy ocupada, así que no tengo tiempo.

A 이 옷을 왜 안 입어요?

B 그 옷은 작아서 못 입어요.

A ¿Por qué no te pones esta ropa?

B No me la puedo poner porque es pequeña.

A 집에 갈 때 버스를 타요?

B 아니요, 퇴근 시간에는 차가 많아서 지하철을 타요.

A ¿Tomas el autobús cuando vas a casa?

B No, como hay mucho tráfico cuando salgo del trabajo, tomo el metro.

Ahora le toca a usted

Mire las imágenes y elija la palabra del recuadro que sea adecuada para rellenar los huecos usando –아/어서.

많다	마시다	맛있다	오다

(1) 

A 왜 이 식당에 사람이 많아요?

B 음식이 _________ 사람이 많아요.

(2) 

A 내일 영화를 볼까요?

B 숙제가 _________ 영화를 못 봐요.

(3) 

A 어디에 가요?

B 친구가 한국에 _________ 공항에 가요.

(4) 

A 왜 약을 먹어요?

B 어제 술을 많이 _________ 머리가 아파요.

A/V–(으)니까 ①

Pista **121**

길이 **막히니까** 지하철을 탑시다.
Como hay mucho tráfico, tomemos el metro.

추우니까 창문 좀 닫아 주세요.
Por favor, cierre la ventana, que hace frío.

샤워를 **하니까** 기분이 좋아요.
Como me he duchado, me siento bien.

Enfoque Gramatical

La estructura **–(으)니까** se utiliza para señalar la causa o la razón por la que algo sucede o se lleva a cabo, equivaliendo en español a "porque", "como" y "a causa de que". Si la raíz verbal acaba en vocal o en ㄹ, se añade **–니까**, mientras que se hace uso de **으니까** si la raíz verbal acaba en cualquier otra consonante.

Raíz verbal acabada en vocal o ㄹ	Raíz verbal acabada en cualquier otra consonante
사다 + **–니까** → 사니까	먹다 + **–으니까** → 먹으니까

Infinitivo	–니까	Infinitivo	–으니까
보다	보니까	있다	있으니까
오다	오니까	읽다	읽으니까
이다	이니까	넓다	넓으니까
아프다	아프니까	*듣다	들으니까
크다	크니까	*덥다	더우니까
피곤하다	피곤하니까	*살다	사니까

* Forma irregular

Pista **122**

A 부장님, 이번 주에 회의가 있습니까?

B 이번 주는 바쁘니까 다음 주에 합시다.

A 여자 친구에게 무슨 선물을 할까요?

B 수연 씨가 꽃을 좋아하니까
꽃을 선물하세요.

A Jefe, ¿tenemos reunión esta semana?

B Como esta semana estoy ocupado, reunámonos la próxima.

A ¿Qué regalo le compro a mi novia?

B Como a suyeon le gustan las flores, regálele unas flores.

¿Cuál es la diferencia?

–아/어서	–(으)니까

❶ No puede ir seguido de frases imperativas ni propositivas.

- 시간이 없어서 빨리 가세요. (×)
- 다리가 아파서 택시를 탈까요? (×)

❷ Es incompatible con los infijos –았/었– y –겠–.

- 한국에서 살았어서 한국어를 잘해요. (×)

❸ Se emplea principalmente para indicar una relación de causa y efecto de carácter general.

A 왜 늦었어요? ¿Por qué llegas tarde?
B 차가 막혀서 늦었어요.
Llego tarde porque hay mucho tráfico.

❹ Su uso es habitual con saludos y expresiones de agradecimiento o disculpa como 반갑다, 고맙다, 감사하다 y 미안하다.

- 만나서 반갑습니다. (○)
Encantado/a de conocerlo/a(s).

❶ Puede ir seguido de frases imperativas –(으)세요, y propositivas –(으)ㄹ까요? y –(으)ㅂ시다.

- 시간이 없으니까 빨리 가세요. (○)
Vaya rápido porque no hay tiempo.
- 다리가 아프니까 택시를 탈까요? (○)
Como me duelen las piernas, ¿por qué no tomamos un taxi?

❷ Permite que se le añadan los infijos –았/었– y –겠–.

- 한국에서 살았으니까 한국어를 잘해요. (○)
Hablo bien coreano porque viví en Corea.

❸ Se emplea para señalar la causa concreta de un hecho o estado. También se emplea cuando el interlocutor conoce la causa de la situación.

A 왜 늦었어요? ¿Por qué llegas tarde?
B 차가 막히니까 늦었어요.
Llego tarde porque(, como ya sabes,) hay mucho tráfico.

❹ No se puede emplear con saludos y expresiones de agradecimiento o disculpa tales como 반갑다, 고맙다, 감사하다 y 미안하다.

- 만나니까 반갑습니다. (×)

1 Elija la palabra del recuadro que sea adecuada para rellenar los huecos usando –(으)니까.

가다   고장 났다   깨끗하다   모르다   일이 많다

(1) A 몇 번 버스가 시청 앞에 가요?

　　 B 저는 잘 _________ 운룡 씨한테 물어보세요.

(2) A 지금 컴퓨터 좀 사용할 수 있어요?

　　 B 이 컴퓨터는 _____________ 옆 컴퓨터를 쓰세요.

(3) A 오늘 피곤해요?

　　 B 네, _____________ 너무 피곤해요.

(4) A 어느 식당으로 갈까요?

　　 B 학교 앞 식당이 맛있고 ______________ 거기로 갈까요?

(5) A 우리 이번 주 토요일에 같이 영화 봐요.

　　 B 이번 주 토요일은 회사에 _____________ 일요일에 봅시다.

2 Señale la opción correcta entre las dos que se le ofrecen.

(1) 돈이 (없어서 / 없으니까) 쇼핑하지 맙시다.

(2) (더워서 / 더우니까) 에어컨을 켤까요?

(3) 열이 많이 (나서 / 나니까) 병원에 가세요.

(4) (도와주셔서 / 도와주시니까) 감사합니다.

(5) 1시간 전에 (떠났어서 / 떠났으니까) 곧 도착할 거예요.

Pista **123**

눈 **때문에** 길이 미끄러워요.
Las calles están resbaladizas a causa de la nieve.

아이 **때문에** 피곤해요.
Estoy cansada a causa de los niños.

외국인**이기 때문에** 한국말을 잘 못해요.
No puedo hablar bien coreano, ya que soy extranjero.

Enfoque Gramatical

La estructura **때문에** y **-기 때문에** se utiliza para señalar la causa de la situación o la acción resultante en la siguiente frase y en español correspondería a "por", "a causa de", "por culpa de" y "ya que". Aunque son similares en cuando al significado, lo cierto es que el empleo de **-기 때문에** es más habitual en la lengua escrita formal que **-아/어서** y **-(으)니까**. Con los sustantivos se usa **때문에**, mientras que **-기 때문에** se añade a las raíces de verbos y adjetivos.

Sustantivo + 때문에	Verbo / Adjetivo + -기 때문에
아기 + **때문에** → 아기 때문에	바쁘다 + **-기 때문에** → 바쁘기 때문에

Sustantivo	Sustantivo 때문에	Infinitivo	Verbo / Adjetivo-기 때문에
비	비 때문에	살다	살기 때문에
감기	감기 때문에	배우다	배우기 때문에
친구	친구 때문에	크다	크기 때문에
남편	남편 때문에	귀엽다	귀엽기 때문에
교통	교통 때문에	멀다	멀기 때문에

La estructura **–기 때문에** no puede ir seguida de frases imperativas ni propositivas.

- 날씨가 춥기 때문에 따뜻한 옷을 입으세요. (×)
  → 날씨가 추우니까 따뜻한 옷을 입으세요. (○)
  Póngase ropa de abrigo porque hace frío.

- 친구들이 기다리기 때문에 빨리 갑시다. (×)
  → 친구들이 기다리니까 빨리 갑시다. (○)
  Vayamos rápido, que nos están esperando nuestros amigos.

- 날씨가 좋기 때문에 산에 갈까요? (×)
  → 날씨가 좋으니까 산에 갈까요? (○)
  Como hace buen tiempo, ¿por qué no vamos a la montaña?

En Acción

Pista **124**

A 왜 늦었어요?

B 비 때문에 차가 많이 막혔어요.

A ¿Por qué llegas tarde?

B Es que había mucho tráfico a causa de la lluvia.

A 토요일에 만날 수 있어요?

B 토요일은 친구 생일이기 때문에 만날 수 없어요.

A ¿Puedes quedar el sábado?

B No puedo quedar el sábado porque es el cumpleaños de un amigo.

A 방학에 여행 갈 거예요?

B 아니요, 가고 싶지만 아르바이트를 하기 때문에 못 가요.

A ¿Vas a ir de viaje en vacaciones?

B No, quiero ir pero no puedo porque tengo trabajo a tiempo parcial.

● ¿Cuál es la diferencia?

Sustantivo + 때문에	Sustantivo + 이기 때문에
• 아기 때문에 밥을 못 먹어요. No puedo comer a causa del bebé. (Por ejemplo, porque tengo que cuidarlo.)	• 아기이기 때문에 밥을 못 먹어요. No puede comer porque (todavía) es un bebé.
• 학생 때문에 선생님이 화가 나셨어요. El profesor se enfadó a causa de los estudiantes. (Por ejemplo, porque le mintieron.)	• 학생이기 때문에 공부를 열심히 해야 해요. Tienes que estudiar con ahínco, ya que eres estudiante.

Mire las imágenes y rellene los huecos con las palabras entre paréntesis usando 때문에 o −기 때문에.

(1)

A 오늘 왜 학교에 안 가요?

B _________________________ 학교에 안 가요.
　　　　　(휴일이다)

(2)

A 내일 주말이에요. 우리 만나서 놀까요?

B _________________________ 못 놀아요.
　　　　　(약속이 있다)

(3)

A 여보, 오늘 일찍 와요?

B 미안해요. _________________ 늦을 거예요.
　　　　　　　　(회사 일)

(4)

A 민우 씨, 왜 그래요? 머리가 아파요?

B 네, _______________ 머리가 아파요.
　　　(향수 냄새)

Peticiones y ofrecimientos

01 V-아/어 주세요, V-아/어 주시겠어요?
02 V-아/어 줄게요, V-아/어 줄까요?

Pista **125**

문 좀 **닫아 주세요**.

Cierra la puerta, por favor.

사진 좀 **찍어 주시겠어요?**

¿Podría hacernos una foto, por favor?

자리를 **안내해 드리세요**.

Muéstrele su asiento, por favor.

Enfoque Gramatical

Cuando se le pide a alguien que lleve a cabo una acción, es habitual hacer uso de las estructuras –아/어 주세요 y –아/어 주시겠어요?, que en español corresponderían al uso del imperativo seguido de "por favor" y a preguntas encabezadas por "¿Podría…?" o "¿Le importaría…?"; siendo la segunda una manera que permite mostrar mayor deferencia hacia el interlocutor. Cuando el destinatario de la acción es trata con alguien a quien le debe mostrar cierta deferencia o respeto, se usa –아/어 드리세요. Si la última vocal de la raíz verbal es ㅏ u ㅗ, se añade –아 주세요/주시겠어요?, mientras que en el resto de los casos se añade –어 주세요/주시겠어요?. En cuanto a los verbos formados con 하다, esta estructura adopta la forma –해 주세요/주시겠어요?.

Raíces verbales acabadas en ㅏ u ㅗ	Raíces verbales terminadas en vocales que no sean ㅏ ni ㅗ	Verbos compuestos con 하다
앉다 + **–아 주세요** → 앉아 주세요	찍다 + **–어 주세요** → 찍어 주세요	청소하다 → 청소해 주세요

Infinitivo	–아/어 주세요	–아/어 주시겠어요?
사다	사 주세요	사 주시겠어요?
켜다	켜 주세요	켜 주시겠어요?
빌리다	빌려주세요	빌려주시겠어요?
들다	들어 주세요	들어 주시겠어요?
소개하다	소개해 주세요	소개해 주시겠어요?
안내하다	안내해 주세요	안내해 주시겠어요?
*쓰다	써 주세요	써 주시겠어요?
*끄다	꺼 주세요	꺼 주시겠어요?

* Forma irregular

En Acción

Pista **126**

A 저 좀 도와주시겠어요?

B 네, 뭘 도와드릴까요?

A Disculpe, ¿le importaría ayudarme?

B Claro. ¿Cómo puedo ayudarle?

A 왕단 씨, 이 문법 좀 가르쳐 주세요.

B 미안해요. 저도 잘 몰라요.

A Wang Dan, explícame esta estructura gramatical, por favor.

B Lo siento. Yo tampoco la entiendo bien.

A 미국 회사에 이메일을 보내야 해요.
이것 좀 영어로 번역해 주시겠어요?

B 네, 그럴게요.

A Hay que enviar un correo electrónico a una empresa estadounidense. ¿Podría traducir esto al inglés, por favor?

B Sí, por supuesto.

¡Atención!

La estructura –아/어 주다, 드리다 se emplea cuando se le pide alguien que redunda en beneficio del hablante o en el de otra persona. En caso de haber recibido la ayuda solicitada, se utiliza en tiempo pasado: –아/어 줬어요 o –아/어 드렸어요.

- 형은 제 숙제를 잘 도와줘요.   Mi hermano mayor me ayuda mucho con mis tareas.
- 잠깐만 기다려 주세요.   Espere(me) un momento, por favor.
- 언니가 과일을 깎아 줬어요.   Mi hermana mayor me peló la fruta.
- 아직 친구에게 선물 안 해 줬어요.   Todavía no le he dado el regalo a mi amigo.

¿Qué piden en las siguientes imágenes? Mire las imágenes y elija las palabras del recuadro adecuadas para escribir la pregunta usando –아/어 주세요 o –아/어 주시겠어요?.

문을 열다   조용히 하다   책을 찾다   천천히 이야기하다

(1) 

A ____________________?
B 네, 열어 드릴게요.

(2) 

A 재준 씨, ____________________.
B 네, 다시 잘 들으세요.

(3) 

A ____________________.
B 네, 알겠습니다.

(4) 

A ____________________?
B 네, 알겠어요.

우산이 두 개 있는데 **빌려줄까요?**
Tengo dos paraguas. ¿Te presto uno?

제가 **도와드릴게요**.
Deje que la ayude.

선생님, 제가 **들어 드릴까요?**
Profesora, ¿puedo ayudarla?

Enfoque Gramatical

Esta estructura se utiliza para ofrecerse a ayudar a alguien, equivaliendo en español a "¿Quiere(s) que···?" o "¿Le/Te ayudo a···?". Cuando la persona a la que se le ofrece ayuda ha de ser tratada con deferencia, se hace uso de −아/어 드릴게요 y −아/어 드릴까요?. Si la última vocal de la raíz verbal es ㅏ ㅜ ㅗ, se añade −아 줄게요/줄까요?, mientras que en el resto de los casos se añade −어 줄게요/줄까요?. En cuanto a los verbos formados con 하다, esta estructura adopta la forma −해 줄게요/줄까요?.

Raíces verbales acabadas en ㅏ ㅜ ㅗ	Raíces cuya última vocal no sea ㅏ ni ㅗ	Verbos compuestos con 하다
사다 + **−아 줄게요** → 사 줄게요	기다리다 + **−어 줄게요** → 기다려 줄게요	운전하다 → 운전해 줄게요

Infinitivo	−아/어 줄게요	−아/어 줄까요?
보다	봐 줄게요	봐 줄까요?
만들다	만들어 줄게요	만들어 줄까요?
빌리다	빌려줄게요	빌려줄까요?

| 소개하다 | 소개해 줄게요 | 소개해 줄까요? |
| 돕다 | 도와줄게요 | 도와줄까요? |

* Forma irregular

En Acción

Pista **128**

A 여기요, 여기 상 좀 치워 주세요.

B 네, 손님, 금방 치워 드릴게요.

A 에어컨을 켜 주시겠어요?

B 네, 켜 드릴게요.

A Señora, límpienos esta mesa, por favor.

B Sí, ahora mismo la limpio.

A ¿Me podría encender el aire acondicionado, por favor?

B Sí, se lo enciendo.

¿Cuál es la diferencia?

–(으)세요	–아/어 주세요
Se utiliza para dar órdenes o hacer peticiones al interlocutor sin que estas redunden en beneficio del hablante.	Se utiliza para dar órdenes o hacer peticiones al interlocutor que redundan en beneficio del hablante.

–(으)세요

Se utiliza para dar órdenes o hacer peticiones al interlocutor sin que estas redunden en beneficio del hablante.

- 이 옷이 민우 씨에게 안 어울려요. 다른 옷으로 바꾸세요.
  Esta ropa no te queda bien, Minu. Cámbiala por otra ropa, por favor.
  (Le recomiendo que la cambie por su bien.)
- 다리가 아프세요? 여기 앉으세요.
  ¿Le duelen las piernas? Siéntese aquí, por favor.
  (Le invito a sentarse por su bien.)

–아/어 주세요

Se utiliza para dar órdenes o hacer peticiones al interlocutor que redundan en beneficio del hablante.

- 이 옷이 저에게 안 어울려요. 다른 옷으로 바꿔 주세요.
  Esta ropa no me queda bien. Cámbiala por otra ropa, por favor. (Le pido que colabore conmigo.)
- 영화가 안 보여요. 앉아 주세요.
  No puedo ver la película. Siéntese, por favor. (Se le pide que no me impida ver la película.)

Ahora le toca a usted

Mire las imágenes y elija las palabras del recuadro adecuadas para escribir las correspondientes frases usando –아/어 주세요 o –아/어 줄까요?.

내리다	빌리다

(1)

A 망치 좀 빌려줄 수 있어요?

B 네, 있어요. ____________.

(2)

A 제가 가방을 ____________?

B 네, 고맙습니다.

Intentos y experiencias

- ❶ V-아/어 보다
- ❷ V-(으)ㄴ 적이 있다/없다

01 V–아/어 보다

갈비를 **먹어 봤어요**?
¿Has probado las costillas (al estilo coreano)?

한번 **입어 보세요**.
Pruébesela.

제주도에 **가 보고** 싶어요.
Quisiera conocer la isla de Jeju.

Enfoque Gramatical

La estructura **–아/어 보다** se emplea para indicar que se realiza algo por primera vez o que se tiene una determinada experiencia. En español equivaldría más o menos a los verbos "probar" e "intentar". Si la última vocal de la raíz verbal es ㅏ u ㅗ, se añade **–아 보다**, mientras que en el resto de los casos se añade **–어 보다**. En cuanto a los verbos formados con **하다**, esta estructura adopta la forma **–해 보다**.

En general, cuando aparece en presente, implica que se intenta llevar a cabo una determinada acción. Sin embargo, cuando se usa en pasado, suele hacer referencia a experiencias.

- 김치가 맛있어요. 김치를 먹어 보세요. El kimchi está rico. Pruébelo, por favor. (probar)
- 김치를 먹어 봤어요. 맛있었어요. He probado el kimchi. Estaba rico. (tener una experiencia)

Raíces verbales acabadas en ㅏ u ㅗ	Raíces verbales terminadas en vocales que no sean ㅏ ni ㅗ	Verbos compuestos con 하다
가다 + **–아 보다** → 가 보다	먹다 + **–어 보다** → 먹어 보다	여행하다 → 여행해 보다

Infinitivo	–아/어 보세요	–아/어 봤어요
사다	사 보세요	사 봤어요
살다	살아 보세요	살아 봤어요
입다	입어 보세요	입어 봤어요
먹다	먹어 보세요	먹어 봤어요
공부하다	공부해 보세요	공부해 봤어요
등산하다	등산해 보세요	등산해 봤어요
*듣다	들어 보세요	들어 봤어요

* Forma irregular

En Acción

Pista **130**

A 이 신발 신어 봐도 돼요?

B 네, 신어 보세요.

A ¿Puedo probarme estos zapatos?

B Sí, pruébeselos.

A 한국 친구가 있어요?

B 아니요, 없어요.
한국 친구를 사귀어 보고 싶어요.

A ¿Tienes amigos coreanos?

B No, no tengo.
Me gustaría hacer amigos coreanos.

A 막걸리를 마셔 봤어요?

B 아니요, 안 마셔 봤어요.
어떤 맛이에요?

A ¿Has probado el makkoli?

B No, no lo he probado. ¿A qué sabe?

1 Mire el dibujo y recomiende a un amigo que vaya a los lugares que aparecen indicados en el mapa de Corea.

> 보기   속초에 가면 ______ 설악산에 가 보세요 ______.

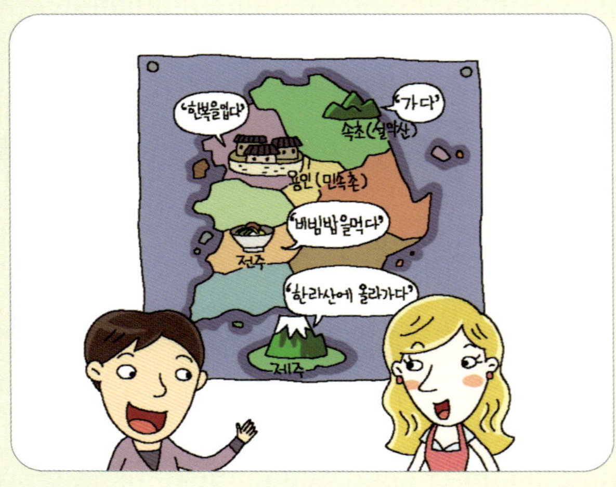

(1) 민속촌에 가면 ______________________.

(2) 전주에 가면 ______________________.

(3) 제주도에 가면 ______________________.

2 Lea el diálogo y elija el verbo del recuadro que sea adecuado para rellenar cada hueco utilizando la estructura –아/어 보다.

> 가다   구경하다   마시다

웨슬리: 왕징 씨, 인사동에 가 봤어요?

왕징: 아니요, **(1)**______________. 웨슬리 씨는 **(2)**__________?

웨슬리: 네, 지난 주말에 가 봤어요.

왕징: 인사동에서 뭘 했어요?

웨슬리: 옛날 물건을 구경하고 한국 전통차를 **(3)**__________.

왕징: 그래요. 저도 인사동에서 전통차를 마셔 보고 싶어요.

웨슬리: 그럼 이번 주말에 인사동을 **(4)**__________.

Pista **131**

인도 영화를 **본 적이 있어요**.
He visto cine indio.

회사에 **지각한 적이 없어요**.
Nunca he llegado tarde a la empresa.

이탈리아에 **가 본 적이 있어요**?
¿Has ido alguna vez a Italia?

Enfoque Gramatical

La estructura –(으)ㄴ 적이 있다/없다 indica si se tiene o no se tiene una determinada experiencia, por lo que sería equivalente en español al uso del pretérito perfecto compuesto. Para indicar que se tiene una determinada experiencia se hace uso de –(으)ㄴ 적이 있다, mientras que –(으)ㄴ 적이 있다 se emplea para indicar lo contrario. Si la raíz verbal termina en vocal, se añade a esta –ㄴ 적이 있다/없다, pero si termina en consonante se añade –은 적이 있다/없다. La estructura –(으)ㄴ 일이 있다/없다 tiene el mismo significado pudiendo emplearse en su lugar, pero –(으)ㄴ 적이 있다/없다 se utiliza con mayor frecuencia.

Raíz verbal acabada en vocal	Raíz verbal acabada en consonante
보다 + **–ㄴ 적이 있다** → 본 적이 있다	입다 + **–은 적이 있다** → 입은 적이 있다

Infinitivo	–ㄴ 적이 있다	Infinitivo	–은 적이 있다
타다	탄 적이 있다	읽다	읽은 적이 있다
만나다	만난 적이 있다	먹다	먹은 적이 있다
여행하다	여행한 적이 있다	받다	받은 적이 있다
*만들다	만든 적이 있다	*듣다	들은 적이 있다

* Forma irregular

Por otra parte, la estructura –(으)ㄴ 적이 있다 es perfectamente compatible con –아/어 보다, dando lugar a –아/어 본 적이 있다, que enfatiza el hecho de haber tenido éxito a la hora de haber intentado algo o el de no haber tenido nunca la oportunidad de vivir una determinada experiencia.

- 저는 미국에 가 본 적이 있어요.　　He tenido la oportunidad de ir a Estados Unidos.
- 한국 음식을 먹어 본 적이 없어요.　No he tenido nunca la oportunidad de probar la comida coreana.

En Acción

Pista **132**

A 어제 명동에서 연예인을 만났어요.

A Ayer vi a un famoso en Myeongdong.

B 와, 난 지금까지 한 번도 연예인을 만난 적이 없어요.

B Guau. Yo hasta ahora nunca he visto a ningún famoso.

A 시장에서 물건값을 잘 깎아요?

A ¿Te resulta fácil regatear en el mercado?

B 아니요, 깎아 본 적이 없어요.

B No, nunca he regateado.

¡Atención!

La estructura –(으)ㄴ 적이 있다 no se emplea para expresar acciones que se realizan con frecuencia ni acciones cotidianas.

- 오늘 물을 마신 적이 있어요. (×)　　• 화장실에 간 적이 있어요. (×)

Ahora le toca a usted

Mire las imágenes y rellene los huecos haciendo uso de la estructura –(으)ㄴ 적이 있다/없다.

(1)  

A 이번 겨울에 스키를 탄 적이 있어요?
B 아니요, 스키를 _______________.
　그렇지만 스케이트는 _______________.

(2)  

A 한국에 와서 병원에 간 적이 있어요?
B 아니요, 병원에 _______________.
　그렇지만 약국에는 _______________.

(3)  

A 여권을 잃어버린 적이 있어요?
B 아니요, 여권을 _______________.
　그렇지만 우산은 _______________.

Propuestas y sugerencias

Pista **133**

같이 **농구할까요?**

¿Jugamos al baloncesto?

여기에서 좀 **쉴까요?**

¿Descansamos un poco aquí?

무슨 영화를 **볼까요?**

¿Qué película vemos?

Enfoque Gramatical

La estructura –(으)ㄹ까요? se emplea el hablante cuando le sugiere a su interlocutor hacer algo juntos o le pregunta qué prefiere hacer entre varias opciones. El sujeto es 우리, pero se omite, al igual que se hace en español. Es habitual responder a estas propuestas utilizando las estructuras –(으)ㅂ시다 o –아/어요. (Para más información, dirigirse a la Unidad 12. Propuestas y sugerencia 03 V –(으)ㅂ시다) Si la raíz verbal acaba en vocal o ㄹ, se emplea –ㄹ까요?, pero en el caso de acabar en cualquier otra consonante se hace uso de –을까요?.

Raíz verbal acabada en vocal o ㄹ	Raíz verbal acabada en cualquier otra consonante
가다 + **–ㄹ까요?** → 갈까요?	먹다 + **–을까요?** → 먹을까요?

Infinitivo	–ㄹ까요?	Infinitivo	–을까요?
사다	살까요?	닫다	닫을까요?
여행하다	여행할까요?	*듣다	들을까요?
*열다	열까요?	*걷다	걸을까요?

* Forma irregular

(Se recomienda comparar estos contenidos con los de la Unidad 12. Propuestas y sugerencia 02 V–(으)ㄹ까요? ②, y la Unidad 17 Hipótesis 03 A/V–(으)ㄹ까요? ③)

En Acción

A 주말에 같이 노래방에 갈까요?

B 네, 좋아요. 같이 가요.

A 퇴근 후에 술 한잔할까요?

B 미안해요. 오늘 약속이 있어요.
다음에 같이해요.

A ¿Vamos a un karaoke el fin de semana?

B Sí, muy bien. Vamos.

A ¿Tomamos una copa después del trabajo?

B Lo siento. Hoy tengo otro compromiso.
Hagámoslo en otra ocasión.

Ahora le toca a usted

Mire las imágenes y rellene los huecos del diálogo entre Budi y Wang Jing haciendo uso de las estructuras –(으)ㄹ까요? y –아/어요 según corresponda.

> **보기**
>
> 부디: 왕징 씨, 우리 내일 뭐 <u>할까요</u>? (하다)
>
> 왕징: 영화 <u>봐요.</u> (보다)

부디: 무슨 영화를 **(1)**________ ? (보다)

왕징: 한국 영화를 **(2)**________. (보다)

부디: 그럼 어디에서 **(3)**___________? (만나다)

왕징: 학교 앞에서 **(4)**___________. (만나다)

부디: 3시 영화가 있어요.

왕징: 그럼, 영화 시작하기 전에 만나서 같이 점심을 **(5)**____________? (먹다)

부디: 네, 좋아요.

왕징: 영화 보고 나서 남대문시장에 가서 **(6)**___________? (쇼핑하다)

부디: 저는 쇼핑을 안 좋아해요. 커피 마시면서 **(7)**___________. (이야기하다)

왕징: 그럼, 그렇게 해요.

창문을 **열까요?**

¿Abro la ventana?

내일 무엇을 **입을까요?**

¿Qué me pongo mañana?

커피를 **드릴까요**, 주스를 **드릴까요?**

¿Te traigo un café o un jugo?

Enfoque Gramatical

La estructura −(으)ㄹ까요? la emplea el hablante cuando se ofrece a hacer algo por su interlocutor o cuando quiere saber su opinión. El sujeto, normalmente 제가 o 내가, se suele omitir. El equivalente en español serían preguntas en las que el interlocutor se ofrece a ayudar a su interlocutor, como las encabezadas por "¿Quiere(s) que…?". Se suele responder a estas preguntas con las formas de imperativo −(으)세요 o −지 마세요. Si la raíz verbal acaba en vocal o ㄹ, se emplea −ㄹ까요?, pero en el caso de acabar en cualquier otra consonante se hace uso de −을까요?.

Raíz verbal acabada en vocal o ㄹ	Raíz verbal acabada en cualquier otra consonante
사다 + **−ㄹ까요?** → 살까요?	닫다 + **−을까요?** → 닫을까요?

Infinitivo	−ㄹ까요?	Infinitivo	−을까요?
가다	갈까요?	읽다	읽을까요?
오다	올까요?	놓다	놓을까요?
*만들다	만들까요?	*듣다	들을까요?

* Forma irregular

(Se recomienda comparar estos contenidos con los de la Unidad 12. Propuestas y sugerencia 02 V−(으)ㄹ까요? ②, y la Unidad 17 Hipótesis 03 A/V−(으)ㄹ까요? ③)

En Acción

Pista **136**

A 내일 언제 전화할까요?

B 저녁에 전화하세요.

A 가족들과 부산에 갈 거예요.
어느 호텔을 예약할까요?

B 이 호텔을 예약하세요.
가족들과 가기에 아주 좋아요.

A 이 컴퓨터를 어디에 놓을까요?

B 책상 위에 놓으세요.

A ¿Cuándo quiere que llame mañana?

B Llame por la tarde, por favor.

A Voy a Busan con mi familia.
¿En qué hotel hago la reserva?

B Haga la reserva en este hotel.
Es muy bueno para ir en familia.

A ¿Dónde le pongo la computadora?

B Póngala sobre el escritorio, por favor.

Ahora le toca a usted

Rellene los huecos de los siguientes diálogos con los verbos del recuadro que sean adecuados haciendo uso de –(으)ㄹ까요? para hacer propuestas y de –(으)세요 o –지 마세요 para responder a estas según corresponda.

가다	가져가다	먹다	보다

(1)

A 오늘 날씨가 흐려요? 우산을 ______________?

B 네, ___________. 비가 곧 오겠어요.

(2)

A 외국 친구와 점심 약속이 있어요. 무슨 음식을 _________?

B 잡채를 _________. 외국 사람들은 잡채를 좋아해요.

(3)

A 미국에서 친구가 와요. 친구와 어디에 _______?

B 민속촌에 _________. 한국의 전통문화를 알 수 있어요.

(4)

A 내일 여자 친구와 데이트가 있어요. 이 영화를 _________?

B 이 영화를 _________. 사람들이 이 영화가 재미없대요.

한식을 **먹읍시다**.

Comamos comida coreana.

버스를 타지 마요. 지하철을 **탑시다**.

No tomes el autobús. Tomemos el metro.

영화를 **보지 맙시다**.

No veamos la película.

Pista **137**

Enfoque Gramatical

La estructura −(으)ㅂ시다 se emplea para sugerirle o proponerle al interlocutor hacer algo juntos, por lo que equivale en español al uso del presente de subjuntivo en primera persona de plural (hagamos, vayamos, comamos, etc.). En un contexto más informal, se puede usar con el mismo valor la estructura −아/어요. Si la raíz verbal acaba en vocal, se emplea añade a esta −ㅂ시다, mientras que en caso de acabar en consonante se añade −읍시다. Por otra parte, cuando se sugiere o propone no hacer algo, se deba hacer uso de las estructuras −지 맙시다 o −지 마요.

Raíz verbal acabada en vocal	Raíz verbal acabada en consonante
가다 + **−ㅂ시다** → 갑시다	먹다 + **−읍시다** → 먹읍시다

Infinitivo	−(으)ㅂ시다	−지 맙시다
오다	옵시다	오지 맙시다
만나다	만납시다	만나지 맙시다
여행하다	여행합시다	여행하지 맙시다
*만들다	만듭시다	만들지 맙시다
*걷다	걸읍시다	걷지 맙시다

* Forma irregular

Pista **138**

A 언제 출발할까요?

B 10분 후에 출발합시다.

A ¿Cuándo nos vamos?

B Vayámonos dentro de diez minutos.

A 주말에 클럽에 갈까요?

B 월요일에 시험이 있으니까
클럽에 가지 맙시다. 같이 공부합시다.

A ¿Quieres que vayamos a la discoteca el fin de semana?

B Como tenemos un examen el lunes, no vayamos a ningún club. Estudiemos juntos.

A 오늘 등산 갈까요?

B 어제 비가 와서 미끄러워요.
다음 주에 가요.

A ¿Vamos hoy a la montaña?

B Como ayer llovió, los caminos estarán resbaladizos. Vayamos la próxima semana.

¡Atención!

La estructura –(으)ㅂ시다 se pueden emplear en situaciones formales en las que el hablante propone o invita a un grupo de personas a hacer algo o cuando el interlocutor es más joven o desempeña un cargo de menor categoría. En ningún caso debe emplearse cuando el interlocutor tiene más edad o un cargo más alto que el hablante. En dichos casos se considera más apropiado el uso del imperativo 같이 –(으)세요.

❶ Al proponer o invitar a un grupo de gente a hacer algo:

- 여러분, 우리 모두 공부 열심히 합시다.　Estudiemos todos con ahínco.

- 점심시간입니다. 모두들 점심 식사합시다.　Es la hora del almuerzo. Todo el mundo a almorzar.

❷ En caso de que el interlocutor tenga una edad y un cargo semejante a los del hablante:

- 사장님: 토요일에 같이 점심 식사합시다.　Jefe: Almorcemos el sábado.

- 사원: 네, 좋습니다.　Empleado: Sí, muy bien.

- 재준: 요코 씨, 주말에 같이 등산 갑시다.　Jaejun: Yoko, vayamos a la montaña el fin de semana.

- 요코: 그래요, 재준 씨.　Yoko: Claro que sí, Jaejun.

❸ En caso de que el interlocutor tenga más edad o un cargo más alto que el hablante:

- 선생님, 노래방에 같이 갑시다. (×)
  → 선생님, 노래방에 같이 가세요. (○)　Maestro, venga al karaoke con nosotros.

- 교수님, 저희와 같이 점심 먹읍시다. (×)
  → 교수님, 저희와 같이 점심 드세요. (○)　Profesor, almuerce con nosotros.

Jisu está planeando hacer un viaje con su amiga Carol durante las vacaciones de verano. Rellene los huecos del diálogo en el que planean su viaje, utilizando los verbos entre paréntesis y las estructuras –(으)ㅂ시다 o –아/어요.

지수: 캐럴 씨, 이번 여름에 휴가를 같이 갈까요?

캐럴: 네, 좋아요. 같이 **(1)** ___________. (가다)

지수: 어디로 갈까요? 해외로 갈까요, 국내로 갈까요?

캐럴: 저는 한국 여행을 많이 못했으니까 국내로 가고 싶어요.

　　　국내 **(2)** ___________. (여행하다)

지수: 그래요. 아! 설악산에 가면 산과 바다에 갈 수 있어요. 설악산이 어때요?

캐럴: 설악산이 좋겠어요! 설악산에 **(3)** ___________. (가다)

　　　바다에 가면 우리 수영도 하고 **(4)** ___________. (선탠도 하다)

지수: 와, 재미있겠어요.

　　　산에도 갈 거니까 운동화나 등산화도 **(5)** ___________. (가져가다)

캐럴: 네, 알겠어요.

지수: 참, 거기에는 생선회가 유명해요. 캐럴 씨, 생선회 먹을 수 있어요?

캐럴: 물론이에요. 우리 생선회도 **(6)** ___________. (먹다)

도넛 좀 **드시겠어요?**
¿Querría comer una rosca?

Pista **139**

방을 **예약하시겠어요?**
¿Querría reservar una habitación?

커피에 설탕을 **넣으시겠어요?**
¿Querría que le pusiese azúcar en el café?

Enfoque Gramatical

La estructura –(으)시겠어요? se emplea para hacerle sugerencias de manera muy educada al interlocutor o preguntarle por sus preferencias o intenciones. Su equivalente en español serían preguntas encabezadas por "¿Querría (que)···?" o "¿Le gustaría (que)···?". Esta estructura es mucho más formal y educada que –(으)ㄹ래요/–(으)실래요?. Si la raíz verbal termina acaba en vocal, se le añade –시겠어요?, mientras en caso de acabar en consonante se añade –으시겠어요?.

Raíz verbal acabada en vocal	Raíz verbal acabada en consonante
가다 + **–시겠어요?** → 가시겠어요?	읽다 + **–으시겠어요?** → 읽으시겠어요?

Infinitivo	–시겠어요?	Infinitivo	–으시겠어요?
오다	오시겠어요?	앉다	앉으시겠어요?
만나다	만나시겠어요?	받다	받으시겠어요?
구경하다	구경하시겠어요?	입다	입으시겠어요?
*만들다	만드시겠어요?	*듣다	들으시겠어요?

* Forma irregular

Pista **140**

A 내일 몇 시에 오시겠어요?

B 3시까지 갈게요.

A ¿A qué hora vendrá mañana?

B Iré antes de las tres.

A 여보세요, 조엘 씨, 저 리라예요.
지금 통화 괜찮아요?

B 미안해요. 지금 회의 중이에요.
30분 후에 다시 전화해 주시겠어요?

A ¿Hola? Joel, soy Lila.
¿Puede hablar ahora?

B Lo siento. Ahora estoy en medio de una reunión.
¿Le importaría llamarme dentro de treinta minutos?

A 한국의 전통 기념품을 사고 싶어요.

B 그럼, 인사동에 가 보시겠어요?

A Quiero comprar unos suvenires coreanos tradicionales.

B Entonces, ¿por qué no vas a Insadong?

Ahora le toca a usted

Relacione con una línea las frases de la columna de la izquierda con su respuesta correspondiente
entre las que se le ofrecen en la columna de la derecha como se muestra en el ejemplo.

보기 김 선생님 계세요?

(1) 머리를 어떻게 하시겠어요?

(2) 주말에 심심해요.

(3) 내일 제 생일 파티가 있어요.
와 주시겠어요?

(4) 이 문제가 어려워요.
좀 가르쳐 주시겠어요?

ⓐ 그럼 같이 영화 보러 가시겠어요?

ⓑ 미안해요. 저도 잘 모르겠어요.

ⓒ 지금 수업 중이세요. 잠깐만
기다리시겠어요?

ⓓ 짧게 잘라 주세요.

ⓔ 네, 좋아요. 꼭 갈게요.

Pista **141**

등산 같이 **갈래요?**
¿Quieres que vayamos a la montaña?

커피 **한잔하실래요?**
¿Quieres tomar un café?

한강에서 배를 **타지 않을래요?**
¿No te apetece hacer un crucero por el río Han?

Enfoque Gramatical

La estructura –(으)ㄹ래요? se emplea para preguntarle al interlocutor qué le gustaría hacer o para pedirle algo. Su uso muy habitual en conversaciones entre amigos, ya que no debe emplearse en situaciones formales, en las que –(으)시겠어요? resulta más apropiado. En español equivaldría a al uso de los verbos "querer" y "apetecer" en frases interrogativas: "¿Quiere(s)···?" y "¿Te/Le apetece···?". A esta pregunta –(으)ㄹ래요? se puede contestar usando –(으)ㄹ게요. En lugar de –(으)ㄹ래요? se pueden emplear sus correspondientes formas negativas –지 않을래요? (안 –(으)ㄹ래요?) sin que varíe el significado. En caso de que exista una estrecha relación con el interlocutor, pero igualmente se quiera mostrar cierta deferencia hacia este, se puede hacer uso de –(으)실래요?. Si la raíz verbal acaba en vocal o en ㄹ, se le añade –ㄹ래요?, mientras que en caso de acabar en cualquier otra consonante se hace uso de –을래요?.

Raíz verbal acabada en vocal o ㄹ	Raíz verbal acabada en cualquier otra consonante
가다 + **–ㄹ래요?** → 갈래요?	받다 + **–을래요?** → 받을래요?

Infinitivo	–ㄹ래요?	Infinitivo	–을래요?
보다	볼래요?	먹다	먹을래요?
사다	살래요?	앉다	앉을래요?

운동하다	운동할래요?	*듣다	들을래요?
*놀다	놀래요?	*걷다	걸을래요?

* Forma irregular

(Para más información, dirigirse a la Unidad 13. Intenciones y planes 03 V–(으)ㄹ래요 ②)

En Acción

Pista **142**

A 저는 된장찌개를 먹을래요.
　하미 씨는 뭐 드실래요?

B 저는 갈비탕을 먹을래요.

A Me apetece comer doenjang jjigae.
　¿Qué le apetece comer, Hami?

B Yo tomaré galbitang.

A 유키 씨, 우리 시험 끝나고 뭐 할래요?

B 영화 볼까요?

A Yuki, ¿qué quieres hacer después de terminar el examen?

B ¿Vemos una película?

A 서울의 야경이 보고 싶어요.

B 그럼 저녁에 N서울타워에 같이 갈래요?

A Me apetece ver Seúl de noche.

B Entonces, ¿quieres que vayamos a la Torre N de Seúl
　por la noche?

Ahora le toca a usted

Elija el verbo del recuadro que sea adecuado para rellenar cada hueco utilizando la estructura –(으)ㄹ래요?.

걷다 보지 않다 쇼핑하다 앉다 타다

(1) A 흐엉 씨, 다리 아파요? 저기 의자에 ___________?
　　B 아니요, 괜찮아요.

(2) A 와, 눈이 많이 왔어요. 우리 스키 ___________?
　　B 네, 좋아요.

(3) A 요즘 백화점에서 세일해요.
　　B 그럼 오늘 백화점에서 같이 ___________?

(4) A 날씨가 정말 좋아요.
　　B 그래요? 그럼 밖에 나가서 좀 ___________?

(5) A 요즘 재미있는 영화가 많이 있어요. 같이 영화 ___________?
　　B 미안해요. 요즘 바빠서 시간이 없어요.

Intenciones y planes

01 A/V-겠어요 ①

02 V-(으)ㄹ게요

03 V-(으)ㄹ래요 ②

올해에는 담배를 꼭 **끊겠습니다**.
Este año pienso dejar de fumar.

제가 출장을 **가겠습니다**.
Yo haré el viaje de negocios.

잠시 후에 인천공항에 **도착하겠습니다**.
Llegaremos en breve al aeropuerto de Incheon.

Pista **143**

Enfoque Gramatical

1 La estructura −겠어요 se añade a la raíz verbal para indicar la firme intención del hablante de llevar a cabo una determinada acción, de manera que en español podría equivaler a "ir a + infinitivo" y "pensar + infinitivo". Esta estructura se forma añadiendo −겠어요 a la raíz verbal y su forma negativa se forma añadiendo −지 않겠어요 o 안 −겠어요.

- 아침마다 운동하겠어요.   Pienso hacer ejercicio todas las mañanas.
- 이제 술을 마시지 않겠어요.   A partir de ahora no beberé alcohol.

Cuando la estructura −겠어요 se emplea con valor de intención o voluntad, el sujeto no puede ser una tercera persona.

- 카일리 씨는 내일부터 다이어트를 하겠어요. (×)
  → 카일리 씨는 내일부터 다이어트를 할 거예요. (○)
  Kylie se pondrá a dieta (a partir de) mañana.
  → 저는 내일부터 다이어트를 하겠어요. (○)
  Pienso ponerme a dieta (a partir de) mañana.

2 La estructura **–겠어요** también se puede usar para indicar que una determinada acción está a punto de tener lugar o para predecir que algo ocurrirá, lo que en español se expresa con el tiempo futuro.

- (기차역 안내 방송) 기차가 곧 도착하겠습니다.

  Anuncio informativo de un tren: En breves instantes llegará el tren.

- (일기예보에서) 내일은 비가 오겠습니다. Pronóstico meteorológico: Mañana lloverá.

가다 + **–겠어요** → 가겠어요   먹다 + **–겠어요** → 먹겠어요

Infinitivo	–겠어요	Infinitivo	–겠어요
오다	오겠어요	읽다	읽겠어요
만나다	만나겠어요	만들다	만들겠어요
전화하다	전화하겠어요	듣다	듣겠어요

(Para más información, dirigirse a la Unidad 17. Hipótesis 01 A/V–(으)겠어요 ②)

En Acción

Pista **144**

A 왕단 씨, 지각하지 마십시오!

B 죄송합니다.
내일부터는 일찍 오겠습니다.

A Wang Dan, no llegue tarde, por favor.

B Disculpe. A partir de mañana llegaré temprano.

A 외국 손님들이 오셔서 통역이
필요합니다.

B 부장님, 그럼 제가 통역을 하겠습니다.

A Como ha venido un cliente extranjero,
necesito que alguien traduzca.

B En ese caso yo traduciré, señor presidente.

A 잠시 후에는 안준호 교수님께서
한국 경제에 대해 강의를 하시겠습니다.

B 안녕하십니까? 안준호입니다.

A En unos instantes el profesor An Junho dará una
conferencia sobre la economía surcoreana.

B Buenos días. Soy An Junho.

¡Atención!

❶ El infijo –겠– se puede encontrar en las siguientes expresiones:

- 처음 뵙겠습니다. 이민우입니다. Encantado de conocerlo. (Literalmente: Es la primera ver que lo veo.) Me llamo Lee Minu.
- 잘 먹겠습니다.   Muchas gracias por la comida. (Literalmente: Comeré bien.)
- 어머니, 학교 다녀오겠습니다. Mamá, me voy a la escuela.

❷ El infijo –겠– también se acostumbra a usar cuando no se quiere sonar muy tajante ni autoritario sino más educado y amable al expresarse la propia voluntad:

A 여러분, 여기까지 알겠어요? Hasta aquí, ¿lo entienden todo?

B 아니요, 잘 모르겠어요. No, no lo entiendo bien del todo.

1 ¿Qué resoluciones han tomado los personajes de abajo para el año nuevo? Mire las imágenes y rellene los huecos utilizando los verbos entre paréntesis y la estructura –겠어요.

(1)

올해에는 열심히 __________________.
(공부하다)

(2)

올해에는 아이와 더 많이 __________________.
(놀아 주다)

(3)

올해에는 __________________________.
(컴퓨터 게임을 하다 ×)

2 Este es el pronóstico meteorológico para mañana. Mire el mapa de abajo y complete las frases usando la estructura –겠습니다.

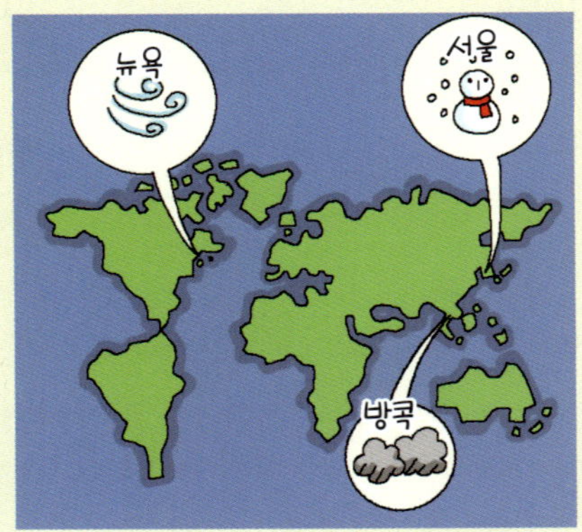

내일 세계의 날씨를 보시겠습니다. **(1)** 내일 서울은 __________________.

(2) 뉴욕은 __________________. **(3)** 방콕은 __________________.

Pista **145**

제가 전화 **받을게요**.
Ya respondo yo al teléfono.

죄송합니다. 일이 있어서 먼저 **갈게요**.
Lo siento. Como tengo trabajo que hacer, me voy ya.

저녁에 **전화할게요**.
Te llamaré esta tarde.

Enfoque Gramatical

La estructura –(으)ㄹ게요 se emplea para indicar la determinación del hablante de llevar a cabo una determinada acción o para prometer o comprometerse con alguien a realizar algo, aunque también puede simplemente indicar la intención del hablante de hacer algo, lo que equivaldría en español a uno de los muchos valores del tiempo futuro. Esta estructura es habitual hablando con personas con las que se tiene confianza. Si la raíz verbal acaba en vocal o en ㄹ, se le añade –ㄹ게요, mientras que en caso de acabar en cualquier otra consonante se le añade –을게요.

Raíz verbal acabada en vocal o ㄹ	Raíz verbal acabada en cualquier otra consonante
가다 + **–ㄹ게요** → 갈게요	찾다 + **–을게요** → 찾을게요

Infinitivo	–ㄹ게요	Infinitivo	–을게요
오다	올게요	끊다	끊을게요
타다	탈게요	*듣다	들을게요
공부하다	공부할게요	*걷다	걸을게요
*열다	열게요	*돕다	도울게요

* Forma irregular

Esta estructura solamente puede emplearse con verbos que impliquen voluntad por parte del sujeto:

- 오늘 오후에는 바람이 불게요. (×)
  (El viento no tiene voluntad propia y sopla por otras razones.)

- 저는 이제부터 날씬할게요. (×)
  (No se puede usar con adjetivos.)

Esta estructura solo admite como sujeto la primera persona:

- 부디 씨가 저녁에 전화할게요. (×)
  → 부디 씨가 저녁에 전화할 거예요. (○)
    Budi llamará esta tarde.
  → 제가 저녁에 전화할게요. (○)
    Llamaré esta tarde.

Esta estructura no se puede utilizar en frases interrogativas:

- 리라 씨, 이제 늦지 않을게요? (×)
  → 리라 씨, 이제 늦지 않을 거예요? (○)
    Lila, ya no llegarás tarde, ¿verdad?

En Acción

Pista **146**

A 제 책 가지고 왔어요?

B 미안해요. 잊어버렸어요.
  내일은 꼭 가지고 올게요.

A 에릭 씨, 카일리 씨의 이메일 주소
  아세요?

B 네, 알아요. 제가 종이에 써 드릴게요.

A ¿Has traído mi libro?

B Lo siento. Se me ha olvidado.
  Te lo traeré mañana sin falta.

A Eric, ¿sabes la dirección de correo electrónico de
  Kylie?

B Sí, la sé. Te la escribiré en un papel.

–(으)ㄹ게요	–(으)ㄹ 거예요
El hablante expresa su intención de llevar a cabo una determinada acción que tiene algún tipo de relación con el interlocutor, ya que suele responder a una petición, un consejo o cualquier tipo de comentario hecho por este.	El hablante comunica a su interlocutor su intención de llevar a cabo una determinada acción que no tiene ninguna relación con él. En otras palabras, la voluntad del hablante no responde a nada que haya dicho ni espere su interlocutor.

A 몸에 안 좋으니까 담배를 피우지 마세요.
B 네, 담배를 안 피울게요.
(Tras escuchar el comentario de A, B le comunica su intención de seguir su consejo.)

A 그럼, 안녕히 가세요.
B 네, 제가 밤에 전화할게요.
(B informa a A de su intención de telefonearlo infiriendo que A espera que le llame.)

A 이제부터 담배를 안 피울 거예요.
B 잘 생각하셨어요.
(A ha tomado una resolución en la que B no ha tenido nada que ver.)

A 그럼, 안녕히 가세요.
B 네, 제가 밤에 전화할 거예요.
(B informa a A de su intención de telefonearlo independientemente de sus expectativas.)

Ahora le toca a usted

Mire las imágenes y rellene los huecos con los verbos entre paréntesis y la estructura –(으)ㄹ게요.

보기

A 이거 너무 어려워요. 가르쳐 줄 수 있어요?
B 그럼요.   제가 가르쳐 줄게요 .
(가르쳐 주다)

(1)

A 웨슬리 씨가 점심을 샀으니까 제가 커피를 ___________.
(사다)
B 고마워요. 잘 마실게요.

(2)

A 티루엔 씨, 이 서류를 팩스로 보내 주시겠어요?
B 네, 바로 ___________.
(보내 드리다)

(3)

A 이거 비밀이니까 다른 사람한테 이야기하면 안 돼요.
B 알겠어요. ___________________.
(이야기하다 ×)

(4)

A 내일 일찍 일어나야 하니까 오늘 늦게 자면 안 돼요.
B 네, 알겠어요. 오늘 ___________________.
(늦게 자다 ×)

03 V–(으)ㄹ래요 ②

Pista **147**

너무 배가 불러요. 그만 **먹을래요**.
Estoy llenísimo. No voy a comer más.

커피 **마실래요**.
Tomaré un café.

이번 방학에는 여행을 **할래요**.
Estas vacaciones me iré de viaje.

Enfoque Gramatical

La estructura –(으)ㄹ래요 también se emplea para comunicar la intención del hablante de llevar a cabo una determinada acción. Su uso es habitual en conversaciones coloquiales con personas con las que se tiene confianza, pero carece de la cortesía necesaria para usarla en situaciones que requieran cierta formalidad. En español equivaldría tanto al tiempo futuro como a la perífrasis "ir a + infinitivo". Esta estructura se puede usar en frases interrogativas para preguntarle al interlocutor por sus intenciones. (Para más información, dirigirse a la Unidad 12. Propuestas y sugerencias 05 V–(으)ㄹ래요? ①) Si la raíz verbal acaba en vocal o en ㄹ, se le añade –ㄹ래요, mientras que en caso de acabar en cualquier otra consonante se le añade –을래요.

Raíz verbal acabada en vocal o ㄹ	Raíz verbal acabada en cualquier otra consonante
가다 + **–ㄹ래요** → 갈래요	먹다 + **–을래요** → 먹을래요

Infinitivo	–ㄹ래요	Infinitivo	–을래요
오다	올래요	받다	받을래요
타다	탈래요	있다	있을래요

| 공부하다 | 공부할래요 | *듣다 | 들을래요 |
| 놀다 | 놀래요 | *걷다 | 걸을래요 |

* Forma irregular

1 Esta estructura solo puede emplearse con verbos:

- 저는 키가 클래요. (×)
  - → 저는 키가 컸으면 좋겠어요. (○)
    Ojalá (yo) fuera alto.
- 저는 예쁠래요. (×)
  - → 저는 예뻤으면 좋겠어요. (○)
    Ojalá (yo) fuese bonita.

(Para más información, dirigirse a la Unidad 8. Expresiones del deseo 02 A/V–았/었으면 좋겠다)

2 Esta estructura solo es compatible con sujetos de primera persona:

- 호앙 씨는 다음 주에 고향에 갈래요. (×)
  - → 호앙 씨는 다음 주에 고향에 갈 거예요. (○)
    Hoang irá a su ciudad natal la próxima semana.
  - → 저는 다음 주에 고향에 갈래요. (○)
    Iré a mi ciudad natal la próxima semana.

(Para más información, dirigirse a la Unidad 12. Propuestas y sugerencias 05 V–(으)ㄹ래요? ①)

En Acción

Pista **148**

A 하미 씨, 이따가 액션 영화 볼래요, 공포 영화 볼래요?

B 저는 공포 영화는 싫어요. 액션 영화 볼래요.

A Hami, ¿quieres ver más tarde una película de acción o una de terror?

B A mí no me gustan las películas de terror. Prefiero ver una película de acción.

A 뭐 드실래요?

B 저는 커피를 마실래요.

A ¿Qué le gustaría tomar?

B Me gustaría tomar un café.

A 오늘 리라 씨의 생일 파티에 안 가요?

B 네, 안 갈래요. 피곤해서 집에서 쉴래요.

A ¿No vas a ir hoy a la fiesta de cumpleaños de Lila?

B No, no voy a ir. Como estoy cansada, voy a descansar en casa.

Mire las imágenes y rellene los huecos con los verbos entre paréntesis y la estructura –(으)ㄹ래요.

(1)

A 캐럴 씨는 빨간색이 잘 어울리니까 오늘 빨간색 옷을 입으세요.

B 지난번에 빨간색을 입었으니까 오늘은 검은색 옷을 __________.
(입다)

(2)

A 12시예요. 점심 안 드세요?

B 아침을 늦게 먹어서 저는 이따가 __________.
(먹다)

(3)

A 방학 때 피아노 배울래, 기타 배울래?

B 기타를 __________.
(배우다)

(4)

A 날씨가 더우니까 아이스크림 먹을래요?

B 저는 배가 아파서 __________.
(먹다 ×)

14.

Contextualiza-ciones y explicaciones

01 A/V-(으)ㄴ/는데 ②
02 V-(으)니까 ②

Pista **149**

추운데 창문을 닫을까요?

Hace frío. ¿Cierro la ventana?

백화점에 **가는데** 같이 갈래요?

Voy a ir al centro comercial. ¿Quieres venir conmigo?

제 동생은 **학생인데** 공부를 아주 잘해요.

Mi hermana menor es estudiante. Estudia mucho.

많이 **샀는데** 이제 갈까요?

Ya has comprado mucho. ¿Nos vamos ya?

Enfoque Gramatical

El nexo **–(으)ㄴ/는데** se utiliza para unir una primera frase en la que se contextualiza o se explica el contenido de la segunda frase. En otras palabras, la primera frase tiene como función presentar la segunda. En español no existe ningún equivalente a este nexo y, según el caso, podría traducirse por "y", "pero", "de manera que", "como", etc., sin que haya una correspondencia exacta. En el caso de los adjetivos, si la raíz acaba en vocal, se le añade **–ㄴ데**, mientras que si acaba en consonante se añade **–은데**. En el caso de los verbos, se añade **–는데** a la raíz independientemente de si termina en vocal o consonante.

Adjetivos / Sustantivos + 이다 en presente		Verbos 있다/없다 en presente	Verbos / Adjetivos en pasado
acabados en vocal	acabados en consonante		
–ㄴ데	–은데	–는데	–았/었는데
바쁜데 학생인데	많은데 적은데	보는데　먹는데 있는데　없는데	봤는데　　바빴는데 의사였는데　학생이었는데

Infinitivo	–(으)ㄴ/는데	Infinitivo	–(으)ㄴ/는데
작다	작은데	오다	오는데
높다	높은데	기다리다	기다리는데
편리하다	편리한데	찾다	찾는데
*귀엽다	귀여운데	듣다	듣는데
*하얗다	하얀데	*살다	사는데
아팠다	아팠는데	받았다	받았는데
경찰이었다	경찰이었는데	결혼했다	결혼했는데

* Forma irregular

(Para más información, dirigirse a la Unidad 4. Desinencias conjuntivas oracionales 04 A/V–(으)ㄴ/는데 ①)

En Acción

Pista **150**

A 요코 씨가 회사원이에요?

B 아니요, 아직 학생인데 올해 졸업할 거예요.

A ¿Yoko es empleada de una compañía?

B No, todavía es estudiante pero se graduará este año.

A 학교 근처에 어느 식당이 괜찮아요?

B 학교 옆에 '만나식당'이 괜찮은데 거기 한번 가 보세요.

A ¿Qué restaurante de la zona de la escuela está bien?

B El restaurante Manna, que está enfrente de la escuela, está bien, así que vaya ahí.

A 이 옷을 어제 샀는데 마음에 안 들어요.

B 왜요? 지수 씨한테 잘 어울려요.

A Me compré esta prenda ayer, pero no me gusta.

B ¿Por qué? Pero si te queda muy bien, Jisu.

Mire las imágenes y elija el verbo del recuadro que sea adecuado para rellenar cada hueco utilizando el nexo –(으)ㄴ/는데.

> 고프다　　　없다　　　오다　　　친구이다

(1)

A 이 사람이 누구예요?
B 제 _________ 지금 미국에 있어요.

(2)

A 배가 _________ 식당에 갈까요?
B 네, 좋아요.

(3)

A 비가 _________ 택시를 탑시다.
B 네, 그러는 게 좋겠어요.

(4)

A 주스 한 잔 주시겠어요?
B 주스가 _________ 커피 드릴까요?

집에 **들어오니까** 맛있는 냄새가 나요.
Cuando llego a casa, huelo un delicioso aroma.

Pista **151**

아침에 **일어나니까** 선물이 있었어요.
Cuando me desperté, había un regalo.

집에 **오니까** 밤 12시였어요.
Cuando llegué a casa, eran las doce de la noche.

Enfoque Gramatical

El nexo **–(으)니까** se utiliza para unir una primera frase que indica qué se estaba haciendo cuando se hace el descubrimiento indicado en la segunda frase, siendo dicha segunda frase de alguna manera resultado de la primera. El equivalente en español podría ser "cuando", aunque carece del matiz de causalidad del nexo coreano. Si la raíz verbal acaba en vocal, se le añade **–니까**, mientras que en caso de acabar en consonante se añade **–으니까**. El nexo **–(으)니까** con este valor solo se emplea con verbos, nunca con adjetivos.

Raíces verbales acabadas en vocal	Raíces verbales acabadas en consonante
가다 + **–니까** → 가니까	받다 + **–으니까** → 받으니까

Infinitivo	–니까	Infinitivo	–으니까
오다	오니까	먹다	먹으니까
배우다	배우니까	읽다	읽으니까
일어나다	일어나니까	있다	있으니까
전화하다	전화하니까	*듣다	들으니까
*만들다	만드니까	*걷다	걸으니까

* Forma irregular

Este empleo del nexo −(으)니까 no permite que el verbo que lo precede contenga los infijos −았−
ni −겠−.

- 아침에 회사에 갔으니까 아무도 없었어요. (×)
  → 아침에 회사에 가니까 아무도 없었어요. (○)
    Fui a la empresa por la mañana y me encontré con que no había nadie.

- 저녁에 집에 왔으니까 어머니가 계셨어요. (×)
  → 저녁에 집에 오니까 어머니가 계셨어요. (○)
    Cuando llegué a casa por la noche, ahí estaba mi madre.

(Para más información, dirigirse a la Unidad 9. Causalidad 02 V−(으)니까 ①)

En Acción

Pista **152**

A 제이슨 씨한테 전화해 봤어요?

B 네, 그런데 전화하니까 안 받아요.

A 그 모자 얼마예요?

B 만 원이요. 어제 백화점에 가니까
세일을 하고 있었어요.

A ¿Has llamado a Jason?

B Sí, lo he llamado pero no responde.

A ¿Cuánto te costó esa gorra?

B Me costó diez mil wones. Cuando fui al centro
comercial, estaban de rebajas.

Ahora le toca a usted

Relacione cada frase de la columna de la izquierda con la más apropiada de entre las ofrecidas en la
columna de la derecha. Después, únalas en un única frase.

보기 친구 집에 전화하다	ⓐ 한국 생활이 재미있어요.
(1) 지하철을 타 보다	ⓑ 생선회가 싸고 맛있었어요.
(2) 한국에서 살아 보다	ⓒ 할머니가 전화를 받으셨어요.
(3) 부산에 가다	ⓓ 빠르고 편해요.
(4) 동생의 구두를 신어 보다	ⓔ 작았어요.

보기 친구 집에 전화하니까 할머니가 전화를 받으셨어요.

(1) _______________________________________.

(2) _______________________________________.

(3) _______________________________________.

(4) _______________________________________.

Intención y finalidad

01 V-(으)러 가다/오다

02 V-(으)려고

03 V-(으)려고 하다

04 N을/를 위해(서), V-기 위해(서)

05 V-기로 하다

Pista **153**

옷을 **사러** 동대문시장에 **가요**.
Vamos al mercado de Dongdaemun a comprar ropa.

한국 팬들을 **만나러** 한국에 **왔어요**.
He venido a Corea para encontrarme con mis admiradores coreanos.

은행에 돈을 **찾으러 가요**.
Voy al banco a sacar dinero.

Enfoque Gramatical

La estructura **–(으)러 가다/오다** se utiliza para expresar que uno va o viene a un lugar para llevar a cabo una acción determinada, ubicándose el verbo que designa dicha acción en primer lugar, mientras que el destino y el verbo "ir" o "venir" se encuentran al final de la frase. Esta estructura equivaldría en español a "ir + a lugar + a/para infinitivo" o "venir + a lugar + a/para infinitivo". Si la raíz verbal acaba en vocal o en **ㄹ**, se le añade **–러 가다/오다**, mientras que en caso de acabar en cualquier otra consonante se le añade **–으러 가다/오다**.

Raíz verbal acabada en vocal o ㄹ	Raíz verbal acabada en cualquier otra consonante
사다 + **–러 가다** → 사러 가다	먹다 + **–으러 가다** → 먹으러 가다

Infinitivo	–러 가요/와요	Infinitivo	–으러 가요/와요
보다	보러 가요/와요	받다	받으러 가요/와요
배우다	배우러 가요/와요	찾다	찾으러 가요/와요
공부하다	공부하러 가요/와요	*듣다	들으러 가요/와요
*놀다	놀러 가요/와요	*짓다	지으러 가요/와요
*살다	살러 가요/와요	*돕다	도우러 가요/와요

* Forma irregular

Esta estructura solamente permite la presencia de los verbos de movimiento **가다** (ir), **오다** (venir) y **다니다** (desplazarse diariamente a un lugar) tras –(으)러.

- 옷을 사러 시장에 가요. (○)   Voy al mercado a comprar ropa.
- 옷을 사러 돈을 찾아요. (×)
  → 옷을 사려고 돈을 찾아요. (○) Saco dinero para comprar ropa.

Por otra parte, los siguientes verbos de movimiento no pueden ubicarse antes de –(으)러: **가다** (ir), **오다** (venir), **올라가다** (subir), **내려가다** (bajar), **들어가다** (entrar), **나가다** (salir), **여행하다** (viajar) e **이사하다** (mudarse).

- 가러 가다 (×) , 오러 가다 (×) , 올라가러 가다 (×) , 나가러 가다 (×)

En Acción

Pista **154**

A 이사했어요?
B 네, 지난주에 했어요.
  주말에 우리 집에 놀러 오세요.

A 요즘 바빠요?
B 네, 조금 바빠요.
  한국 춤을 배우러 학원에 다녀요.

A ¿Se has mudado?
B Sí, me mudé la semana pasada.
  Vengan el fin de semana a mi casa a vernos.

A ¿Estás ocupada estos días?
B Sí, estoy un poco ocupada.
  Es que voy a una academia para aprender bailes coreanos.

Ahora le toca a usted

Mire las imágenes y rellene los huecos utilizando los verbos entre paréntesis y la estructura –(으)러 가다/오다.

(1) 

A 어떻게 오셨습니까?
B 사장님을 __________ 왔습니다.
  (만나다)

(2) 

A 어디에 가요?
B ____________ 나가요. 남자 친구하고 약속이 있어요.
  (데이트하다)

(3) 

A 음식이 나왔는데 어디에 가요?
B 손을 __________ 화장실에 가요.
  (씻다)

Pista **155**

살을 **빼려고** 매일 세 시간씩 운동을 해요.
Hago ejercicio tres horas al día para perder peso.

아내에게 **주려고** 선물을 샀어요.
He comprado un regalo para dárselo a mi esposa.

잠을 **자지 않으려고** 커피를 5잔이나 마셨어요.
Me he tomado cinco o más tazas de café para no quedarme dormida.

Enfoque Gramatical

La estructura –(으)려고 indica la intención que tiene el hablante de realizar una acción determinada. Concretamente, señala que el hablante logrará probablemente llevar a cabo la acción de la primera frase gracias a la acción que se expresa en la segunda oración. Esta estructura equivaldría en español a "para" o "con la intención de". Si la raíz verbal acaba en vocal o en ㄹ, se le añade –려고, mientras que en caso de acabar en cualquier otra consonante se le añade –으려고.

Raíz verbal acabada en vocal o ㄹ	Raíz verbal acabada en cualquier otra consonante
보다 + **–려고** → 보려고	먹다 + **–으려고** → 먹으려고

Infinitivo	–려고	Infinitivo	–으려고
가다	가려고	찍다	찍으려고
만나다	만나려고	읽다	읽으려고
이야기하다	공부하려고	찾다	찾으려고
*놀다	놀려고	*듣다	들으려고
*벌다	벌려고	*짓다	지으려고

* Forma irregular

Pista **156**

A 정아 씨, 요즘 학원에 다녀요?

B 네, 컴퓨터를 배우려고 학원에 다니고 있어요.

A 아까 만났는데 왜 또 전화했어요?

B 당신 목소리를 들으려고 전화했어요.

A 자려고 누웠는데 잠이 안 와요.

B 그러면 따뜻한 우유를 한 잔 마셔 보세요.

A Jeong-a, ¿vas a alguna academia estos días?

B Sí, voy a una academia para aprender informática.

A Nos vimos hace un momento. ¿Por qué me llamas de nuevo?

B Te he llamado para escuchar tu voz.

A Aunque me he tumbado para dormir, no me duermo.

B Entonces prueba a beber un vaso de leche caliente.

¿Cuál es la diferencia?

-(으)러

❶ Se usa con verbos de movimiento como 가다, 오다, 다니다, 올라가다 y 나가다 en posición final:

- 친구를 만나러 커피숍에서 친구를 기다려요. (×)
- 친구를 만나러 커피숍에 가요. (○)
  Voy a una cafetería para encontrarme con un amigo.

❷ El verbo en posición final puede ir en presente, en pasado y futuro:

- 친구를 만나러 커피숍에 가요. (○)
  Voy a una cafetería para encontrarme con un amigo.
- 친구를 만나러 커피숍에 갔어요. (○)
  Fui a una cafetería para encontrarme con un amigo.
- 친구를 만나러 커피숍에 갈 거예요. (○)
  Iré a una cafetería para encontrarme con un amigo.

❸ Su uso es compatible con las formas -(으)ㅂ시다 y -(으)세요:

- 밥을 먹으러 식당에 갑시다. (○)
  Vayamos a comer al restaurante.
- 밥을 먹으러 식당에 가세요. (○)
  Por favor, vayan a comer al restaurante.

-(으)려고

❶ Se puede usar con cualquier tipo de verbo:

- 친구를 만나려고 커피숍에 가요. (○)
  Voy a una cafetería para encontrarme con un amigo.
- 친구를 만나려고 커피숍에서 친구를 기다려요. (○)
  Espero en una cafetería para encontrarme con un amigo.

❷ El verbo en posición final puede ir en presente y en pasado, pero su uso en futuro resulta extraño:

- 친구를 만나려고 커피숍에 가요. (○)
  Voy a una cafetería para encontrarme con un amigo.
- 친구를 만나려고 커피숍에 갔어요. (○)
  Fui a una cafetería para encontrarme con un amigo.
- 친구를 만나려고 커피숍에 갈 거예요. (×)

❸ Su uso es incompatible con las formas -(으)ㅂ시다 y -(으)세요:

- 밥을 먹으려고 식당에 갑시다. (×)
- 밥을 먹으려고 식당에 가세요. (×)

¿Por qué estudian coreano las siguientes personas? Rellene los huecos de las frases de la parte inferior siguiendo el ejemplo.

> 보기 한국 대학교에 입학하려고 한국말을 배워요.

(1) _________________________________ 한국말을 배워요.

(2) _____________________ 한국말을 배워요.

(3) _____________________ 한국말을 배워요.

(4) _______________________ 한국말을 배워요.

(5) _____________________ 한국말을 배워요.

V–(으)려고 하다

Pista **157**

여름휴가 때 여행을 하려고 해요.
Estoy pensando en hacer un viaje durante las vacaciones de verano.

결혼하면 아이를 두 명 낳으려고 해요.
Pensamos tener dos niños después de casarnos.

방학 동안 운전을 배우려고 했어요.
그런데 팔을 다쳐서 못 배웠어요.
Iba a aprender a manejar durante las vacaciones,
pero no pude porque me rompí un brazo.

Enfoque Gramatical

La estructura –(으)려고 하다 indica la intención o el plan que el sujeto tiene de realizar una acción que todavía no ha podido llevar a cabo. Esta estructura equivaldría en español a "ir a", "tener previsto" y "pensar (en) + infinitivo". Si la raíz verbal acaba en vocal o en ㄹ, se le añade –려고 하다, mientras que en caso de acabar en cualquier otra consonante se le añade –으려고 하다. Por su parte, esta estructura en pasado, –(으)려고 했다, indica que un determinado plan que se tenía no puedo llevarse a cabo.

Raíz verbal acabada en vocal o ㄹ	Raíz verbal acabada en cualquier otra consonante
가다 + **–려고 하다** → 가려고 하다	먹다 + **–으려고 하다** → 먹으려고 하다

Infinitivo	–려고 해요	Infinitivo	–으려고 해요
보다	보려고 해요	받다	받으려고 해요
사다	사려고 해요	씻다	씻으려고 해요
만나다	만나려고 해요	*듣다	들으려고 해요
취직하다	취직하려고 해요	*묻다	물으려고 해요
*놀다	놀려고 해요	*돕다	도우려고 해요

* Forma irregular

Pista **158**

A 보너스를 받으면 뭐 할 거예요?

A Si consigues una bonificación, ¿qué harás?

B 새 차를 사려고 해요.

B Pienso comprarme un nuevo auto.

A 대학교를 졸업하면 무엇을 할 거예요?

A ¿Qué harás cuando te gradúes en la universidad?

B 대학원에서 공부를 더 하려고 해요.

B Pienso estudiar más en la escuela de postgrado.

A 저는 회사에 취직하려고 해요.

A Yo pienso conseguir trabajo en una empresa.

Ahora le toca a usted

Carol piensa hacer un viaje durante sus vacaciones. Mire los diferentes objetos que hay en su equipaje y escriba lo que piense que Carol va a hacer en su viaje, siguiendo el ejemplo.

보기   호주에 가려고 해요.

(1) 어머니께 엽서를 _______________________.

(2) 비행기 안에서 한국어를 _______________________.

(3) 비행기 안에서 음악을 _______________________.

(4) 호주에 있는 친구에게 선물을 _______________________.

(5) 호주에서 골프를 _______________________.

(6) 호주에서 사진을 _______________________.

(7) 바다에서 수영을 _______________________.

건강을 **위해서** 매일 비타민을 먹고 있습니다.
Todos los días tomo vitaminas para estar sano.

Pista **159**

군인은 나라를 **위해서** 일하는 사람입니다.
Un soldado es una persona que trabaja por su país.

훌륭한 스케이트 선수가 **되기 위해** 열심히 연습을 합니다.
Practico con ahínco para convertirme una excelente patinadora.

ENFOQUE GRAMATICAL

Esta construcción se emplea para indicar que una determinada acción se lleva a cabo con una finalidad concreta o en beneficio de alguien o algo. En otras palabras, el sujeto realiza la acción de la segunda frase para lograr lo indicado en la primera frase o buscando el beneficio de aquellos o aquello que se menciones en la primera frase. El sustantivo que indique aquel o aquello que se intenta beneficiar, va seguido de **을/를 위해서**, siendo **위해서** una contracción de **위하여서**. Por otra parte, es posible omitir **서** sin que el resultante **위해** varíe en significado. Esta construcción equivaldría en español a "por + sustantivo" y "para + infinitivo". En el caso de los verbos, a su raíz se añade **−기 위해서**.

Sustantivo + 을/를 위해서		Raíz verbal + −기 위해서
acabado en vocal	acabado en consonante	
나라 + **를 위해서** → 나라를 위해서	가족 + **을 위해서** → 가족을 위해서	가다 + **−기 위해서** → 가기 위해서

N을/를 위해서	Infinitivo	V−기 위해서
나라를 위해서	보다	보기 위해서
회사를 위해서	만나다	만나기 위해서

친구를 위해서	받다	받기 위해서
사랑을 위해서	입학하다	입학하기 위해서
남편을 위해서	벌다	벌기 위해서
건강을 위해서	듣다	듣기 위해서
가족을 위해서	돕다	돕기 위해서

La estructura **–기 위해서** no es compatible con adjetivos. No obstante, si los adjetivos se verbalizan por medio de **–아/어지다**, se pueden utilizar con **–기 위해서** al pasar a ser verbos.

- 건강하기 위해서 운동을 합니다. (×)
  → 건강해지기 위해서 운동을 합니다. (○)
    Hago ejercicio para estar sano.

En Acción

Pista **160**

A 잘 부탁드립니다. 신입사원 이민우입니다.

A Mucho gusto. Me llamo Lee Minu y acabo de entrar en la empresa.

B 반갑습니다. 회사를 위해서 열심히 일해 주십시오.

B Encantado. Trabaje con ahínco por (el bien de) la empresa.

A 가족을 위해서 무엇을 하세요?

A ¿Qué haces por tu familia?

B 저는 가족을 위해서 매일 기도하고 있어요.

B Rezo por ella todos los días.

A 아파트 산 것을 축하합니다.

A ¡Enhorabuena por haber comprado un apartamento!

B 감사합니다. 이 집을 사기 위해서 우리 부부가 열심히 돈을 모았어요.

B Los dos ahorramos todo lo posible para comprar esta casa.

¿Cuál es la diferencia?

–(으)려고	–기 위해서
Su uso es incompatible con –아/어야 해요, –(으)ㅂ시다, –(으)세요 y –(으)ㄹ까요?:	Su uso es compatible con –아/어야 해요, –(으)ㅂ시다, –(으)세요 y –(으)ㄹ까요?:

–(으)려고

- 대학교에 입학하려고 열심히 공부했어요. (○)
  Estudié con ahínco para entrar en la universidad.
- 대학교에 입학하려고 열심히 공부해야 해요. (×)
- 대학교에 입학하려고 열심히 공부합시다. (×)
- 대학교에 입학하려고 열심히 공부하세요. (×)

–기 위해서

- 대학교에 입학하기 위해서 열심히 공부했어요. (○)
  Estudié con ahínco para entrar en la universidad.
- 대학교에 입학하기 위해서 열심히 공부해야 해요. (○)
  Tengo que estudiar con ahínco para entrar en la universidad
- 대학교에 입학하기 위해서 열심히 공부합시다. (○)
  Estudiemos con ahínco para entrar en la universidad.
- 대학교에 입학하기 위해서 열심히 공부하세요. (○)
  Estudien con ahínco para entrar en la universidad.

Mire las imágenes y elija el verbo del recuadro que sea adecuado para rellenar cada hueco utilizando 을/를 위해서 o –기 위해서.

건강　　　당신　　　만나다　　　취직하다

(1)

A 매일 아침에 조깅을 해요?

B 네, 저는 ＿＿＿＿＿＿＿＿ 매일 아침에 조깅을 해요.

(2)

A 와, 맛있겠어요. 무슨 날이에요?

B 오늘이 당신 생일이라서 ＿＿＿＿＿＿＿＿＿ 내가 만들었어요.

(3)

A 왜 한국말을 배워요?

B 한국 회사에 ＿＿＿＿＿＿＿＿ 한국말을 배워요.

(4)

A 왜 한국에 왔어요?

B 한국 친구를 ＿＿＿＿＿＿＿＿＿ 왔어요.

건강 때문에 올해부터 담배를 **끊기로 했어요**.
He tomado la decisión de dejar de fumar a partir de este año por mi salud.

Pista **161**

주말에 친구하고 같이 **등산하기로 했어요**.
He quedado en ir a una montaña con un amigo el fin de semana.

우리는 3년 후에 **결혼하기로 했습니다**.
Hemos decidido casarnos dentro de tres años.

Enfoque Gramatical

1 La expresión **–기로 하다** se emplea para indicar que uno se ha comprometido con alguien a hacer algo. Esta expresión se forma añadiendo **–기로 했다** a la raíz verbal.

> **A** 정아 씨, 사랑해요. 우리 내년에 결혼합시다.
> Jeong-a, te quiero. Casémonos el próximo año.
>
> **B** 좋아요. 내년에 결혼해요. Claro. Casémonos el año próximo.
> → 정아 씨와 나는 서로 사랑하고 있어요. 우리는 내년에 결혼하**기로 했어요**.
> Jeong-a y yo nos queremos. Hemos decidido casarnos el próximo año.

2 También se puede hacer uso de **–기로 하다** para indicar una resolución que el hablante haya tomado por sí solo. Esta expresión también se forma añadiendo **–기로 했다** a la raíz verbal.

> • 나는 올해부터 매일 운동하**기로 했어요**.
> He decidido hacer ejercicio todos los días a partir de este año.

가다 + –기로 했다 → 가기로 했어요   먹다 + –기로 했다 → 먹기로 했어요

Infinitivo	–기로 했어요	Infinitivo	–기로 했어요
만나다	만나기로 했어요	입다	입기로 했어요
공부하다	공부하기로 했어요	찍다	찍기로 했어요
놀다	놀기로 했어요	듣다	듣기로 했어요
살다	살기로 했어요	돕다	돕기로 했어요

En Acción

Pista **162**

A 재준 씨, 오늘 왜 이렇게 기분이 좋아요?

A Jaejun, ¿por qué estás de tan buen humor?

B 이번 주말에 캐럴 씨와 데이트하기로 했어요.

B Es que este fin de semana he quedado con Carol para salir con ella.

A 내일 등산 갈 때 누가 카메라를 가져와요?

A ¿Quién traerá la cámara mañana cuando vayamos a la montaña?

B 부디 씨가 가져오기로 했어요.

B Budi se comprometió a traerla.

A 새해에 무슨 계획이 있어요?

A ¿Qué planes tienes para el nuevo año?

B 새해에는 자기 전에 꼭 일기를 쓰기로 했어요.

B He decidido escribir mi diario todos los días antes de acostarme.

¡Atención!

Aunque –기로 하다 se emplea principalmente en pasado –기로 했어요/했습니다, también se puede usar en presente –기로 해요 para indicar que el hablante se compromete con su interlocutor a llevar a cabo una determinada acción.

A 내일 뭐 할까요?   ¿Qué hacemos mañana?

B 등산하기로 해요. (= 등산하기로 합시다.)   Vamos a la montaña.

¿Qué resoluciones han tomado las siguientes personas para el nuevo año? Mire las imágenes y elija el verbo del recuadro que sea adecuado para rellenar cada hueco utilizando –기로 하다.

공부하다   끊다   배우다   사다   하지 않다

(1) 이민우 씨는 새해에 차를 ____________________________.

(2) 부디 씨는 술을 ____________________________.

(3) 캐럴 씨는 태권도를 ____________________________.

(4) 왕징 씨는 열심히 ____________________________.

(5) 티루엔 씨는 컴퓨터 게임을 ____________________________.

Frases condicionales e hipotéticas

01 A/V–(으)면
02 V–(으)려면
03 A/V–아/어도

Pista **163**

컴퓨터를 많이 **하면** 눈이 아파요.
Si utilizas mucho la computadora, te dolerán los ojos.

나는 기분이 **좋으면** 춤을 춰요.
Cuando estoy de buen humor, bailo.

돈을 많이 **벌면** 집을 살 거예요.
Si gano mucho dinero, compraré una casa.

Enfoque Gramatical

Se emplea –(으)면 para indicar que la acción o estado de la segunda frase se encuentra supeditada a que se cumpla la condición expresada en la primera frase. También se utiliza para hacer suposiciones sobre situaciones inciertas o que todavía no han tenido lugar pero que podrían hacerlo en caso de darse unas determinadas condiciones. En español, esta construcción equivaldría al nexo condicional "si", aunque en ocasiones también podría equivaler a "cuando" y "una vez que". Para indicar que una situación es hipotética o enfatizar su carácter hipotético, se puede hacer uso de los adverbios 혹시 y 만일 en la primera frase. Si la raíz del verbo o del adjetivo acaba en vocal o en ㄹ, se le añade –면, mientras que en caso de acabar en cualquier otra consonante se le añade –으면.

Raíz verbal acabada en vocal o ㄹ	Raíz verbal acabada en cualquier otra consonante
가다 + **–면** → 가면	먹다 + **–으면** → 먹으면

Infinitivo	–면	Infinitivo	–으면
바쁘다	바쁘면	받다	받으면
만나다	만나면	있다	있으면

졸업하다	졸업하면	*듣다	들으면
*살다	살면	*덥다	더우면
*만들다	만들면	*낫다	나으면

* Forma irregular

No se puede hacer uso de –(으)면 con ningún hecho que haya ocurrido en el pasado, sino que en dichos caso se emplea la construcción –(으)ㄹ 때.

- 어제 영화를 보면 울었어요. (×)
  → 어제 영화를 볼 때 울었어요. (○)

  Ayer lloré mientras veía una película.

- 동생이 집에 없으면 친구가 왔어요. (×)
  → 동생이 집에 없을 때 친구가 왔어요. (○)

  Mi amigo vino a casa cuando mi hermano menor no estaba.

En Acción

Pista 164

A 주말에 보통 뭐 해요?

B 날씨가 좋으면 등산을 해요. 그렇지만 비나 눈이 오면 집에서 텔레비전을 봐요.

A ¿Qué sueles hacer los fines de semana?

B Si hace buen tiempo, voy a la montaña. Pero si llueve o nieva, veo la televisión en casa.

A 다음 주에 고향에 돌아가요.

B 그래요? 섭섭해요. 고향에 돌아가면 연락하세요.

A La próxima semana regreso a mi ciudad natal.

B ¿En serio? Qué lástima. Cuando estés de vuelta en tu ciudad natal, mantente en contacto.

A 결혼하면 어디에서 살 거예요?

B 회사 근처 아파트에서 살려고 해요.

A ¿Dónde viviréis cuando os caséis?

B Hemos decidido vivir en un apartamento cerca de la empresa.

¡Atención!

Cuando la primera y segunda frases tienen sujetos diferentes, la desinencia 은/는 del sujeto de la primera frase debe ser reemplazada por 이/가.

- 동생**은** 이야기하면 친구들이 웃어요. (×) → 동생**이** 이야기하면 친구들이 웃어요. (○)

  Cuando mi hermanito cuenta una historia, sus amigos se ríen.

- 티루엔 씨**는** 회사에 안 오면 사무실이 조용해요. (×)
  → 티루엔 씨**가** 회사에 안 오면 사무실이 조용해요. (○) Cuando Tiruen no viene a la empresa, la oficina está tranquila.

Relacione las imágenes de cada columna trazando una línea y elija el verbo del recuadro que sea adecuado para rellenar cada hueco utilizando −(으)면.

> 가다　　　먹다　　　오지 않다　　　출발하다

(1)

(2)

(3)

(4)

ⓐ

ⓑ

ⓒ

ⓓ

(1) 아이스크림을 많이 ________________ 살이 쪄요.

(2) 지금 ________________ 3시에 도착할 수 있어요.

(3) 밤에 잠이 ________________ 텔레비전을 봐요.

(4) 동대문시장에 ________________ 옷이 싸요.

Pista **165**

농구를 **잘하려면** 점프를 잘해야 돼요.
Si quieres jugar bien al baloncesto, debes (aprender a) saltar bien.

동대문에 **가려면** 지하철 4호선을 타세요.
Si quiere ir a Dongdaemun, tome la línea 4 de metro.

이 선생님을 **만나려면** 월요일에 학교로 가세요.
Si quiere ver a la profesora Lee, venga a la escuela el lunes.

Enfoque Gramatical

La estructura –(으)려면 es una forma abreviada de –(으)려고 하면. Se emplea para indicar la intención o el plan de alguien en la primera frase, mientras que en la segunda se incluyen las indicaciones necesarias para llevar a cabo dicho plan. Por ello, en la segunda frase suelen usarse las estructuras –아/어야 해요/돼요, –(으)면 돼요, –(으)세요, 이/가 필요해요 y –는 게 좋아요. Esta estructura equivaldría en español a "si quiere(s)…" o "si tiene(s) la intención de…". Si la raíz verbal acaba en vocal o en ㄹ, se le añade –려면, mientras que en caso de acabar en cualquier otra consonante se le añade –으려면.

Raíz verbal acabada en vocal o ㄹ	Raíz verbal acabada en cualquier otra consonante
가다 + **–려면** → 가려면	먹다 + **–으려면** → 먹으려면

Infinitivo	–려면	Infinitivo	–으려면
만나다	만나려면	받다	받으려면
취직하다	취직하려면	끊다	끊으려면
부르다	부르려면	*듣다	들으려면
*살다	살려면	*돕다	도우려면

* Forma irregular

Pista **166**

A 한국말을 잘하고 싶어요.

B 한국말을 잘하려면 매일 한국말로만 이야기하세요.

A 펜을 자주 잃어버려요.

B 잃어버리지 않으려면 펜에 이름을 쓰세요.

A 사장님, 이 회사에서 일하고 싶습니다.

B 우리 회사에서 일하려면 한국말도 잘하고 컴퓨터도 잘해야 합니다.

A Quiero hablar coreano bien.

B Si quiere hablar bien coreano, hable solo en coreano todos los días.

A Pierdo con frecuencia el bolígrafo.

B Si no quiere perderlo, escriba su nombre en el bolígrafo.

A Señor presidente, quiero trabajar en esta empresa.

B Si quieres trabajar en esta empresa, tienes que ser bueno en coreano y en informática.

Ahora le toca a usted

Mire las imágenes de la izquierda y relaciónelas con las frases de la derecha.

(1) 

ⓐ 이 문을 열려면 비밀번호를 알아야 해요.

(2) 

ⓑ 감기에 걸리지 않으려면 코트를 입으세요.

(3) 

ⓒ 공주와 결혼하려면 금사과를 가져와야 해요.

(4) 

ⓓ 식사하시려면 예약을 하셔야 합니다.

Pista **167**

크게 **말해도** 할머니가 못 들어요.
Aunque le habla alto, la abuela no me oye.

이 옷이 마음에 들어요. **비싸도** 사고 싶어요.
Me gusta esta ropa. Me la quiero comprar aunque sea cara.

뉴스를 **들어도** 이해하지 못해요.
Aunque estoy escuchando la noticia, no puedo entenderlo.

Enfoque Gramatical

Se utiliza **–아/어도** para indicar que la situación o acción expresada en la segunda frase tiene lugar independientemente de la situación descrita en la primera frase. En español equivaldría a "aunque" o "a pesar de (que)". Si la última vocal de la raíz del verbo es ㅏ u ㅗ, se le añade **–아도**, mientras que en caso de ser cualquier otra vocal se añade **–어도**. Con los verbos y adjetivos formados con **하다**, la forma correspondiente es **해도**.

Raíces con ㅏ u ㅗ como última vocal	Raíces cuya última vocal no es ㅏ ni ㅗ	Verbos / Adjetivos compuestos por 하다
가다 + **–아도** → 가도	먹다 + **–어도** → 먹어도	피곤하다 → 피곤해도

Infinitivo	–아/어도	Infinitivo	–아/어도
보다	봐도	켜다	켜도
찾다	찾아도	씻다	씻어도
닦다	닦아도	*듣다	들어도
공부하다	공부해도	*맵다	매워도
*바쁘다	바빠도	*부르다	불러도

* Forma irregular

En Acción

A 3시까지 명동에 가야 해요. 택시를 탑시다.

B 지금 2시 50분이에요. 택시를 타도 3시까지 못 가요.

A 요즘 바빠서 아침을 못 먹어요.

B 바빠도 아침 식사를 꼭 해야 해요. 아침 식사를 안 하면 건강에 안 좋아요.

A Tenemos que llegar a Myeongdong antes de las tres. Tomemos un taxi.

B Ya son las dos y cincuenta. Aunque tomemos un taxi, no podemos llegar antes de las tres.

A Estos días no puedo desayunar porque estoy muy ocupado.

B Tienes que desayunar aunque estés ocupado. No desayunar es malo para la salud.

¡Atención!

Para conferirle a –아/어도 un mayor énfasis, se puede hacer uso de 아무리 colocándolo junto antes del verbo, lo que equivaldría en español a "por muy/mucho que".

- 나는 바빠도 아침을 꼭 먹어요. → 나는 아무리 바빠도 아침을 꼭 먹어요.
  Desayuno sin falta aunque esté ocupado. → Desayuno sin falta por muy ocupado que esté.
- 그 옷이 비싸도 살 거예요. → 그 옷이 아무리 비싸도 꼭 살 거예요.
  Me compraré esa ropa aunque sea cara. → Me compraré esa ropa por muy cara que sea.

Ahora le toca a usted

Mire las imágenes y rellene los huecos con las palabras entre paréntesis usando –아/어도.

먹다	반대하다	보내다

(1)

A 감기 다 나았어요?
B 아니요, 약을 ________ 안 나아요.

(2)

A 두 사람이 정말 결혼할 거예요?
B 네, 부모님이 __________ 꼭 결혼할 거예요.

(3)

A 친구하고 자주 연락해요?
B 아니요, 편지를 ________ 친구가 답장을 안 해요.

Hipótesis

Pista **169**

와, **맛있겠어요**.

¡Oh, qué buena pinta!

저 포스터를 보세요. **재미있겠어요!**

Mire el cartel. ¡Parece interesante!

시원하겠어요.

¡Qué refrescante parece!

Enfoque Gramatical

La estructura **–겠어요** se utiliza para expresar una suposición o hipótesis ante cierta situación, por lo que en español equivaldría a "parecer", "sonar" y "tener pinta (de)". Se forma añadiendo **–겠어요** a la raíz del verbo y adjetivo. Si se trata de una hipótesis de pasado, basta con colocar el infijo **–았/었–** entre la raíz y **–겠어요**, dando lugar a **–았/었겠어요**.

오다 + **–겠어요** → 오겠어요   덥다 + **–겠어요** → 덥겠어요

Infinitivo	–겠어요	Infinitivo	–겠어요
보다	보겠어요	좋다	좋겠어요
되다	되겠어요	예쁘다	예쁘겠어요
받다	받겠어요	재미있다	재미있겠어요
찾다	찾겠어요	시원하다	시원하겠어요
일하다	일하겠어요	편하다	편하겠어요

(Para más información, dirigirse a la Unidad 13. Intenciones y planes 01 A/V–겠어요 ①)

Pista **170**

A 이번 주에 제주도로 여행 갈 거예요.

B 와, 좋겠어요. 저도 가고 싶어요.

A 요즘 퇴근하고 매일 영어를 배워요.

B 매일이요? 힘들겠어요.

A 이게 요즘 제가 배우는 한국어 책이에요.

B 어렵겠어요.

A Voy a viajar a la isla de Jeju esta semana.

B Guau, qué bien suena. Yo también querría ir.

A Últimamente, estudio inglés todos los días después de salir del trabajo.

B ¿Todos los días? ¡Parece duro!

A Este es el libro de coreano con el que estudio estos días.

B Tiene pinta de ser difícil.

Ahora le toca a usted

Elija las palabras del recuadro que sean adecuadas para rellenar los huecos utilizando –겠어요.

기분이 좋다	바쁘다	일본 요리를 잘하다
배가 고프다	피곤하다	한국말을 잘하다

(1) A 어제 일이 많아서 잠을 못 잤어요.

 B 그래요? ______________.

(2) A 저는 한국에서 5년 살았어요.

 B 그럼 ___________________.

(3) A 어제 집에 손님들이 오셔서 음식을 많이 만들었어요.

 B 어제 많이 _____________.

(4) A 이번 시험에서 1등을 했어요.

 B _____________________.

(5) A 저는 학원에서 1년 동안 일본 요리를 배웠어요.

 B 그래요? 그럼 _____________.

(6) A 오늘 하루 종일 밥을 못 먹었어요.

 B _____________________.

그 옷을 입으면 **더울 거예요**.
Si llevas esa ropa, tendrás calor.

하영 씨에게는 보라색 티셔츠가 잘 **어울릴 거예요**.
A Hayeong le quedará bien la camiseta violeta.

7시니까 댄 씨는 벌써 **퇴근했을 거예요**.
Como ya son las siete, Dane ya habrá salido del trabajo.

Enfoque Gramatical

La estructura **–(으)ㄹ 거예요** se utiliza para indicar una deducción o hipótesis basada en la experiencia personal del hablante o algún indicio que haya visto u oído en el que basar dicha deducción o hipótesis. En español, esta estructura equivaldría al uso del tiempo de futuro y a verbos como "pensar" y "creer". Si la raíz del verbo o adjetivo acaba en vocal o en ㄹ, se le añade **–ㄹ 거예요**, mientras que en caso de acabar en cualquier otra consonante se le añade **–을 거예요**. Si se trata de una hipótesis sobre el pasado, basta con colocar el infijo **–았/었–** entre la raíz y **–(으)ㄹ 거예요**, dando lugar a **–았/었을 거예요**.

Raíz acabada en vocal o ㄹ	Raíz acabada en cualquier otra consonante
사다 + **–ㄹ 거예요** → 살 거예요	먹다 + **–을 거예요** → 먹을 거예요

Infinitivo	**–ㄹ 거예요**	Infinitivo	**–을 거예요**
바쁘다	바쁠 거예요	입다	입을 거예요
시원하다	시원할 거예요	많다	많을 거예요

| *만들다 | 만들 거예요 | *가깝다 | 가까울 거예요 |
| *길다 | 길 거예요 | *덥다 | 더울 거예요 |

* Forma irregular

La estructura **–(으)ㄹ 거예요** no se puede utilizar en frases interrogativas con valor hipotético. Para preguntar por conjeturas o hipótesis, se debe utilizar la estructura **–(으)ㄹ까요?**.

A 내가 이 옷을 입으면 멋있을까요? [이 옷을 입으면 멋있을 거예요? (×)]
¿Me quedará bien esta ropa si me la pongo?

B 네, 멋있을 거예요.
Sí, te quedará bien.

(Para más información, dirigirse a la Unidad 1. Tiempo gramatical 04 A/V–(으)ㄹ 거예요 ①)

En Acción

Pista **172**

A 여기에서 학교까지 버스가 있어요?

B 네, 그렇지만 자주 안 와서 지하철이 더 편할 거예요.

A 댄 씨에게 음악 CD를 주면 좋아할까요?

B 매일 음악을 들으면서 다니니까 좋아할 거예요.

A 요코 씨가 결혼했어요?

B 왼손에 반지를 끼었으니까 결혼했을 거예요.

A ¿Hay algún autobús que vaya de aquí a la escuela?

B Sí, pero como pasa con poca frecuencia, el metro es más conveniente.

A Si le regalo un CD a Dane ¿le gustará?

B Como va todos los días a la escuela escuchando música, seguro que le gustará.

A ¿Se ha casado Yoko?

B Pienso que se habrá casado porque lleva un anillo en la mano izquierda.

Elija las palabras del recuadro que sean adecuadas para rellenar los huecos utilizando –(으)ㄹ 거예요.

가다	걸리다	문을 닫다	바쁘다
예쁘다	오다	알다	자다

(1) A 민우 씨가 오늘 파티에 와요?

B 출장 준비를 해야 하니까 아마 못 ___________.

(2) A 햄버거를 먹고 싶어요. 햄버거 가게가 문을 열었을까요?

B 지금 밤 11시니까 ___________________.

(3) A 미국에 가려고 하는데 어디가 좋아요?

B 댄 씨 고향이 미국이니까 잘 ___________. 댄 씨에게 물어보세요.

(4) A 티루엔 씨가 왜 회의에 안 왔어요?

B 몸이 안 좋아서 일찍 집에 ____________.

(5) A 어제 캐럴 씨가 전화를 안 받았어요.

B 어제 일이 많아서 ____________.

(6) A 부디 씨가 아침부터 계속 졸고 있어요.

B 어젯밤에 파티를 해서 ____________.

(7) A 거기까지 시간이 많이 걸릴까요?

B 지금 퇴근 시간이니까 시간이 좀 ____________.

(8) A 내일 돌잔치에 무슨 옷을 입고 갈까요?

B 한복을 입으면 ____________.

 # A/V−(으)ㄹ까요? ③

Pista **173**

주말에 날씨가 **더울까요?**
¿Hará calor este fin de semana?

캐럴 씨가 오늘 **나올까요?**
¿Aparecerá Carol hoy?

댄 씨가 이 책을 **읽었을까요?**
¿Habrá leído Dane este libro?

Enfoque Gramatical

La estructura −(으)ㄹ까요? se utiliza para expresar en forma de pregunta una suposición del hablante o para hacer preguntas retóricas, equivaliendo en español al valor hipotético del tiempo futuro en frases interrogativas. Se suele contestar a este tipo de preguntas con −(으)ㄹ 거예요 o −(으)ㄴ/는 것 같아요. Si la raíz del verbo o adjetivo acaba en vocal o en ㄹ, se le añade −ㄹ까요?, mientras que en caso de acabar en cualquier otra consonante se le añade −을까요? Si se trata de una hipótesis sobre el pasado, basta con colocar el infijo −았/었− entre la raíz y −(으)ㄹ까요?, dando lugar a −았/었을까요?.

Raíz acabada en vocal o ㄹ	Raíz acabada en cualquier otra consonante
가다 + **−ㄹ까요?** → 갈까요?	먹다 + **−을까요?** → 먹을까요?

Infinitivo	−ㄹ까요?	Infinitivo	−을까요?
예쁘다	예쁠까요?	괜찮다	괜찮을까요?
친절하다	친절할까요?	*듣다	들을까요?
*살다	살까요?	*춥다	추울까요?

* Forma irregular

(Para más información, dirigirse a la Unidad 12. Propuestas y sugerencias 01 V−(으)ㄹ까요? ①, 02 V−(으)ㄹ까요? ②)

Pista **174**

A 요즘 꽃이 비쌀까요?

B 졸업식 때니까 비쌀 거예요.

A ¿Estarán caras las flores estos días?

B Como estamos en temporada de graduaciones, estarán caras.

A 이번에 누가 승진을 할까요?

B 댄 씨가 일을 잘하니까 이번에 승진할 거예요.

A ¿A quién ascenderán esta vez?

B Creo que ascenderán a Dane porque trabaja es muy competente (en su trabajo).

A 지금 가면 길이 막힐까요?

B 아니요, 이 시간에는 길이 안 막혀요.

A ¿Habrá mucho tráfico si salimos ahora?

B No, a esta hora no hay tráfico.

Ahora le toca a usted

Elija las palabras del recuadro que sean adecuadas para rellenar los huecos utilizando –(으)ㄹ까요?.

도착하다	돈이 많다	돌아오다	막히다	바쁘다

(1) A 웨슬리 씨가 _______________________?

B 네, 아버지가 부자니까 웨슬리 씨도 돈이 많을 거예요.

(2) A 버스를 타면 _______________________?

B 지금 퇴근 시간이니까 지금 버스를 타면 막힐 거예요.

(3) A 나탈리아 씨가 집에 _______________________?

B 1시간 전에 출발했으니까 지금쯤 도착했을 거예요.

(4) A 김 과장님이 _______________________?

B 요즘 연말이라서 바쁘실 거예요.

(5) A 선생님이 몇 시쯤 _______________________?

B 2시쯤 돌아오실 거예요.

04 A/V–(으)ㄴ/는/(으)ㄹ 것 같다

어제 비가 **온 것 같아요**.
Parece que ayer llovió.

Pista **175**

지금 비가 **오는 것 같아요**.
Parece que está lloviendo ahora.

비가 **올 것 같아요**.
Parece que va a llover.

Enfoque Gramatical

1 Esta estructura se utiliza para hacer deducciones en el pasado, en el presente o en el futuro, y en español equivale al verbo "parecer". En el caso de las deducciones sobre el pasado, se añade a la raíz del verbo o adjetivo –(으)ㄴ, en el caso de las deducciones sobre el presente, –는, y en el caso de las deducciones sobre el futuro –(으)ㄹ.

A 댄 씨, 오늘 기분이 좋은 것 같아요. 무슨 좋은 일 있어요?
Dane, pareces estar de buen humor. ¿Te ha pasado algo bueno?

B 네, 어제 아내가 딸을 낳았어요.
Sí, ayer mi esposa dio a luz a nuestra hija.

2 Esta estructura también permite al hablante dar su opinión de manera que resulte más educada y menos tajante.

A 음식 맛이 어때요? ¿Qué tal sabe la comida?

B 좀 짠 것 같아요. Parece estar un poco salada.

Adjetivos en presente		Verbos en pasado		Verbos en presente	Verbos en futuro	
acabados en vocal	acabados en consonante	acabados en vocal	acabados en consonante		acabados en vocal	acabados en consonante
−ㄴ 것 같다	−은 것 같다	−ㄴ 것 같다	−은 것 같다	−는 것 같다	−ㄹ 것 같다	−을 것 같다
바쁜 것 같다	많은 것 같다	간 것 같다	먹은 것 같다	가는 것 같다 먹는 것 같다	갈 것 같다	먹을 것 같다

	Infinitivo	Pasado	Presente	Futuro
Adjetivos	예쁘다	–	예쁜 것 같다	예쁠 것 같다
	작다	–	작은 것 같다	작을 것 같다
	친절하다	–	친절한 것 같다	친절할 것 같다
	*춥다	–	추운 것 같다	추울 것 같다
Verbos	가다	간 것 같다	가는 것 같다	갈 것 같다
	찾다	찾은 것 같다	찾는 것 같다	찾을 것 같다
	결혼하다	결혼한 것 같다	결혼하는 것 같다	결혼할 것 같다
	*만들다	만든 것 같다	만드는 것 같다	만들 것 같다
	*듣다	들은 것 같다	듣는 것 같다	들을 것 같다
이다	학생이다	–	학생인 것 같다	학생일 것 같다

* Forma irregular

(※La forma de pasado de los adjetivos se recoge en el nivel avanzado.)

En Acción

Pista **176**

A 일주일이 빨리 가는 것 같아요.

B 정말 그래요. 벌써 금요일이에요.

A 그 식당 주인이 친절한 것 같아요.

B 네, 항상 밥도 많이 주고 서비스도 좋아요.

A 더 드세요.

B 죄송해요. 배가 불러서 더 못 먹을 거 같아요.

A La semana parece estar pasando muy rápido.

B Sí que es verdad. Ya estamos a viernes.

A El dueño de ese restaurante parece amable.

B Siempre sirve mucho arroz y también ofrece un buen servicio.

A Coma más, por favor.

B Lo lamento. Como ya estoy lleno, no creo que pueda comer más.

Mientras que –(으)ㄴ 것 같다 permite expresar la opinión del hablante de una manera más directa y da a entender que dicha opinión tiene una buena justificación, –(으)ㄹ 것 같다, por el contrario, es una forma más indirecta y menos tajante de expresar una opinión o una conjetura.

- 오늘 날씨가 더운 것 같아요. Parece que hoy hace calor.

  (Conjetura basada en la experiencia propia o ajena de haber sentido ese calor.)

- 오늘 날씨가 더울 것 같아요. Quizá hoy haga calor.

  (Conjetura basada en indicios vagos y poco concluyentes como, por ejemplo, en que como ayer hizo mucho calor, hoy también lo hará.)

● ¿Cuál es la diferencia?

–겠어요	–(으)ㄹ 거예요	–(으)ㄴ/는/(으)ㄹ 것 같다
Hipótesis que se formula de pronto sin ningún fundamento:	Hipótesis basada en información que solo el hablante conoce:	Hipótesis basada en conclusiones subjetivas y personales, independientemente de la existencia o ausencia de una base lógica:

–겠어요

A 이 식당의 음식이 맛있을까요?
  ¿Estará rica la comida de este restaurante?

B 맛있겠어요. (X)

A 제가 만들었어요. 맛있게 드세요.
  Lo he hecho yo. Pruébelo, por favor.

B (맛있어 보이는 음식을 보는 순간) 와, 정말 맛있겠어요.
  (Al ver algo apetitoso) ¡Guau, qué buena pinta tiene!

–(으)ㄹ 거예요

A 이 식당의 음식이 맛있을까요?
  ¿Estará rica la comida de este restaurante?

B 이 식당은 손님이 많으니까 음식이 맛있을 거예요.
  (Yo creo que) estará rica porque hay muchos clientes.

–(으)ㄴ/는/(으)ㄹ 것 같다

A 이 식당의 음식이 맛있을까요?
  ¿Estará rica la comida de este restaurante?

B① (잘 모르겠지만 제 생각에는) 맛있을 것 같아요.
  (No le sé pero en mi opinión) tiene buena pinta.

B② 사람이 많은 것을 보니까 맛있을 것 같아요.
  Como parece que hay muchos clientes, estará rica.

Esta estructura también se emplea para decir algo de manera educada y poco tajante:

A 다음 주 제 생일 파티에 올 수 있어요?
  ¿Puedes venir la próxima semana a mi fiesta de cumpleaños?

B 가고 싶지만 다음 주에 출장이 있어서 못 갈 것 같아요. 죄송해요.
  Me encantaría ir, pero no creo que pueda ir porque la próxima semana tengo un viaje de negocios. Lo siento.

Mire la imagen y elija la palabra del recuadro que sea adecuada para rellenar cada hueco utilizando –(으)ㄴ/는/(으)ㄹ 것 같다.

맑다   가족이다   먹다   하다

(1) A 세 사람은 어떤 관계일까요?

B _______________________.

(2) A 고양이는 목욕을 했을까요?

B _______________________.

(3) A 오늘 날씨가 어떤 것 같아요?

B _______________________.

(4) A 강아지는 목욕이 끝난 후에 무엇을 할까요?

B _______________________.

Cambios morfológicos

가방이 예뻐요. 그 가방을 사고 싶어요.
El bolso es bonito. Quiero comprar el bolso.

→ **예쁜** 가방을 사고 싶어요.
Quiero comprar el bolso que es bonito.

Pista **177**

소파에서 사람이 자요. 그 사람이 누구예요?
Una persona está durmiendo en el sofá. ¿Quién es esa persona?

→ 소파에서 **자는** 사람이 누구예요?
¿Quién es la persona que está durmiendo en el sofá?

오늘 저녁에 한국 음식을 먹을 거예요.
그 음식이 뭐예요?
Hoy vamos a cenar unos platos coreanos. ¿Qué platos son?

→ 오늘 저녁에 **먹을** 한국 음식이 뭐예요?
¿Cuáles son los platos que vamos a cenar hoy?

Enfoque Gramatical

Estas terminaciones se utilizan para que los verbos y los adjetivos modifiquen el sustantivo al que preceden, por lo que en español serían el equivalente a los pronombres y adjetivos relativos. A las raíces verbales se le añade –(으)ㄴ si hacen referencia a una acción en el pasado, –는 si lo hace a una acción en el presente, y –(으)ㄹ a una acción en el futuro. Las formas negativas son –지 않은, que se añade a la raíz de los verbos en pasado y de los adjetivos, y –지 않는 que se añade a la raíz de los verbos en presente.

Adjetivos en presente		Verbos en pasado		Verbos en presente y Verbos formados con 있다/없다	Verbos en futuro	
acabados en vocal	acabados en consonante	acabados en vocal	acabados en consonante		acabados en vocal	acabados en consonante
–ㄴ N	–은 N	–ㄴ N	–은 N	–는 N	–ㄹ N	–을 N
예쁜 날씬한	높은 낮은	간 본	읽은 먹은	가는 읽는 있는 없는	갈 볼	읽을 먹을

Infinitivo	Pasado	Presente	Futuro
넓다	–	넓은 방	–
친절하다	–	친절한 사람	–
읽다	읽은 책	읽는 책	읽을 책
먹다	먹은 빵	먹는 빵	먹을 빵
공부하다	공부한 사람	공부하는 사람	공부할 사람
*만들다	만든 요리	만드는 요리	만들 요리
*듣다	들은 음악	듣는 음악	들을 음악

* Forma irregular

(※ La forma de pasado de los adjetivos se recoge en el nivel avanzado.)

En Acción

Pista **178**

A 어떤 영화를 좋아해요?

B 재미있는 영화를 좋아해요.

A ¿Qué tipo de películas te gustan?

B Me gustan las películas (que son) divertidas.

A 지금 커피를 마시는 사람이 누구예요?

B 제 친구예요.

A ¿Quién es la persona que está bebiendo un café ahora?

B Es un amigo mío.

A 어제 간 식당이 어땠어요?

B 친절한 서비스 때문에 기분이 좋았어요.

A ¿Qué tal el restaurante al que fuiste ayer?

B Me agradó mucho porque eran muy amables atendiendo.

A 주말에 왜 못 만나요?

B 할 일이 너무 많아서 못 만나요.

A ¿Por qué no podemos vernos el fin de semana?

B No podemos vernos porque tengo muchas cosas que hacer.

¡Atención!

Cuando dos o más adjetivos modifican el sustantivo que los precede, solo el último de ellos lleva este tipo de terminaciones.

- 착해요. 그리고 예뻐요. 그런 여자를 좋아해요. Es sincera. Además es guapa. Me gusta ese tipo de chicas.
    - → 착한 예쁜 여자를 좋아해요. (×)
      착하고 예쁜 여자를 좋아해요. (○) Me gusta una chica que es sincera y guapa.

1 Mire la imagen y rellene los huecos utilizando las palabras entre paréntesis y –(으)ㄴ/–는/–(으)ㄹ.

(1)

A 어떤 음식을 먹고 싶어요?

B ____.

(맵다, 뜨겁다)

(2)

A 내일 영화 봐요? 무슨 영화를 볼 거예요?

B 내일 _______________________________________.

(보다, 해리포터)

2 Lea los siguientes textos y rellene los huecos del segundo con las palabras correspondientes y –(으)ㄴ/–는/–(으)ㄹ según corresponda.

어제는 날씨가 아주 [보기] 추웠어요. 저는 학교 앞에서 친구를 만났어요. 배가 고파서 친구와 같이 식당에 갔어요. 저는 김치찌개를 먹었어요. 김치찌개는 아주 **(1)**매웠어요. 친구는 불고기를 먹었어요. 불고기는 맛있고 **(2)**맵지 않았어요. 밥을 먹고 친구와 영화를 봤어요. 그 영화는 정말 **(3)**재미있었어요. 영화를 보고 친구하고 커피숍에 갔어요. 저와 친구는 커피를 마셨어요. 커피가 아주 **(4)**뜨거웠어요. 친구와 이야기를 많이 하고 집에 왔어요. 내일은 친구와 월드컵경기장에 **(5)**갈 거예요.

↓

어제는 아주 [보기] ___추운___ 날씨였어요. 저는 학교 앞에서 친구를 만났어요. 배가 고파서 친구와 같이 식당에 갔어요. 저는 아주 **(1)**___________ 김치찌개를 먹었어요. 친구는 맛있고 **(2)**___________ 불고기를 먹었어요. 밥을 먹고 친구와 정말 **(3)**___________ 영화를 봤어요. 영화를 보고 친구하고 커피숍에 갔어요. 저와 친구는 **(4)**___________ 커피를 마셨어요. 친구와 이야기를 많이 하고 집에 왔어요. 내일 친구와 **(5)**___________ 곳은 월드컵경기장이에요.

Pista **179**

한국말을 **공부하기**가 어려워요.
Aprender coreano es difícil.

제 취미는 **요리하기**예요.
Mi afición es cocinar.

다리가 아파서 **걷기**가 힘들어요.
Me es difícil caminar porque me duele la pierna.

Enfoque Gramatical

El sufijo **−기** se emplea para convertir los verbos y adjetivos en sustantivos, de manera que puedan desempeñar funciones de sujeto, complemento, etc. Basta con añadir **−기** a la raíz del verbo o del adjetivo.

1 Ejemplos de verbos y adjetivos con sus correspondientes nominalizaciones.

말하다 → 말하기 hablar　hablar	크다 → 크기 grande　tamaño	세다 → 세기 fuerte　fuerza
듣다 → 듣기 escuchar　escuchar	밝다 → 밝기 brillante　brillo	뛰다 → 뛰기 saltar　salto
쓰다 → 쓰기 escribir　escribir	굵다 → 굵기 grueso　grosor	달리다 → 달리기 correr　carrera
읽다 → 읽기 leer　leer	빠르다 → 빠르기 rápido　rapidez	던지다 → 던지기 lanzar　lanzamiento

2 Ejemplos de frases con nominalizaciones.

- 집이 멀어서 학교에 오기가 힘들어요.   Cuesta ir a la escuela porque mi casa está lejos.
- 한국 노래 듣기를 좋아해요.   Me gusta escuchar las canciones coreanas.
- 혼자 밥 먹기를 싫어해요.   Odio comer solo.

달리다 + **−기** → 달리기   받다 + **−기** → 받기

Infinitivo	−기	Infinitivo	−기
보다	보기	입다	입기
배우다	배우기	살다	살기
만나다	만나기	먹다	먹기
기다리다	기다리기	찾다	찾기

En Acción

Pista **180**

A 한국어 공부할 때 뭐가 제일 어려워요?   A Cuando estudias coreano, ¿qué es lo más difícil?

B 말하기가 제일 어려워요.   B Lo más difícil es hablar.

A 왜 이 옷을 안 사요?   A ¿Por qué no compras esta prenda?

B 그 옷은 입기가 불편해요. 그래서 안 사요.   B Es que es incómoda de llevar. Por eso no la compro.

A 우리 버스를 탈까요?   A ¿Vamos en autobús?

B 아니요, 여기는 버스 타기가 불편해요. 지하철을 탑시다.   B No, tomar el autobús aquí es complicado. Vayamos en metro.

El sufijo –기 se puede combinar con las desinencias de sujeto, complemento directo, complemento indirecto o complemento circunstancial:

- –기(를) 좋아하다/싫어하다
- –기(를) 바라다/원하다
- –기(를) 시작하다/끝내다/그만두다
- –기(가) 쉽다/어렵다/좋다/싫다/나쁘다/재미있다/편하다/불편하다/힘들다
- –기(에) 좋다/나쁘다

- 한국말을 잘하면 한국에서 살기가 편해요.　Si hablas coreano bien, vivir en Corea te resultará fácil.
- 댄 씨, 대학에 꼭 합격하기를 바라요.　Dane, deseo tu admisión en la universidad.
- 이 책은 글씨가 커서 보기에 좋아요.　Como tiene la letra grande, este libro es fácil de leer.

Ahora le toca a usted

Mire las imágenes y rellene los huecos con las palabras entre paréntesis y el sufijo –기.

(1)

A 취미가 뭐예요?

B 제 취미는 ＿＿＿＿＿＿＿예요.
　　　　　　(우표 모으다)

(2)

A 요리를 자주 하세요?

B 아니요. 저는 ＿＿＿＿＿＿＿를 싫어해요.
　　　　　　　　(요리하다)

(3)

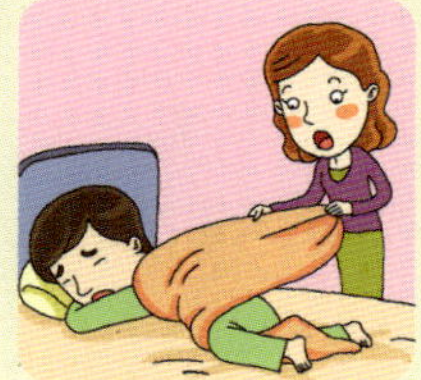

A 여보, 일어나세요, 회사에 갈 시간이에요.

B 아, 오늘은 피곤해서 ＿＿＿＿＿＿＿가 싫어요.
　　　　　　　　　　(회사에 가다)

(4)

A 태권도 재미있어요?

B 네, 재미있는데 ＿＿＿＿＿＿＿가 어려워요.
　　　　　　　　(배우다)

03　A-게

머리를 **짧게** 잘랐어요.
Me he cortado el pelo muy corto.

Pista **181**

오늘 아침에 **늦게** 일어났어요.
Esta mañana me he levantado tarde.

크게 읽으세요.
Léelo en voz alta.

Enfoque Gramatical

El sufijo **-게** se emplea para convertir los adjetivos en adverbios y pasar así a designar la manera, la intensidad o el momento de la acción (= verbo) que modifica. Su equivalente en español sería el sufijo "–mente". Se forma añadiendo el sufijo **-게** a la raíz del adjetivo.

예쁘다 + **-게** → 예쁘게　　　　　　길다 + **-게** → 길게

Infinitivo	-게	Infinitivo	-게
크다	크게	가깝다	가깝게
작다	작게	멀다	멀게
쉽다	쉽게	귀엽다	귀엽게
어렵다	어렵게	편하다	편하게
짧다	짧게	깨끗하다	깨끗하게

En Acción

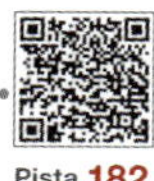

Pista **182**

A 여보, 이제 무엇을 할까요?

B 화장실 청소를 해 주세요.
깨끗하게 해 주세요.

A 넥타이가 아주 멋있어요.

B 고마워요. 세일해서 싸게 샀어요.

A 엄마, 오늘 날씨가 추워요?

B 응, 추우니까 따뜻하게 입어.

A Cariño, ¿qué hago ahora?

B Limpia el cuarto de baño.
Déjamelo bien limpio.

A Tu corbata es muy elegante.

B Gracias. La compré muy barata en unas rebajas.

A Mamá, ¿hoy hace frío?

B Sí, abrígate bien porque hace frío.

¡Atención!

❶ Aunque el sufijo –게 es la manera más habitual para convertir los adjetivos en adverbios, en el caso de los adjetivos 많다 e 이르다, se prefieren las formas adverbiales 많이 e 일찍 sobre 많게 e 이르게.

많다 → 많이

A 잘 먹겠습니다. Voy a comer bien. (Fórmula para dar las gracias por la comida)

B 많이 드세요. Coma mucho, por favor.

이르다 → 일찍

A 늦어서 죄송합니다. Lamento llegar tarde.

B 내일은 일찍 오세요. Mañana venga temprano, por favor.

❷ Hay casos en los que el adverbio formado con sufijo –게 y el formado con otro sufijo no tienen el mismo significado.

빠르다 → 빠르게/빨리

• 비행기가 빠르게 지나가요.
El avión va rápidamente.

• 이쪽으로 빨리 오세요.
Venga por aquí rápido.

적다 → 적게/조금

• 소금은 적게 넣으세요.
Échele poca sal, por favor.

• 커피 조금 더 드실래요?
¿Desearía tomar un poco más de café?

느리다 → 느리게/천천히

• 시계가 느리게 가요.
Es reloj va con retraso.

• 천천히 드세요.
Como lentamente, por favor.

Mire las imágenes y elija las palabras del recuadro que sean adecuadas para rellenar los huecos utilizando –게.

맛있다   예쁘다   재미있다   행복하다

(1) 

A 요즘 어떻게 지내요?
B ______________ 지내요.

(2) 

A ______________ 드세요.
B 잘 먹겠습니다.

(3) 

A 제가 주말에 제주도에 가요.
B 와, 좋겠어요. ______________ 놀고 오세요.

(4)

A 자, 사진 찍습니다. ______________ 웃으세요.
B 김~치.

아이들이 **배고파해요**.
Parece que los niños tienen hambre.

Pista **183**

요즘 아버지가 **피곤해하세요**.
Últimamente mi padre parece cansado.

아이가 **심심해해요**.
Parece que el niño está aburrido.

Enfoque Gramatical

La estructura **–아/어하다** se emplea para convertir adjetivos en verbos e indicar la percepción que tiene el hablante sobre una determinada situación. En español equivaldría a "parece que…". Si la última vocal de la raíz adjetival es ㅏ u ㅗ, se añade **–아하다**, mientras que en el resto de los casos se añade **–어하다**. En cuanto a los verbos formados con **하다**, esta estructura adopta la forma **–해하다**.

Raíces adjetivales acabadas en ㅏ u ㅗ	Raíces adjetivales terminadas en vocales que no sean ㅏ ni ㅗ	Adjetivos compuestos con 하다
좋다 + **–아하다**	예쁘다 + **–어하다**	미안하다 + **–해하다**
→ 좋아하다	→ 예뻐하다	→ 미안해하다

Infinitivo	–아/어하다	Infinitivo	–아/어하다
아프다	아파하다	피곤하다	피곤해하다
싫다	싫어하다	*무섭다	무서워하다
*밉다	미워하다	*어렵다	어려워하다
*덥다	더워하다	*즐겁다	즐거워하다

* Forma irregular

La estructura **–아/어하다** se puede combinar con la forma de imperativo negativo **–지 마세요** dando como resultado **–아/어하지 마세요**, lo que en español equivaldría a "No esté(s)…" o "No tenga(s)…"

- 무서워하지 마세요. (○) No tenga miedo.   무섭지 마세요. (×)
- 어려워하지 마세요. (○) No se sienta incómodo.   어렵지 마세요. (×)

En Acción

Pista **184**

A 왜 부디 씨는 롤러코스터를 안 타요?
B 부디 씨는 롤러코스터를 무서워해요.

A 아이들이 이 게임을 좋아해요?
B 네, 재미있어해요.

A ¿Por qué no se monta Budi en la montaña rusa?
B Es que a Budi le dan miedo las montañas rusas.

A ¿Les gusta a los niños este juego?
B Sí, lo encuentran divertido.

¡Atención!

Cuando los adjetivos 예쁘다 y 귀엽다 se combinan con –아/어하다 dando lugar a 예뻐하다 e 귀여워하다, pasan a significar "adorar" y "mimar" respectivamente.

- 할아버지는 나를 귀여워하세요. Mi abuelo me mima.
- 동생이 강아지를 예뻐해요.   Mi hermanito/a adora al perro.

Ahora le toca a usted

Lea el siguiente texto e indique con un círculo la opción adecuada de las dos que se le ofrecen en cada caso.

우리 집에는 강아지 한 마리가 있는데 이름은 바비예요.
바비는 아주 (1)  (귀여워요/귀여워해요). 그래서 우리 가족들은 모두 바비를
(2) (좋아요/좋아해요). 바비는 하루에 두 번 밥을 먹어요. 그런데 밥 먹는 시간
이 지나면 아주 (3) (배고파서/배고파해서) 크게 짖어요. 그래서 밥을 빨리 줘야
해요. 또 겨울에 밖에 나갈 때 바비는 많이 (4) (추워서/추워해서) 옷이 필요해
요. 강아지를 키우기가 조금 힘들지만 바비가 없으면 저는 정말 슬플 거예요.

19.

Descripción del estado

Pista **185**

목걸이와 귀걸이를 하고 있어요.
Llevo puestos un colgante y unos pendientes.

블라우스를 입고 있어요.
Llevo puesta una blusa.

치마를 입고 있어요.
Llevo puesta una falda.

부츠를 신고 있어요.
Llevo puestas unas botas.

안경을 쓰고/끼고 있어요.
Llevo puestas unas gafas.

장갑을 끼고 있어요.
Llevo puestos unos guantes.

양복을 입고 있어요.
Llevo puesto un traje.

가방을 들고 있어요.
Llevo un maletín.

구두를 신고 있어요.
Llevo puestos unos zapatos.

Enfoque Gramatical

Para indicar si alguien se ha puesto o quitado algo se utiliza los correspondientes verbos 입다 (ponerse o llevar ropa), 신다 (calzarse o llevar calzado), 쓰다 (ponerse o llevar gafas / sombreros), 끼다 (ponerse o llevar anillos / guantes) o 벗다 (quitarse) y se añade a la forma -고 있다, ya que esta forma indica que se está realizando una acción en ese momento.

La construcción -고 있다 vendría a equivaler en español a "estar + infinitivo". El uso de los verbos anteriormente vistos con esta construcción tiene el mismo significado que dichos verbos en tiempo pasado -았/었어요.

- 치마를 입고 있어요. = 치마를 입었어요. Llevo puesta una falda. = Me he puesto una falda.
- 안경을 쓰고 있어요. = 안경을 썼어요. Llevo puestas las gafas. = Me he puesto las gafas.

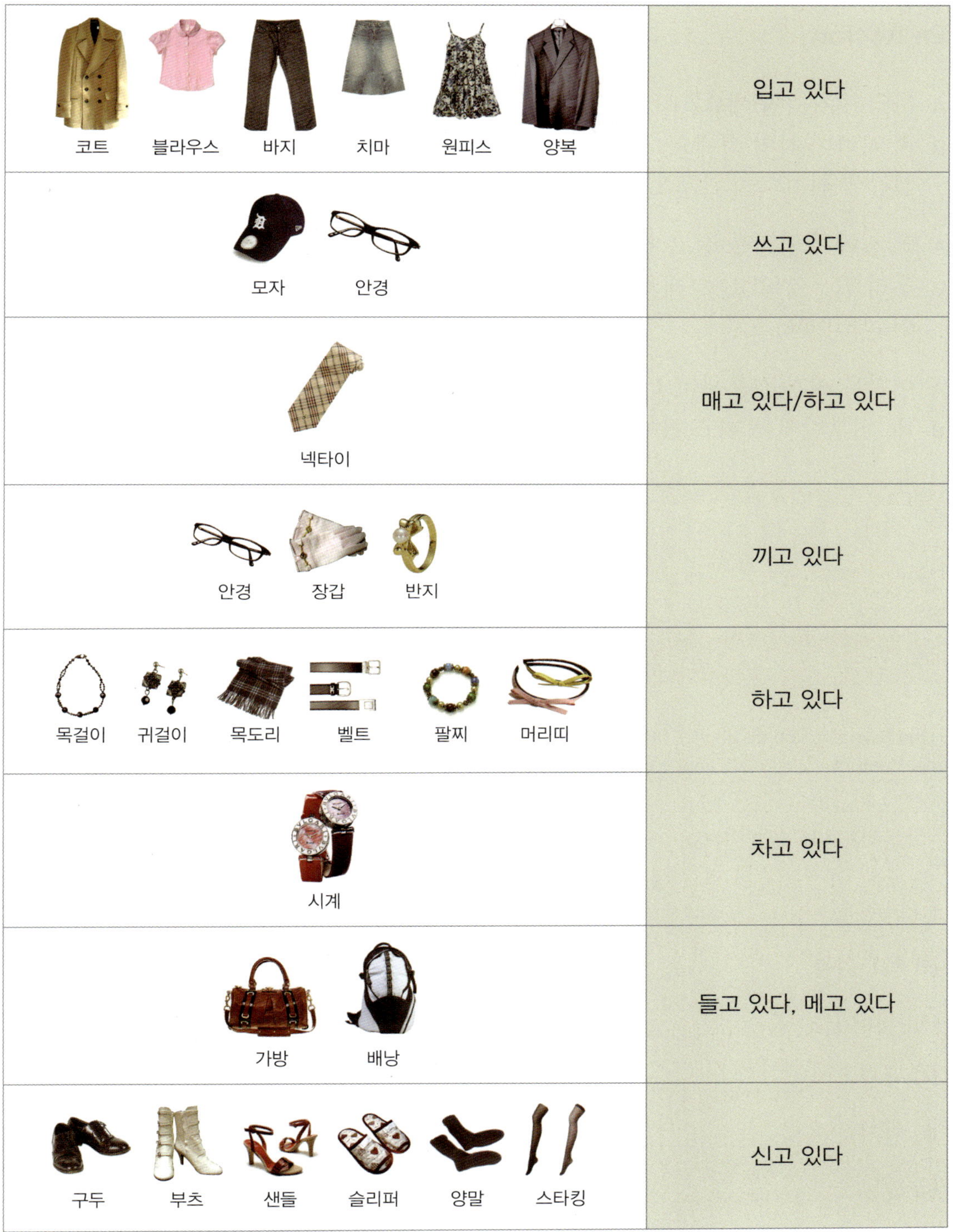

(Para más información, dirigirse a la Unidad 1. Tiempo gramatical 05 V−고 있다)

Pista **186**

A 하영 씨가 누구예요?

B 저 사람이 하영 씨예요.
빨간색 원피스를 입고 있어요.

A 왜 집에서 양말을 신고 있어요?

B 우리 집은 추워요. 그래서 양말을
신고 있어요.

A 이민우 씨가 결혼했어요?

B 네, 결혼반지를 끼고 있어요.

A ¿Quién es Hayeong?

B Aquella persona es Hayeong.
Lleva un vestido rojo.

A ¿Por qué llevas puestos los calcetines en la casa?

B Es que mi casa es fría. Por eso llevo puestos los
calcetines.

A ¿Se ha casado Lee Minu?

B Sí, lleva un anillo.

Ahora le toca a usted

¿Qué lleva el chico de abajo? Mire la imagen y rellene los huecos con los verbos apropiados usando
la estructura –고 있다 siguiendo el ejemplo.

> 보기 모자를 <u>쓰고</u> 있어요.

(1) 안경을 _______________________.

(2) 목도리를 _______________________.

(3) 넥타이를 _______________________.

(4) 재킷을 _______________________.

(5) 바지를 _______________________.

(6) 배낭을 _______________________.

(7) 책을 _______________________.

(8) 양말을 _______________________.

(9) 운동화를 _______________________.

선생님이 **서 있어요**.
La profesora está de pie.

학생들이 **앉아 있어요**.
Los estudiantes están sentados.

환자들이 병원에 **누워 있어요**.
Los pacientes están tumbados en el hospital.

우산에 이름이 **쓰여 있어요**.
Su nombre está escrito en el paraguas.

Pista **187**

Enfoque Gramatical

La construcción **–아/어 있다** se emplea para expresar un estado resultante de una acción previa que se ha llevado a cabo con éxito, lo que equivaldría en español a "estar + participio". Esta estructura se suele utilizar con verbos en voz pasiva como **열리다** (abrirse), **닫히다** (cerrarse), **켜지다** (encenderse), **꺼지다** (apagarse), **떨어지다** (caerse) y **놓이다** (ponerse).

Raíces con ㅏ ㅜ ㅗ como última vocal	Raíces cuya última vocal no es ㅏ ni ㅗ	Verbos compuestos por 하다
앉다 + **–아 있다** → 앉아 있다	피다 + **–어 있다** → 피어 있다	하다 → 해 있다

Infinitivo	–아/어 있어요	Infinitivo	–아/어 있어요	Infinitivo	–어 있어요
가다	가 있어요	서다	서 있어요	잠기다	잠겨 있어요
오다	와 있어요	붙다	붙어 있어요	닫히다	닫혀 있어요
남다	남아 있어요	*쓰이다	쓰여 있어요	꺼지다	꺼져 있어요
켜지다	켜져 있어요	*눕다	누워 있어요	떨어지다	떨어져 있어요

* Forma irregular

En Acción

Pista **188**

A 지갑을 잃어버렸어요.

A He perdido la billetera.

B 어떻게 해요? 지갑 안에 뭐가 들어 있었어요?

B ¿Qué hacemos? ¿Qué había en el interior de la cartera?

A 돈하고 카드가 들어 있었어요.

A Había dinero y tarjetas.

A 하숙집을 어떻게 찾았어요?

A ¿Cómo encontraste la casa de huéspedes?

B 학교 앞에 광고가 붙어 있었어요.

B Había un anuncio pegado delante de la escuela.

A 왜 식당에 안 들어가요?

A ¿Por qué no entras en el restaurante?

B 문이 닫혀 있어요.

B Está cerrado.

¡Atención!

❶ En el caso de los verbos que tienen el significado de "llevar puesto" o "ponerse" tales como 입다, 신다 y 쓰다, se emplean con la forma –고 있다 dando lugar a 입고 있다, 신고 있다 y 쓰고 있다. En este caso no es posible hacer uso de –아/어 있다.

- 우리 동생은 코트를 입어 있어요. (×) → 코트를 입고 있어요. (○) Llevo puesto un abrigo.
- 운동화를 신어 있어요. (×) → 운동화를 신고 있어요. (○) Llevo puestas unas zapatillas deportivas.
- 모자를 써 있어요. (×) → 모자를 쓰고 있어요. (○) Llevo puesto un sombrero.
- 가방을 들어 있어요. (×) → 가방을 들고 있어요. (○) Llevo un bolso.
- 넥타이를 매 있어요. (×) → 넥타이를 매고 있어요. (○) Llevo una corbata.

❷ La estructura –아/어 있다 solo se emplea con verbos intransitivos, es decir, con verbos que no llevan complemento directo.

- 창문을 열었어요. 그래서 창문이 열려 있어요. (○) Abrí la ventana. Por eso la ventana está abierta.
- 창문을 열어 있어요. (×)

¿Cuál es la diferencia?

–고 있다	–아/어 있다
Indica una acción en progreso.	Indica un estado que continúa tras realizar una acción.
• 의자에 앉**고 있다** (Se está sentando en la silla.)	• 의자에 앉**아 있다** (Está sentado en la silla.)
• 꽃이 피**고 있다** (Las flores están floreciendo.)	• 꽃이 피**어 있다** (Las flores han florecido.)
• 죽**고 있다** (Se está muriendo.)	• 죽**어 있다** (Está muerto.)

Mire la imagen y elija la forma verbal adecuada entre las dos que se le ofrecen en cada frase.

(1) 칠판에 "생일 축하합니다"라고 (쓰고/쓰여) 있습니다.

(2) 창문이 (열고/열려) 있습니다.

(3) 책상 위에는 케이크가 (놓이고/놓여) 있습니다.

(4) 케이크에 촛불이 (켜고/켜져) 있습니다.

(5) 왕징 씨는 열쇠를 (찾고/찾아) 있습니다.

(6) 열쇠가 의자 밑에 (떨어지고/떨어져) 있습니다.

(7) 티루엔 씨는 지금 카드를 (쓰고/쓰여) 있습니다.

(8) 요코 씨는 커피를 (마시고/마셔) 있습니다.

(9) 캐럴 씨는 노래를 (부르고/불러) 있습니다.

(10) 민우 씨가 (서고/서) 있습니다.

(11) 하영 씨가 (앉고/앉아) 있습니다.

03 A–아/어지다

풍선이 **커졌어요**.
El globo aumenta de tamaño.

언니가 **날씬해졌어요**.
Mi hermana mayor ha adelgazado.

피노키오는 거짓말을 하면 코가 **길어져요**.
Cuando Pinocho dice una mentira, le crece la nariz.

Enfoque Gramatical

La construcción **–아/어지다** se emplea para indicar un cambio de un estado a otro, por lo que en español equivaldría a verbos como "hacerse", "volverse" o "ponerse". Si la última vocal de la raíz adjetival es ㅏ u ㅗ, se añade **–아지다**, mientras que en el resto de los casos se añade **–어지다**. En cuanto a los verbos formados con **하다**, esta estructura adopta la forma **–해지다**.

Raíces adjetivales terminadas en ㅏ u ㅗ	Raíces adjetivales terminadas en vocales que no sean ㅏ ni ㅗ	Adjetivos compuestos con 하다
작다 + **–아지다** → 작아지다	길다 + **–어지다** → 길어지다	하다 → 해지다

Infinitivo	–아/어져요	Infinitivo	–아/어져요
좋다	좋아져요	따뜻하다	따뜻해져요
*예쁘다	예뻐져요	건강하다	건강해져요
*덥다	더워져요	편하다	편해져요
*빨갛다	빨개져요	*다르다	달라져요

* Forma irregular

En Acción

A 회사가 멀어요?

B 옛날에는 멀었는데 이사해서
가까워졌어요.

A 날씨가 많이 추워요?

B 비가 오고 나서 추워졌어요.

A 눈이 나빠요. 어떻게 해야 돼요?

B 당근을 많이 먹으면 눈이 좋아져요.

A ¿Está la empresa lejos?

B Antes lo estaba, pero se trasladó y ahora está más cerca.

A ¿Hace mucho frío?

B Hizo frío después de que lloviera.

A No tengo buena vista. ¿Qué debo hacer?

B Si comes mucha zanahoria, tu vista mejorará.

¡Atención!

❶ Esta estructura es de uso exclusivo con adjetivos, por lo que es incompatible con verbos.

- 요코 씨가 예뻐졌습니다. (○) Yoko se ha puesto muy guapa.
- 요코 씨가 한국말을 잘해졌습니다. (×) → 요코 씨가 한국말을 잘하게 되었습니다. (○)
  Yoko ya habla bien coreano.

(Para más información, dirigirse a la Unidad 19. Descripción del estado 04 V-게 되다)

❷ En pasado, esta estructura indica un cambio ocurrido en el pasado −아/어졌어요 cuyo resultado puede llegar hasta el momento actual, mientras que en su forma de presente −아/어져요 indica un cambio que se suele dar en la actualidad o que se podría dar si se dan ciertas condiciones.

- 아이스크림을 많이 먹어서 뚱뚱해져요. (×) → 아이스크림을 많이 먹어서 뚱뚱해졌어요. (○)
  He engordado porque como mucho helado.
- 아이스크림을 많이 먹으면 뚱뚱해졌어요. (×) → 아이스크림을 많이 먹으면 뚱뚱해져요. (○)
  Si como mucho helado, engordo.

Mire las siguientes imágenes. ¿Qué cambios se han producido? Elija los adjetivos del recuadro que sean adecuados para completar las frases utilizando la estructura –아/어지다.

건강하다	넓다	높다	많다	빨갛다
시원하다	예쁘다	적다	크다	

(1) 몸이 약했는데 지금은 ____________________.

(2) 눈이 ____________________.

(3) 얼굴이 ____________________.

(4) 가을이 되어서 날씨가 ____________________.

(5) 나뭇잎이 ____________________.

(6) 바다에 사람들이 ____________________.

(7) 길이 ____________________.

(8) 차가 ____________________.

(9) 빌딩이 ____________________.

04 V−게 되다

Pista **191**

요리를 **잘하게 되었어요**.
He logrado cocinar bien.

축구를 **좋아하게 되었어요**.
Me ha acabado gustando el fútbol.

외국으로 출장을 **가게 됐어요**.
Se ha decidido que vaya de viaje de negocios al extranjero.

Enfoque Gramatical

La estructura −게 되다 se emplea para indicar un cambio de una situación a otra como resultado de causas externas independientemente de la intención del sujeto. Esta estructura se forma añadiendo −게 되다 a la raíz verbal. En español no existe un equivalente exacto pero se asemeja a "pasar a + infinitivo", "acabar + gerundio", "decidirse que + frase" y "lograr + infinitivo".

- 옛날에는 축구를 싫어했는데 남자 친구가 생기고 나서부터 축구를 좋아하게 되었어요.
  Antes no me gustaba el fútbol, pero me acabó gustando después de echarme novio.

- 출장을 가기 싫었는데 사장님의 명령 때문에 출장을 가게 되었어요.
  No quería ir de viaje de negocios, pero me tocó ir de viaje de negocios por orden de mi jefe.

가다 + **−게 되다** → 가게 되었어요 　　　 먹다 + **−게 되다** → 먹게 되었어요

Infinitivo	−게 되었어요	Infinitivo	−게 되었어요
보다	보게 되었어요	살다	살게 되었어요
마시다	마시게 되었어요	듣다	듣게 되었어요
잘하다	잘하게 되었어요	알다	알게 되었어요

Pista **192**

A 요즘 일찍 일어나요?

B 네, 회사에 다닌 후부터 일찍 일어나게 되었어요.

A 영화배우 장동건 씨를 알아요?

B 한국에 오기 전에는 몰랐는데 한국에 와서 알게 되었어요.

A ¿Te levantas pronto estos días?

B Desde que trabajo en la empresa, me he convertido en un madrugador.

A ¿Concones al actor de cine Jang Donggun?

B Antes de venir a Corea no lo conocía, pero supe quién era cuando vine a Corea.

Ahora le toca a usted

¿Qué ha cambiado en la vida de Minu Lee después de que se casara? Elija los verbos del recuadro que sean adecuados para completar las frases utilizando la estructura –게 되다.

| 가다 | 끊다 | 들어가다 | 마시다 | 만나다 | 먹다 | 저축하다 |

보기 술을 <u>안 마시게 되었어요.</u>

(1) 집에 일찍 _______________________. 친구들을 자주 못 _______________________.

(2) 담배를 _______________________.

(3) 맛있는 음식을 _______________________.

(4) 시장에 자주 _______________________.

(5) _______________________.

Confirmar la información

01 A/V-(으)ㄴ/는지

02 V-는 데 걸리다/들다

03 A/V-지요?

Pista **193**

명동에 어떻게 **가는지** 알아요?

¿Sabe cómo se va a Myeongdong?

저분이 **누구인지** 모르겠어요.

No sé quién es aquel.

어제 무엇을 **했는지** 생각이 안 나요.

No recuerdo qué hice ayer.

Enfoque Gramatical

El nexo −(으)ㄴ/는지 se utiliza para conectar una frase que hace referencia a algún dato con un verbo de pensamiento o conocimiento, el cual es el núcleo de la oración principal. Este nexo equivale en español a "si" o a los pronombres interrogativos "quién", "qué", "dónde", "cuándo", etc. Los verbos que suelen regir este tipo de construcción son **알다** (saber), **모르다** (ignorar), **궁금하다** (tener curiosidad por), **질문하다** (preguntar), **조사하다** (verificar, comprobar), **알아보다** (averiguar), **생각나다** (recordar), **말하다** (hablar, decir) y **가르치다** (enseñar).

- 내일 날씨가 좋아요, 나빠요? + 알아요? → 내일 날씨가 좋은지 나쁜지 알아요?

  ¿Mañana hará buen tiempo o mal tiempo? + ¿Lo sabes?

  → ¿Sabes si mañana hará buen tiempo o mal tiempo?

- 명동에 어떻게 가요? + 가르쳐 주세요. → 명동에 어떻게 가는지 가르쳐 주세요.

  ¿Cómo se va a Myeongdong? + Dígamelo.

  → Dígame cómo se va a Myeongdong.

En el caso de los adjetivos en presente, se les añade a la raíz −ㄴ지 si esta acaba en vocal o en ㄹ, mientras que se les añade −은지 en caso de acabar en cualquier otra consonante. En el caso de los verbos en presente, se les añade a la raíz −는지. Tanto en el caso de los verbos como de los adjetivos, se les añade a la raíz −았/었는지 si van en pasado y −(으)ㄹ 건지 si van en futuro.

Adjetivos / Sustantivos con 이다 en presente		Verbos en presente	Verbos / Adjetivos / Sustantivos con 이다 en pasado	Verbos en futuro	
acabados en vocal	acabados en consonante			acabados en vocal	acabados en consonante
–ㄴ지	–은지	–는지	–았/었는지	–ㄹ 건지	–을 건지
큰지 인지	작은지	가는지 먹는지	갔는지　컸는지 의사였는지 학생이었는지	갈 건지	먹을 건지

Infinitivo	–(으)ㄴ/는지	Infinitivo	–(으)ㄴ/는지
예쁘다	예쁜지	만나다	만나는지
높다	높은지	입다	입는지
학생이다	학생인지	운동하다	운동하는지
*길다	긴지	청소하다	청소하는지
*춥다	추운지	*살다	사는지
더웠다	더웠는지	찍었다	찍었는지
교수였다	교수였는지	공부했다	공부했는지
선생님이었다	선생님이었는지	일했다	일했는지

* Forma irregular

En Acción

Pista **194**

A 제이슨 씨가 병원에 입원했어요.
어디가 아픈지 알아요?

A Han hospitalizado a Jason. ¿Sabes qué le pasa?

B 글쎄요. 저도 어디가 아픈지
모르겠어요.

B No. Yo tampoco sé qué le pasa.

A 여보, 우리 아들이 지금 공부하고
있어요?

A Cariño, ¿está nuestro hijo estudiando ahora?

B 방에 있는데 공부하는지 자는지
잘 모르겠어요.

B Está en su habitación, pero no sé si está estudiando.

A 이거 제가 만들었어요. 드셔 보세요.

A Esto lo he hecho yo. Pruébelo.

B 와, 맛있어요. 이거 어떻게
만들었는지 가르쳐 주세요.

B Guau, está rico. Enséñeme cómo lo ha hecho.

El nexo –(으)ㄴ/는지 se emplea en las siguientes estructuras:

❶ Interrogativo + Verbo + –(으)ㄴ/는지:

- 우리 아이가 방에서 무엇을 하는지 모르겠어요. No sé qué está haciendo nuestro hijo en su habitación.
- 그 사람이 어느 나라 사람인지 알아요? ¿Sabes de dónde es esa persona?

❷ Verbo 1 + –(으)ㄴ/는지 + Verbo 2 + –(으)ㄴ/는지:

- 우리 아이가 방에서 자는지 공부하는지 모르겠어요.
  No sé si nuestro hijo está en su habitación durmiendo o si está estudiando.
- 그 사람이 일본 사람인지 중국 사람인지 알아요? ¿Sabes si esa persona es japonesa o si es china?

❸ Verbo 1 + –(으)ㄴ/는지 + 안 + Verbo 1 + –(으)ㄴ/는지:

- 우리 아이가 공부를 하는지 안 하는지 모르겠어요. No sé si nuestro hijo está estudiando o no.
- 그 사람이 일본 사람인지 아닌지 모르겠어요. ¿Sabes si esa persona es japonesa o si no lo es?

Ahora le toca a usted

¿Qué sabe sobre esta persona? Utilice la estructura –(으)ㄴ/는지 para rellenar los huecos de las siguientes frases.

(1) A 이 사람이 __________ 알아요?

B 네, 알아요. 제이슨 씨예요.

(2) A 제이슨 씨의 나이가 __________ 모르겠어요.

B 제이슨 씨는 22살이에요.

(3) A 제이슨 씨가 ______________ 알아요?

B 네, 알아요. 작년에 한국에 왔어요.

(4) A ____________________________?

B 네, 알아요. 한국대학교에 다녀요.

(5) A 무엇을 __________ 말해 주세요.

B 제이슨 씨는 노래하고 운동을 좋아해요.

(6) A 여자 친구가 있는지 ________ 궁금해요.

B 제이슨 씨는 여자 친구가 있어요.

운전을 **배우는 데** 두 달 **걸렸어요**.
Tardé dos meses en aprender a manejar.

Pista **195**

숙제하는 데 한 시간 **걸려요**.
Tardo una hora en hacer las tareas.

차를 **고치는 데** 30만 원 **들었어요**.
Me costó trescientos mil wones reparar el auto.

Enfoque Gramatical

El estructura –는 데 걸리다/들다 se añade a raíces verbales para indicar cuánto tiempo, dinero o esfuerzo se invirtió en lograr algo, por lo que en español equivaldría a los verbos "tardar" y "costar". Esta estructura se forma añadiendo –는 데 걸리다/들다 a la raíz verbal. Se utiliza –는 데 걸리다 para hacer referencia al tiempo empleado en alcanzar un determinado objetivo, y –는 데 들다 para indicar el dinero gastado en la consecución de algo.

- 차를 고쳐요. 30만 원 들어요. → 차를 고치는 데 30만 원 들어요.
  Reparo el auto. Cuesta trescientos mil wones. → Me cuesta trescientos mil wones reparar el auto.

가다 + **–는 데** → 가는 데   짓다 + **–는 데** → 짓는 데

Infinitivo	–는 데	
여행하다	여행하는 데	(Tiempo) (Dinero) + 걸리다 들다
읽다	읽는 데	
짓다	짓는 데	
*만들다	만드는 데	

* Forma irregular

En Acción

A 여기에서 명동까지 가는 데 얼마나 걸려요?

B 버스로 가면 40분, 지하철로 가면 20분 걸려요.

A 지난주에 이사했어요? 이사하는 데 얼마 들었어요?

B 150만 원쯤 들었어요.

A ¿Cuánto se tarda en ir de aquí a Myeongdong?

B Se tarda cuarenta minutos si vas en autobús y veinte si vas en metro.

A ¿Te mudaste la semana pasada? ¿Cuánto te costó mudarte?

B Me costó un millón cincuenta mil wones aproximadamente.

Ahora le toca a usted

¿Cuánto tiempo o dinero requieren las siguientes actividades? Mire las imágenes y rellene los huecos con los verbos entre paréntesis usando la estructura –는 데 걸리다/들다.

(1) 

A 와, 맛있는 갈비예요.

B 갈비 ____________ 5시간이나 걸렸어요.
(만들다)

A 그래요? ____________ 5분밖에 안 걸려요.
(먹다)

(2) 

A 한글 자음, 모음 다 외웠어요?

B 네, 자음, 모음 ____________ 일주일 걸렸어요.
(외우다)

(3) 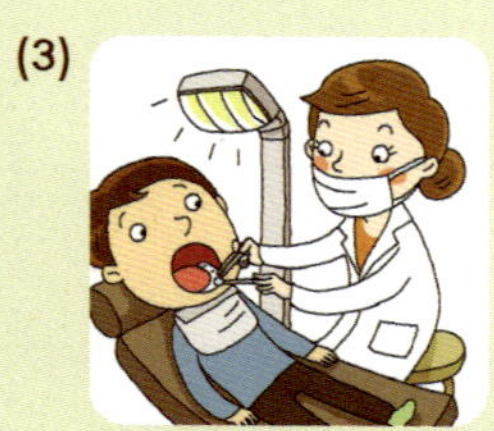

A 이를 ____________ 얼마나 들어요?
(치료하다)

B 이를 ____________ 보통 6만 원쯤 ________.
(치료하다) (들다)

(4) 

A 한국에서 머리를 자르고 싶어요. 돈이 얼마쯤 들어요?

B 머리 ____________ 20,000원 정도 ________.
(자르다) (들다)

Pista **197**

중국 사람**이지요?**

Eres china, ¿verdad?

불고기가 **맛있지요?**

El bulgogi está rico, ¿verdad?

한국어를 **배우지요?**

Estudias coreano, ¿verdad?

Enfoque Gramatical

La terminación **–지요?** se emplea cuando el hablante busca la confirmación o colaboración de su interlocutor sobre cierta información, por lo que su equivalente en español sería "¿verdad?". En tiempo presente, se añade **–지요?** a la raíz del verbo o adjetivo, mientras que en el caso del pasado se hace uso de **–았/었지요?**. En cuanto a los verbos en futuro, se añade a la raíz **–(으)ㄹ 거지요?**. En registros coloquiales es habitual que **–지요?** acabe contrayéndose en **–죠?**.

크다 + **–지요?** → 크지요?   먹다 + **–지요?** → 먹지요?

Infinitivo	–지요?	Infinitivo	–지요?
싸다	싸지요?	가다	가지요?
많다	많지요?	읽다	읽지요?
춥다	춥지요?	듣다	듣지요?
멀다	멀지요?	공부하다	공부하지요?
맛있다	맛있지요?	재미없다	재미없지요?
학생이다	학생이지요?	학생이 아니다	학생이 아니지요?

Pista **198**

A 우리 아이가 벌써 10살이 되었어요. 세월이 참 빠르지요?

B 네, 정말 세월이 빨라요.

A Nuestro/a hijo/a ya ha cumplido diez años. El tiempo pasa rápido, ¿verdad?

B Sí, verdaderamente el tiempo pasa rápido.

A 호앙 씨, 어제 밤새웠지요?

B 어떻게 알았어요? 제가 피곤해 보여요?

A Hoang, pasaste la noche de ayer en vela, ¿verdad?

B ¿Cómo lo sabes? ¿Parezco cansado?

A 내일 회의에 참석할 거지요?

B 네, 회의에 꼭 참석하겠습니다.

A Asistirás a la reunión de mañana, ¿verdad?

B Sí, asistiré sin falta a la reunión.

Ahora le toca a usted

Mire el siguiente dibujo de Carol y rellene los huecos con los verbos que correspondan utilizando la estructura –지요?.

(1) A 캐럴 씨, 백화점에서 ___________?

B 네, 한국백화점에서 쇼핑했어요.

(2) A 요즘 한국백화점에서 ___________?

B 네, 다음 주까지 세일을 해요.

(3) A 세일 기간이라서 백화점에 사람이 ___________?

B 정말 많았어요. 복잡했어요.

(4) A 남자 구두를 ___________?

B 네, 남자 구두를 샀어요.

(5) A 그 구두를 남자 친구에게 ___________?

B 아니요, 아버지께 드릴 거예요.

Expresar asombro y sorpresa

01 A-군요, V-는군요

02 A/V-네요

01 A-군요, V-는군요

눈이 **나쁘군요**.

Sí que tienes mala vista.

아이스크림을 **좋아하는군요**.

Pues sí que te gusta el helado.

감기에 **걸렸군요**.

Pues sí que te has resfriado.

Pista **199**

Enfoque Gramatical

La terminación **–군요/는군요** se utiliza para indicar sorpresa o admiración por parte del hablante al descubrir o darse cuenta de algo, ya sea por deducción propia o porque se lo hayan comunicado. En español no existe un equivalente a esta estructura pero se parece a "(pues) sí que···", "veo que···" y "menudo···". Se añade **–군요** a las raíces adjetivales y **–는군요** a las raíces verbales. También es posible utilizarlo con sustantivos, en cuyo caso se añade **–(이)군요**. El pasado se expresa añadiendo **–았/었군요** a las raíces verbales y adjetivales.

Adjetivo + –군요	Verbo + –는군요
크다 + **–군요** → 크군요	먹다 + **–는군요** → 먹는군요

Infinitivo	–군요	Infinitivo	–는군요
학생이다	학생이군요	가다	가는군요
의사이다	의사(이)군요	사다	사는군요
피곤하다	피곤하군요	운동하다	운동하는군요
덥다	덥군요	*만들다	만드는군요

* Forma irregular

Pista **200**

A 부디 씨가 이번에 차를 또 바꿨어요.

A Budi ha vuelto a cambiar de auto.

B 그래요? 부디 씨는 정말 돈이 많군요.

B ¿En serio? Se ve que tiene mucho dinero.

A 댄 씨, 인사하세요, 이분이 우리 회사 사장님이세요.

A Dane, salude. Este es el presidente de nuestra empresa.

B 아, 사장님이시군요. 안녕하세요.

B Ah, así que es usted el señor presidente. Buenos días.

A 우산 있어요? 지금 밖에 비가 와요.

A ¿Tienes paraguas? Es que está lloviendo.

B 정말 비가 오는군요. 우산이 없는데 어떻게 하죠?

B Pues sí que está lloviendo. Pero no tengo paraguas, entonces ¿qué hago?

¡Atención!

En un registro más coloquial, se emplea –구나/군 en lugar de –군요 en el caso de los adjetivos, –는구나/는군 en el caso de los verbos, y (이)구나/(이)군 en el caso de los sustantivos.

A 저 아이가 제 동생이에요.

Aquel niño es mi hermano menor.

B (혼잣말로) 아, 저 아이가 민우 씨의 동생이구나.

(Hablando consigo mismo) Ah, así que es hermano menor de Minu.

A 엄마, 오늘 학교에서 일이 있어서 늦게 왔어요.

Mamá, llego tarde porque había cosas que hacer en la escuela.

B 응, 그래서 늦었구나.

Ah, por eso llegas tarde.

Ahora le toca a usted

Lea las siguientes diálogos y rellene los huecos con las palabras entre paréntesis utilizando –군요/–는군요.

(1) A 오늘 아침에 출근하는 데 한 시간이나 걸렸어요.

    B 그래요? 월요일이라서 길이 많이 _________________. (막히다)

(2) A 제 여자 친구 사진이에요.

    B 여자 친구가 _________________. (예쁘다)

(3) A 요즘 사람들이 노란색 옷을 많이 입어요.

    B 요즘 노란색이 _________________. (유행하다)

(4) A 점심시간인데 밥 안 먹어요?

    B 아, 벌써 _________________. (점심시간이다)

02 A/V–네요

</br>

벌써 **여름이네요**.
¡Ya es verano!

가족이 **많네요**.
¡Qué familia tan grande!

글씨를 잘 **쓰네요**.
¡Qué bien escribes!

책을 많이 **읽었네요**.
¡Cuántos libros lees!

Enfoque Gramatical

La terminación −네요 se emplea para expresar sorpresa o admiración por parte del hablante al enterarse de algo por sí mismo o para expresar su acuerdo con lo que comenta su interlocutor. Basta con añadir −네요 a la raíz verbal o adjetival. No hay un equivalente en español pero se asemeja al uso exclamativo de "¡qué…!".

1 Expresión de sorpresa o admiración basada en un descubrimiento hecho por uno mismo.

> A 한국말을 정말 잘하시네요.   ¡Qué bien hablas coreano!
> B 아니에요. 더 많이 공부해야 돼요.   ¡Qué va! Debo estudiar mucho más.

2 Expresión de acuerdo con lo que dice otra persona.

A 오늘 날씨가 춥지요? Hoy hace frío, ¿verdad?

B 네, 정말 춥네요.   Sí, ¡qué frío hace!

오다 + **−네요** → 오네요   가깝다 + **−네요** → 가깝네요

Infinitivo	−네요	Infinitivo	−네요
책상이다	책상이네요	춥다	춥네요
아니다	아니네요	찍다	찍네요
예쁘다	예쁘네요	듣다	듣네요
친절하다	친절하네요	요리하다	요리하네요
주다	주네요	*멀다	머네요
마시다	마시네요	*살다	사네요

* Forma irregular

(Para más información, dirigirse a la Unidad 21. Expresar asombro y sorpresa 01 A−군요, V−는군요)

● **¿Cuál es la diferencia?**

−군요	−네요

❶ Se emplea principalmente en el lenguaje escrito.

❷ Se emplea para indicar sorpresa o admiración cuando el hablante se entera de algo por sí mismo o por otra persona.

A 이 식당에서 갈비 먹어 봤어요? 정말 맛있어요.
¿Has probado el galbi de este restaurante? Está riquísimo.

B 그래요? 이 집 갈비가 맛있군요. (○)
¿De veras? ¡Así que las costillas (al estilo coreano) de este restaurante está rico!

(Como la información la ha proporcionado el interlocutor de B, este puede emplear esta estructura en su intervención.)

❶ Se emplea principalmente en conversaciones cotidianas.

❷ No se puede emplear para indicar sorpresa por algo de lo que no se haya enterado el hablante por sí mismo.

A 이 식당에서 갈비 먹어 봤어요? 정말 맛있어요.
¿Has probado las costillas (al estilo coreano) de este restaurante? Está riquísimo.

B 그래요? 이 집 갈비가 맛있네요. (×)

(Como la información la ha proporcionado el interlocutor de B, no es posible que B emplee esta estructura en su intervención.)

A 남편이 키가 크시네요.
B 네, 187cm(센티미터)예요.

A 제 선물이에요. 빨리 열어 보세요.
B 예쁜 목도리네요. 고마워요.
　 겨울에 잘 할게요.

A 우리 딸이 그린 그림인데 어때요?
B 정말 잘 그렸네요. 언제부터 그림을
　 배웠어요?

A ¡Qué alto es tu marido!

B Sí, mide un metro ochenta y siete centímetros.

A (Este) es mi regalo. Ábrelo rápido.

B ¡Qué bufanda tan bonita! Gracias.
　 Me la pondré en invierno.

A ¿Qué te parece el cuadro que ha pintado mi hija?

B ¡Qué bien pinta! ¿Cuándo aprendió a pintar?

Ahora le toca a usted

Mire las imágenes y rellene los huecos usando –네요 o –군요.

(1) 

A 우리 동네 근처에 있는 시장에 가 봤어요? 물건이 싸고 좋아요.
B 그래요? 그 시장 물건이 ___________________.

(2) 

A 오늘 하늘 좀 보세요. 정말 아름다워요.
B 네, 하늘이 정말 ___________________.

(3) 

A 짜장면 배달 왔습니다.
B 오늘 짜장면이 빨리 ___________________.

(4) 

A 요코 씨가 병원에 입원했어요.
B 요코 씨가 많이 ___________________.
　　　　　　　　　　　(아프다)

Otras terminaciones oracionales

01 A-(으)ㄴ가요?, V-나요?

02 A/V-(으)ㄴ/는데요

한국 친구가 **많은가요?**

¿Tienes muchos amigos coreanos?

Pista **203**

나를 **사랑하나요?**

¿Me quieres?

주말에 재미있게 **보내셨나요?**

¿Lo has pasado bien el fin de semana?

Enfoque Gramatical

Las terminaciones –(으)ㄴ가요? y –나요? se utilizan para hacerle una pregunta de manera educada al interlocutor. No existe ningún equivalente en español. Se añade –ㄴ가요? a aquellas raíces adjetivales acabadas en vocal, y –은가요? a aquellas raíces adjetivales acabadas en consonante. A las raíces verbales se les añade –나요? independientemente de en qué acaben.

Adjetivos en presente		Verbos en presente	Verbos / Adjetivos en pasado	Verbos en futuro	
acabados en vocal	acabados en consonante			acabados en vocal	acabados en consonante
–ㄴ가요?	–은가요?	–나요?	–았/었나요?	–ㄹ 건가요?	–을 건가요?
아픈가요? 학생인가요?	많은가요? 적은가요?	가나요? 있나요?	갔나요? 적었나요?	갈 건가요? 볼 건가요?	먹을 건가요? 있을 건가요?

Infinitivo	–(으)ㄴ가요?	Infinitivo	–나요?
빠르다	빠른가요?	오다	오나요?
친절하다	친절한가요?	찾다	찾나요?

의사이다	의사인가요?	아팠다	아팠나요?
작다	작은가요?	받았다	받았나요?
*무섭다	무서운가요?	*만들다	만드나요?
*멀다	먼가요?	*살다	사나요?

* Forma irregular

En Acción

Pista **204**

A 오늘 시간이 있나요?

B 네, 있는데 왜 그러세요?

A ¿Tienes tiempo hoy?

B Sí, lo tengo. ¿Por qué lo preguntas?

A 요즘 바쁜가요?

B 아니요, 그렇게 많이 바쁘지 않아요.

A ¿Estás ocupada estos días?

B No, no estoy tan ocupada.

A 댄 씨 어머니는 언제 서울에 오시나요?

B 다음 주에 오실 거예요.

A ¿Cuándo viene la madre de Dane a Seúl?

B Vendrá la próxima semana.

A 몇 시에 집에서 출발할 건가요?

B 9시쯤 출발할 거예요.

A ¿A qué hora saldrás de casa?

B Saldré sobre las nueve.

Ahora le toca a usted

Rellene los huecos como se muestra en el ejemplo.

> 보기 A 오늘 <u>날씨가 좋은가요?</u>
>
> B 네, 날씨가 좋아요.

(1) A 티루엔 씨, 요즘 회사에서 자꾸 자는데 _______________?

B 네, 피곤해요.

(2) A 여권을 만드는 데 며칠이 _______________?

B 아마 일주일쯤 걸릴 거예요.

(3) A 댄 씨, 한국에 _______________? 한국말을 잘하세요.

B 작년에 왔어요.

(4) A 캐럴 씨와 _______________?

B 물론이에요. 결혼할 거예요.

Pista **205**

저는 **재미있는데요**.

Pues yo lo encuentro interesante.

민우 씨는 지금 자리에 **없는데요**.

Pues Minu no se encuentra ahora en su puesto.

정말 **높은데요**!

¡Pero sí es muy alto!

Enfoque Gramatical

1 La terminación −(으)ㄴ/는데요 se emplea para expresar desacuerdo o algún tipo de objeción a lo que alguien pide o afirma. No existe un equivalente en español pero se asemeja al uso de "pues" y "pero" en réplicas. Se añade −ㄴ데요 a aquellas raíces adjetivales acabadas en vocal, y −은데요 a aquellas raíces adjetivales acabadas en consonante. A las raíces verbales se les añade −는데요 independientemente de en qué acaben.

A 오늘 날씨가 안 추워요. Hoy no hace frío.

B 저는 추운데요. Pues yo tengo frío.

2 La terminación −(으)ㄴ/는데요 también se emplea para expresar expectativas o indicar que se requiere alguna explicación sobre la situación. Esta valor tampoco tiene un equivalente en español pero se asemeja a frases del tipo "¿Por qué lo dice(s)/pregunta(s)?".

A 여보세요, 거기 하영 씨 댁이지요? Buenos días. ¿Es el domicilio de doña Hayeong?

B 네, 맞는데요. (누구세요? / 무슨 일이세요?)
Sí, así es···. (¿Quién llama? / ¿De qué se trata?)

3 La terminación –(으)ㄴ/는데요 también se emplea para expresar sorpresa por parte del hablante al descubrir algo inesperado. Su equivalente sería "Así que…" en español.

- (친구가 만든 옷을 보면서) 옷이 정말 예쁜데요!
  (Comentario hecho al ver la prenda que hizo un amigo) ¡Es muy bonita la prenda!
- (외국인을 보면서) 한국말을 아주 잘하시는데요.
  Pero si hablas coreano muy bien. (Comentario hecho al escucharlo hablar.)

Adjetivos / Sustantivo con 이다 en presente		Verbos en presente	Verbos / Adjetivos en pasado
acabados en vocal	acabados en consonante		
–ㄴ데요	–은데요	–는데요	–았/었는데요
바쁜데요 의사인데요	많은데요 높은데요	사는데요 읽는데요 있는데요 없는데요	샀는데 바빴는데요 의사였는데요 학생이었는데요

Infinitivo	–(으)ㄴ/는데요	Infinitivo	–(으)ㄴ/는데요
예쁘다	예쁜데요	보다	보는데요
작다	작은데요	듣다	듣는데요
피곤하다	피곤한데요	일하다	일하는데요
*힘들다	힘든데요	*만들다	만드는데요
*덥다	더운데요	*살다	사는데요
친절했다	친절했는데요	받았다	받았는데요
편했다	편했는데요	찾았다	찾았는데요

* Forma irregular

En Acción

Pista **206**

A 내일 저녁에 시간 있어요?

B 내일은 시간이 없는데요.

A 이 그림 어때요?

B 와, 멋있는데요.

A 와, 댄 씨, 공부 열심히 하는데요.

B 아니에요. 그냥 책을 읽고 있어요.

A ¿Tienes tiempo mañana por la tarde?

B Pues mañana no tengo tiempo.

A ¿Qué tal este cuadro?

B ¡Guau, pero qué bonito!

A Guau, Dane, pues sí que estás estudiando con ahínco.

B ¡Qué va! Simplemente estoy leyendo un libro.

Mire las imágenes y elija las palabras del recuadro adecuadas para rellenar los huecos usando –(으)ㄴ/는데요.

대단하다　　　　먹다　　　　불다　　　　없다

(1) 

A 저 선수 좀 보세요.

B 와, 정말 ___________________.

(2) 

A 같이 저녁 먹을까요?

B 저는 벌써 ___________________.

(3)

A 웨슬리 씨, 돈 좀 빌려주세요.

B 죄송해요. 지금 돈이 ___________________.

(4)

A 우리 산책하러 갈까요?

B 지금 바람이 많이 ___________________.

Estilos directos e indirectos

01 Estilo directo

02 Estilo indirecto

03 Estilo indirecto contracto

에디슨은 "실패는 성공의 어머니입니다."
라고 했어요.

Edison dijo: «El fracaso es la madre del éxito».

예수님은 "서로 사랑하세요."**라고 말씀했어요**.

Jesucristo dijo: «Amaos los unos a los otros».

왕징 씨는 저에게 "내일 몇 시에 와요?" **하고
물어봤어요**.

Wang Jing me preguntó: «¿A qué hora vienes mañana?»

부디 씨는 '문제가 너무 어려워.' **하고 생각했어요**.

Budi pensó: «El problema es demasiado difícil».

Enfoque Gramatical

Se llama estilo directo a la manera de citar literalmente lo que alguien dijo, escribió o pensó. En estilo directo, las citas van seguidas de "**하고/라고** + Verbo". Para preguntar por lo que alguien dijo o escribió no se usa **무엇을** sino **뭐라고?** : "**카일리 씨가 뭐라고 했어요?**" (¿Qué dijo Kylie?)
Es habitual que **하고/라고** vayan seguidas de verbos como **이야기하다**, **물어보다**, **말하다**, **생각하다** o **쓰다**, pero pueden reemplazarse por **하다** o **그러다**.

<table>
<tr><td rowspan="1">"Estilo indirecto"</td><td>하고
라고</td><td>(말)하다 (hablar) / 이야기하다 (charlar) / 그러다 (decir, indicar)
물어보다 (preguntar)
생각하다 (pensar)
부탁하다 (pedir)
쓰다 (escribir)
듣다 (escuchar, oír)
써 있다 (estar escrito, poner)</td></tr>
</table>

En Acción

Pista **208**

A 민우 씨하고 얘기했어요?

B 네, 민우 씨가 "요즘 너무 바빠서 만날 수 없어요."라고 그랬어요.

A 여보, "여기에 주차하지 마세요."라고 쓰여 있는데요.

B 그래요? 다른 곳에 주차할게요.

A ¿Hablaste con Minu?

B Sí. Minu dijo: «No puedo vernos porque estos días estoy ocupado».

A Cariño, pero pone: «No estacionen aquí».

B ¿En serio? Entonces estacionaré en otro lugar.

¡Atención!

❶ No se hace uso de 하고 했어요 si la última palabra de la frase que se cita, es 하다 en cualquiera de sus formas. De hecho, es una práctica habitual evitar el empleo de 하다 tras 하고. Esta tendencia se explica en el intento de evitar el efecto cacofónico de usar 하다 repetidamente.

- 민우 씨는 "운동하세요." 하고 했어요. (×)
  → 민우 씨는 "운동하세요."라고 (말)했어요. (○)
  → 민우 씨는 "운동하세요." 하고 말했어요. (○)
  Minu me dijo: «Haga ejercicio, por favor».

- 하영 씨는 "내일 만나요." 하고 했어요. (×)
  → 하영 씨는 "내일 만나요."라고 (말)했어요. (○)
  → 하영 씨는 "내일 만나요." 하고 말했어요. (○)
  Hayeong me dijo: «Nos vemos mañana».

❷ Aunque tanto 하고 como 라고 se pueden emplear indistintamente para citar palabras de otras personas, tienen matices diferentes. El empleo de 하고 va más allá de meramente citar las palabras de otros, ya que implica reproducir la entonación y el tono originales. En otras palabras, el uso de 하고 supone una reproducción de voces ajenas como las que se realizan cuando se le lee a un niño un cuento de hadas o al leer onomatopeyas. Por su parte, 라고 es la forma preferida en el lenguaje cotidiano.

- 준호 씨가 초인종을 누르니까 "딩동" 하고 소리가 났어요.   Junho llamó al timbre y este sonó "ding dong".

- 그 남자는 "살려 주세요!" 하고 소리쳤어요.   El hombre gritó: «¡sálvame!».

- 왕비는 "거울아, 거울아, 세상에서 누가 제일 예쁘니?" 하고 물어봤어요.
  La reina preguntó: «Espejo, espejo, ¿quién es la más bella?».
  (Tanto la onomatopeya del timbre como las palabras del hombre y de la reina se articulan intentando sonar tan parecidos a ellos como sea posible.)

Conteste a las siguientes preguntas utilizando el estilo directo.

(1) 

A 여자가 남자에게 뭐라고 말했어요?

B 여자는 남자에게 ________________________.

(2) 

A 재준 씨가 무엇을 물어봤어요?

B 재준 씨는 ____________________________.

(3) 

A 카드에 뭐라고 썼어요?

B 카드에 __________________________.

(4) 

A 성경에 뭐라고 쓰여 있어요?

B 성경에 ____________________________.

(5)

A 선물을 주니까 부디 씨가 뭐라고 했어요?

B 부디 씨는 ____________________________.

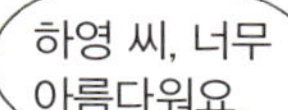

Pista **209**

민우 씨가 저에게 정말 **아름답다고 했어요**.
Minu me dijo que soy muy hermosa.

하영 씨가 저에게 **사랑한다고 그랬어요**.
Hayeong me dijo que me quiere.

민우 씨가 **결혼하자고 했어요**.
Minu me propuso que nos casáramos.

Enfoque Gramatical

Se denomina estilo indirecto a la manera de citar lo que alguien dijo o escribió en una frase subordinada, lo que implica cambios gramaticales y semánticos. Todo esto supone que el estilo indirecto sea más complejo ya que varía según cierto factores. La oración subordinada que comprende el estilo indirecto termina en **−고**, construcción a la que siguen verbos como **말하다** (hablar, decir), **물어보다** (preguntar), **전화하다** (hablar por teléfono) o **듣다** (oír, escuchar). Todos estos verbos pueden sustituirse por **하다** o **그러다**.

Tipo de frase	Tiempo	Estructura	Ejemplos
Enunciativas	Presente	R.V. + **−(느)ㄴ다고 하다**	만난다고 합니다 먹는다고 합니다
		R.A. + **−다고 하다**	바쁘다고 합니다
		Sustantivo + **(이)라고 하다**	의사라고 합니다 회사원이라고 합니다
	Pasado	R.V. / R.A. + **−았/었/였다고 하다**	만났다고 합니다 먹었다고 합니다
	Futuro	R.V. / R.A. + **−(으)ㄹ 거라고 하다**	만날 거라고 합니다 먹을 거라고 합니다

Interrogativas	R.A. + **–(으)냐고 합니다**	춥냐고 합니다 = 추우냐고 합니다
	R.V. + **–(느)냐고 하다**	먹냐고 합니다 = 먹(느)냐고 합니다
	Sustantivo + **(이)냐고 하다**	의사냐고 합니다 회사원이냐고 합니다
Propositivas	R.V. + **–자고 하다**	가자고 합니다
Imperativas	R.V. + **–(으)라고 하다**	가라고 합니다 입으라고 합니다
	–아/어 주다 → R.V. + **–아/어/여 달라고 하다** R.V. + **–아/어/여 주라고 하다**	도와 달라고 합니다 도와주라고 합니다

* R.V. significa "raíz verbal" y R.A. significa "raíz adjetival".

Para citar oraciones propositivas e imperativas negativas en estilo indirecto, se ha de hacer uso de **–지 말자고 하다** y **–지 말라고 하다** respectivamente.

1 Frases propositivas en estilo indirecto:

- 민우 씨는 "내일 산에 가지 **맙시다**."라고 말했어요.

  Minu sugirió: «No vayamos mañana a la montaña».

  → 민우 씨는 내일 산에 가지 **말자고** 했어요. Minu sugirió que no fuéramos mañana a la montaña.

2 Frases imperativas en estilo indirecto:

- 의사 선생님이 "담배를 피우지 **마세요**."라고 하셨어요. El médico dijo: «No fume».

  → 의사 선생님이 담배를 피우지 **말라고** 하셨어요. El médico dijo que no fumara.

El pronombre de primera persona **나/내** o **저/제** se convierte en **자기** en estilo indirecto.

- 왕징 씨가 "저한테 얘기하세요."라고 말했어요. Wang Jing dijo: «Cuéntamelo».

  → 왕징 씨가 자기한테 말하라고 했어요. Wang Jing dijo que se lo contara.

- 리처드 씨가 "제 고향은 뉴욕이에요."라고 말했어요. Richard dijo: «Mi ciudad natal es Nueva York».

  → 리처드 씨가 자기(의) 고향은 뉴욕이라고 말했어요. Richard dijo que su ciudad natal es Nueva York.

En Acción

Pista **210**

A 제이슨 씨 여기 있어요?

B 없는데요.

A 제이슨 씨가 오면 식당으로 오라고 전해 주세요.

A 삼계탕 먹어 봤어요?

B 아니요, 그렇지만 먹어 본 친구들이 맛있다고 해요.

A ¿Está Jason aquí?

B Pues no está.

A Por favor, cuando venga, dígale que vaya al restaurante.

A ¿Has probado el samgyetang?

B No, pero los amigos que lo han probado dicen que está rico.

Cuando se pasan a estilo indirecto frases imperativas con 주세요 o −아/어 주세요, deben sustituirse por 달라고 o 주라고, y por −아/어 달라고 하다 o −아/어 주라고 하다 respectivamente. Se hace uso de 달라고 y por −아/어 달라고 하다 cuando el hablante le pide algo para sí mismo a su interlocutor, mientras que 주라고 하다 y −아/어 주라고 하다 se emplean cuando el hablante le pide a su interlocutor algo para una tercera persona.

La persona que pide algo lo hace en beneficio propio. 달라고 하다, −아/어 달라고 하다	La persona que pide algo lo hace en beneficio de una tercera persona. 주라고 하다, −아/어 주라고 하다
 재준 씨는 물을 달라고 했어요. (Se emplea 달라고 porque Jaejun pide algo para sí mismo.)	 캐럴 씨는 웨슬리 씨에게 물을 주라고 했어요. (Se emplea 주라고 porque Carol pide algo a alguien para una tercera persona, en este caso Wesley.)
 재준 씨는 왕징 씨에게 도와 달라고 했어요. (Se emplea 달라고 porque quien pide ayuda y quien la recibiría son las misma persona, Jaejun en este caso.)	 재준 씨는 댄 씨에게 왕징 씨를 도와주라고 했어요. (Se emplea 주라고 porque quien pide ayuda [Jaejun] y quien la recibiría [Wang Jing] son personas diferentes.)

Ahora le toca a usted

Pase las siguientes frases del estilo directo al indirecto.

> 보기 제니퍼 씨가 "비행기 표가 너무 비싸요."라고 말했어요.
>
> → 제니퍼 씨가 비행기 표가 너무 비싸다고 했어요.

(1) 요코 씨가 "어제 쇼핑했어요."라고 했어요.

→ ______________________________________.

(2) 란란 씨가 "빨간색 가방은 제 것이에요."라고 했어요.

→ ______________________________________.

(3) 민우 씨가 "언제 고향에 가요?"라고 물어봤어요.

→ ______________________________________.

(4) 마틴 씨가 "허리가 아프면 수영을 하세요."라고 했어요.

→ ______________________________________.

요코 씨는 한국어가 **재미있대요**.
Yoko dice que el coreano es interesante.

티루엔 씨는 다음 달에 **결혼한대요**.
Tiruen dice que se casa el próximo mes.

웨슬리 씨는 저녁에 **전화하래요**.
Wesley dice que llame por teléfono por la tarde.

재준 씨는 내일 같이 테니스를 **치재요**.
Jaejun propone que jueguen al tenis mañana.

부디 씨는 뭐 먹고 **싶내요**.
Budi pregunta qué quieren comer.

Enfoque Gramatical

El estilo indirecto se expresa con frecuencia en formas contractas, especialmente en la lengua hablada.

Tipo de frase	Tiempo	Contracción	Ejemplos
Enunciativas	Presente	R.V. + −(느)ㄴ다고 해요 → **−(느)ㄴ대요**	만난대요/먹는대요
		R.A. + −다고 해요 → **−대요**	바쁘대요
		Sustantivo + (이)라고 해요 → **(이)래요**	변호사래요 선생님이래요
	Pasado	R.A. / R.V. + −았/었/였다고 해요 → **−았/었/였대요**	만났대요 먹었대요
	Futuro	R.A. / R.V. + −(으)ㄹ 거라고 해요 → **−(으)ㄹ 거래요**	만날 거래요 먹을 거래요

Interrogativas	Presente	Sustantivo + −(이)냐고 해요 → **−(이)냬요**	변호사냬요 선생님이냬요
		R.V. + −(느)냐고 해요 → **−냬요** R.A. + −(으)냐고 해요 → **−(으)냬요**	가냬요/먹냬요 춥냬요 (= 추우냬요)
	Pasado	R.A. / R.V. + −았/었(느)냐고 하다 → **−았/었냬요**	갔었냬요/먹었냬요 추웠냬요
	Futuro (Hipótesis)	R.A. / R.V. + −(으)ㄹ 거냐고 하다 → **−(으)ㄹ 거냬요**	갈 거냬요/먹을 거냬요 추울 거냬요
Propositivas		R.V. + −자고 해요 → **−재요**	가재요/입재요
Imperativas		R.V. + −(으)라고 해요 → **−(으)래요**	가래요/입으래요
		R.V. + −아/어 달라고 하다 → **−아/어 달래요** R.V. + −아/어/여 주라고 하다 → **−아/어 주래요**	도와 달래요 도와주래요

* R.V. significa "raíz verbal" y R.A. significa "raíz adjetival".

En Acción

Pista **212**

A 에릭 씨가 요즘 어떻게 지내는지
알아요?

A ¿Sabes cómo le va estos días a Eric?

B 네, 요즘 한국어를 배운대요.

B Sí, dijo que estos días está aprendiendo coreano.

A 지수 씨가 주말에 같이 등산 가재요.
시간 있어요?

A Jisu ha propuesto que vayamos a la montaña este
fin de semana. ¿Tienes tiempo?

B 네, 있어요. 같이 가요.

B Sí, tengo. ¡Vamos!

A 사람들이 내일 몇 시에 모이냬요.

A La gente pregunta a qué hora nos reunimos mañana.

B 9시까지 학교 앞으로 오라고 해
주세요.

B Dígales que estén enfrente de la escuela antes de las
nueve.

A 재준 씨, 어디에 가요?

A ¿Adónde vas, Jaejun?

B 유키 씨가 숙제를 좀 도와 달래요.
그래서 유키 씨를 만나러 가요.

B Yuki me ha pedido que la ayude con las tareas,
así que voy a encontrarme con ella.

¿Qué le ha dicho Tiruen a Budi? Complete las frases del texto pasando las frases del estilo directo al estilo indirecto como se muestra en el ejemplo.

> 보기
> 부디 씨, 주말에 시간 있어요?
> → 티루엔 씨가 부디 씨에게 주말에 <u>시간 있냬요</u>.

티루엔 씨는 부디 씨에게 시간 있으면 (1) _____________________. 티루엔 씨는 부디 씨에게 무슨 영화를 (2) _______________. 티루엔 씨는 공포 영화를 (3) ___________. 코미디 영화가 (4) _____________. 그래서 코미디 영화를 (5) ___________. 영화를 본 후에 (6) _______________. 티루엔 씨는 파란색 옷을 (7) ___________. 티루엔 씨는 부디 씨도 (8) _______________. 같이 (9) ___________________. 티루엔 씨는 자기와 부디 씨는 정말 (10) ___________________________.

Conjugaciones irregulares

01 '—' 불규칙 (Conjugación irregular)

Pista 213

민우 씨는 요즘 많이 **바빠요**.
Minu está muy ocupado últimamente.

불 좀 **꺼** 주세요.
Apague la luz, por favor.

배가 **고파요**.
Tengo hambre.

Enfoque Gramatical

Los verbos y adjetivos cuya raíz acaba en la vocal —, pierden esta vocal final con cualquier desinencia que empiece con **–아/어–**. En estos casos, es la vocal anterior a — la que determinará el uso de 아 o 어 en la desinencia. Es decir, si la vocal anterior a — es ㅏ u ㅗ, la vocal inicial de la desinencia es ㅏ, pero en caso de tratarse de cualquier otra vocal, la vocal inicial de la desinencia es ㅓ. En el caso de monosílabos en los que — es la única vocal, — es reemplazada por ㅓ.

바쁘다 + **–아요** → 바빠요.

(Se utiliza la desinencia **–아요** porque la vocal anterior a — es ㅏ)

예쁘다 + **–어서** → 예뻐서

(Se utiliza la desinencia **–어서** porque la vocal anterior a — es ㅖ)

크다 + **–었어요** → 컸어요

(Se utiliza la desinencia **–었어요** porque se trata de un monosílabo cuya única vocal es —)

Infinitivo	–(스)ㅂ니다	–고	–아/어요	–았/었어요	–아/어서	–아/어도
예쁘다 ser bonito	예쁩니다	예쁘고	예뻐요	예뻤어요	예뻐서	예뻐도
바쁘다 estar ocupado	바쁩니다	바쁘고	바빠요	바빴어요	바빠서	바빠도
아프다 estar enfermo	아픕니다	아프고	아파요	아팠어요	아파서	아파도
(배가) 고프다 tener hambre	(배가) 고픕니다	(배가) 고프고	(배가) 고파요	(배가) 고팠어요	(배가) 고파서	(배가) 고파도
크다 ser grande	큽니다	크고	커요	컸어요	커서	커도
나쁘다 ser malo	나쁩니다	나쁘고	나빠요	나빴어요	나빠서	나빠도
쓰다 escribir, usar	씁니다	쓰고	써요	썼어요	써서	써도
끄다 apagar	끕니다	끄고	꺼요	껐어요	꺼서	꺼도

En Acción

Pista **214**

A 하미 씨, 지금 울어요?

B 네, 영화가 너무 슬퍼서 울고 있어요.

A Hami, ¿ahora estás llorando?

B Sí, estoy llorando porque la película es muy triste.

A 주말에 소풍 잘 갔다 왔어요?

B 아니요, 날씨가 나빠서 소풍을 못 갔어요.

A ¿El fin de semana se lo pasaron bien en la excursión?

B No, no pudimos ir de excursión porque hacía mal tiempo.

A 어제 왜 학교에 안 왔어요?

B 배가 많이 아팠어요. 그래서 학교에 못 왔어요.

A ¿Por qué no viniste a la escuela ayer?

B Me dolía mucho la barriga. Por eso, no pude venir a la escuela.

Rellene los huecos con las palabras entre paréntesis conjugándolas correctamente como se le indica
en el ejemplo.

> 보기 시험을 못 봐서 기분이 __나빠요__ . (나쁘다)
>   -아/어요

(1) 공연을 볼 때는 핸드폰을 ＿＿＿＿＿＿＿ 주세요. (끄다)
                                   -아/어

(2) 오늘 너무 ＿＿＿＿＿＿＿ 저녁 약속을 취소했어요. (바쁘다)
                     -아/어서

(3) 제 여자 친구는 저보다 키가 ＿＿＿＿＿＿＿. (크다)
                             -아/어요

(4) 요코 씨는 아이들이 세 명 있는데 모두 ＿＿＿＿＿＿＿. (예쁘다)
                                 -아/어요

(5) 호앙 씨는 몸이 ＿＿＿＿＿＿＿ 항상 운동을 해요. (아프다)
                     -아/어도

(6) 남자 친구한테서 프러포즈를 받고 너무 ＿＿＿＿＿＿＿. (기쁘다)
                               -았/었어요

(7) A 어제 오후에 뭐 했어요?

    B 부모님께 편지를 ＿＿＿＿＿＿＿. (쓰다)
                     -았/었어요

(8) A 배가 ＿＿＿＿＿＿＿? (고프다)
               -아/어요?

    B 아니요, 배가 ＿＿＿＿＿＿＿. (고프다)
                     -지 않아요

(9) A 주희 씨는 참 예쁘지요?

    B 얼굴은 ＿＿＿＿＿＿＿ 성격이 별로 안 좋아요. (예쁘다)
                 -지만

Pista **215**

아이가 혼자서 잘 **놉니다**.

La niña se divierte mucho sola.

백화점이 몇 시에 **여는지** 알고 싶어요.

Quiero saber a qué hora abre el centro comercial.

지금 **만드는** 게 뭐예요?

¿Qué es lo que haces ahora?

Enfoque Gramatical

Los verbos y adjetivos cuya raíz acaba en ㄹ, pierden esta consonante final si la desinencia comienza con ㄴ, ㅂ ㅇ ㅅ. Sin embargo, si se le añade a una raíz terminada en ㄹ una desinencia que empiece por −으, aunque conservan esta ㄹ final, esta actúa como si fuera una vocal y, por lo tanto, no resulta necesario el uso de −으.

만들다 + **−(으)세요** → 만드세요 〔만들으세요 (×)〕
알다 + **−(스)ㅂ니다** → 압니다 〔알습니다 (×)〕
살다 + **−는** → 사는 〔살는 (×)〕

Infinitivo	−아/어요	−(으)러	−(스)ㅂ니다	−(으)세요	−(으)ㅂ시다	−(으)니까	Modificador de sustantivo (Presente) −(으)ㄴ/는
살다 vivir	살아요	살러	삽니다	사세요	삽시다	사니까	사는
팔다 vender	팔아요	팔러	팝니다	파세요	팝시다	파니까	파는

만들다 hacer	만들어요	만들러	만듭니다	만드세요	만듭시다	만드니까	만드는
열다 abrir	열어요	열러	엽니다	여세요	엽시다	여니까	여는
놀다 jugar, disfrutar	놀아요	놀러	놉니다	노세요	놉시다	노니까	노는
알다 saber, conocer	알아요	–	압니다	아세요	압시다	아니까	아는
멀다 estar lejos	멀어요	–	멉니다	머세요	–	머니까	먼
달다 ser/estar dulce	달아요	–	답니다	다세요	–	다니까	단

Cuando a un verbo o adjetivo cuya raíz acaba en ㄹ, se le añade –(으)ㄹ 때, –(으)ㄹ게요, –(으)ㄹ래요?, se omite –(으)ㄹ y se añade la desinencia a la raíz directamente.

살다 + –(으)ㄹ 때 → 살 때　　　　만들다 + –(으)ㄹ래요? → 만들래요?

En Acción

Pista **216**

A 살을 좀 빼고 싶어요.

B 그러면 케이크나 초콜릿 같은 단 음식을 먹지 마세요.

A 노트북을 어디에서 싸게 파는지 아세요?

B 용산에서 전자 제품을 싸게 파니까 가 보세요.

A 우리 집은 머니까 학교 다니기 힘들어요.

B 학교 근처로 이사 오는 게 어때요?

A Quiero adelgazar un poco.

B Entonces no coma cosas dulces como chocolate o pasteles.

A ¿Sabe dónde venden portátiles baratos?

B Pues pruebe a ir a Yongsan porque ahí venden los productos electrónicos baratos.

A Cuesta ir a la escuela porque está lejos de la casa.

B ¿Qué les parecería venirse a vivir a la zona de la escuela?

Rellene los huecos con las palabras entre paréntesis conjugándolas correctamente como se le indica en el ejemplo.

> 보기 재준 씨가 어디에서 <u>사는지</u> 알아요? (살다)
>   -(으)ㄴ/는지

(1) 바람이 많이 _____________ 창문을 좀 닫아 주세요. (불다)
                      -(으)니까

(2) 저기 _____________ 아이가 제 동생이에요. (울다)
               -(으)ㄴ/는

(3) 저 식당에서 우리나라 음식을 _____________, 같이 먹으러 갈래요. (팔다)
                              -(으)ㄴ/는데

(4) 질문이 있으면 손을 _____________. (들다)
                        -(으)세요

(5) 저는 학교 근처에서 _____________. (살다)
                       -(스)ㅂ니다

(6) 외국 생활은 _____________ 재미있어요. (힘들다)
                    -지만

(7) A 옆 반에 혹시 _____________ 사람이 있어요? (알다)
                   -(으)ㄴ/는

    B 제 고등학교 때 친구가 옆 반에 있는데, 왜요?

(8) A 에릭 씨를 언제 만났어요?

    B 한국에 _____________ 만났어요. (살다)
                  -(으)ㄹ 때

(9) A 이 치마 어때요? 하영 씨에게 잘 어울릴 것 같아요.

    B 저는 _____________ 치마를 안 좋아해요. (길다)
                  -(으)ㄴ/는

Pista **217**

커피가 **뜨거우니까** 조심하세요.
El café está caliente, así que tenga cuidado.

날씨가 **추워서** 집에 있었어요.
Me quedé en casa porque hacía frío.

저는 **매운** 음식을 좋아해요.
Me gusta la comida picante.

Enfoque Gramatical

En los verbos y adjetivos cuya raíz acaba en ㅂ, esta consonante se convierte en 오 o 우 cuando se le añade una desinencia que comienza por vocal. Solo hay dos palabras en las que la ㅂ se transforma en 오 y son 돕다 (ayudar, atender) o 곱다 (ser encantador). En todos los demás casos, la ㅂ se transforma en 우.

쉽다 + **−어요** → 쉬우+**−어요** → 쉬워요

돕다 + **−아요** → 도오+ **−아요** → 도와요

Infinitivo	−(스)ㅂ니다	−고	−아/어요	−아/어서	−(으)면	Modificador de sustantivo −(으)ㄴ/는
쉽다 ser fácil	쉽습니다	쉽고	쉬워요	쉬워서	쉬우면	쉬운
어렵다 ser difícil	어렵습니다	어렵고	어려워요	어려워서	어려우면	어려운

	–(스)ㅂ니다	–고	–아/어요	–아/어서	–(으)면	Modificador de sustantivo –(으)ㄴ/는
맵다 picar, ser picante	맵습니다	맵고	매워요	매워서	매우면	매운
덥다 hacer calor	덥습니다	덥고	더워요	더워서	더우면	더운
춥다 hacer frío	춥습니다	춥고	추워요	추워서	추우면	추운
무겁다 pesar, ser pesado	무겁습니다	무겁고	무거워요	무거워서	무거우면	무거운
*돕다 ayudar, asistir	돕습니다	돕고	**도와요**	**도와서**	도우면	도운

Aunque las raíces de **좁다** (ser estrecho), **입다** (ponerse, llevar puesto), **씹다** (mascar) y **잡다** (agarrar), acaban en ㅂ, su conjugación es completamente regular.

Infinitivo	–(스)ㅂ니다	–고	–아/어요	–아/어서	–(으)면	Modificador de sustantivo –(으)ㄴ/는
입다 ponerse, llevar puesto	입습니다	입고	입어요	입어서	입으면	입는
좁다 ser estrecho	좁습니다	좁고	좁아요	좁아서	좁으면	좁은

En Acción

Pista **218**

A 어떤 영화를 좋아하세요?

B 저는 무서운 영화를 좋아해요.

A ¿Qué tipo de películas te gustan?

B A mí me gustan las películas de terror.

A 음식이 싱거운데 소금 좀 주세요.

B 여기 있습니다.

A La comida está sosa, así que deme un poco de sal.

B Aquí la tiene.

A 아이가 누구를 닮았어요?
정말 귀여워요.

B 감사합니다. 엄마를 많이 닮았어요.

A ¿A quién se parece el niño?
¡Qué lindo es!

B Gracias. Se parece a su madre.

Rellene los huecos con las palabras entre paréntesis conjugándolas correctamente como se le indica en el ejemplo.

> 보기 A 왜 음악을 껐어요?
>
> B <u>시끄러워서</u> 껐어요. (시끄럽다)
>   –아/어서

(1) A 가방이 무거워요?

 B 아니요, ______________. (가볍다)
   –아/어요

(2) A 숙제가 ______________ 좀 도와주시겠어요? (어렵다)
   –(으)ㄴ/는데

 B 네, 알겠어요.

(3) A 날씨가 ______________ 따뜻한 음식을 먹으러 가요. (춥다)
   –(으)니까

 B 네, 좋아요.

(4) A 기사 아저씨, 저기 앞에서 세워 주실 수 있어요?

 B 저기는 길이 ______________ 자동차가 못 들어가요. (좁다)
   –아/어서

(5) A 이 음식이 정말 맵지요?

 B 음식이 ______________ 맛있어요. (맵다)
   –지만

(6) A 한국어 배우기가 어때요?

 B 생각보다 ______________ 재미있어요. (쉽다)
   –고

(7) A 그 옷을 ______________ 멋있네요. (입다)
   –(으)니까

 B 그래요? 감사합니다.

음악을 **들으면서** 운동해요.
Hago ejercicio mientras escucho música.

Pista **219**

돈이 없어서 **걸어서** 갔어요.
Fui a pie porque no tenía dinero.

그 여자에게 전화번호를 **물어봤어요**.
Le pregunté a esa chica su número de teléfono.

Enfoque Gramatical

En los verbos cuya raíz acaba en ㄷ, esta consonante se transformarse ㄹ si la desinencia que se le añade, comienza por vocal.

듣다 + **-어요** → 들어요   걷다 + **-을 거예요** → 걸을 거예요

Infinitivo	–(스)ㅂ니다	–고	–아/어요	–았/었어요	–(으)세요	–(으)ㄹ까요?	–(으)면
듣다 escuchar, oír	듣습니다	듣고	들어요	들었어요	들으세요	들을까요?	들으면
묻다 preguntar	묻습니다	묻고	물어요	물었어요	물으세요	물을까요?	물으면
걷다 caminar, andar	걷습니다	걷고	걸어요	걸었어요	걸으세요	걸을까요?	걸으면

Aunque las raíces de **닫다** (cerrar), **받다** (recibir) y **믿다** (creer) terminan en ㄷ, su conjugación es completamente regular.

Infinitivo	-(스)ㅂ니다	-고	-아/어요	-았/었어요	-(으)세요	-(으)ㄹ까요?	-(으)면
닫다	닫습니다	닫고	닫아요	닫았어요	닫으세요	닫을까요?	닫으면
받다	받습니다	받고	받아요	받았어요	받으세요	받을까요?	받으면

En Acción

Pista **220**

A 캐럴 씨, 날씨가 좋은데 밖에 나가서 좀 걸을까요?

B 네, 좋아요.

A 이 노래 들어 봤어요? 정말 좋아요.

B 그래요? 누구 노래인데요?

A Carol, como hace buen tiempo, ¿qué tal si salimos afuera y damos un paseo?

B Sí, claro.

A ¿Has oído esta canción? Es muy buena.

B ¿De verdad? ¿Quién es el cantante?

Ahora le toca a usted

Rellene los huecos con las palabras entre paréntesis conjugándolas correctamente como se le indica en el ejemplo.

> 보기 A 학교에 어떻게 가요?
>
> B __걸어서__ 가요. (걷다)
>   -아/어서

(1) A 내일 같이 영화 볼까요?

B 좋아요. 제가 에릭 씨에게도 내일 시간이 있는지 __________ 볼게요. (묻다)
      -아/어

(2) A 어떻게 하면 한국어 듣기가 좋아질까요?

B 한국 드라마와 영화도 많이 보고, 한국 음악도 많이 ____________. (듣다)
      -(으)세요

(3) A 어제 많이 ____________ 다리 안 아파요? (걷다)
    -았/었는데

B 평소에 많이 ____________ 괜찮아요. (걷다)
    -아/어서

(4) A 백화점이 몇 시에 문을 ____________? (닫다)
    -아/아요

B 보통은 8시에 ____________ 세일 기간에는 9시까지 열어요. (닫다)
    -(으)ㄴ/는데

'르' 불규칙 (Conjugación irregular)

댄 씨는 노래를 잘 **불러서** 인기가 많아요.
Dane es popular porque canta bien.

Pista **221**

출근 시간에는 지하철이 버스보다 **빨라요**.
En hora punta es más rápido el metro que el autobús.

저는 영어를 **몰라요**.
No sé inglés.

Enfoque Gramatical

En los verbos y adjetivos cuya raíz acaba en 르, la vocal de ― desaparece y la consonante ㄹ se duplica si se le añade una desinencia que empieza por vocal.

다르다 + ―아요 → 다르다 + ㄹ + 아요 → 달라요
부르다 + ―어요 → 부르다 + ㄹ + 어요 → 불러요

Infinitivo	―(스)ㅂ니다	―고	―(으)면	―아/어요	―았/었어요	―아/어서
다르다 ser diferente	다릅니다	다르고	다르면	달라요	달랐어요	달라서
빠르다 ser rápido	빠릅니다	빠르고	빠르면	빨라요	빨랐어요	빨라서
자르다 cortar	자릅니다	자르고	자르면	잘라요	잘랐어요	잘라서

모르다 no conocer, no saber	모릅니다	모르고	모르면	몰라요	몰랐어요	몰라서
부르다 llamar, cantar	부릅니다	부르고	부르면	불러요	불렀어요	불러서
기르다 criar	기릅니다	기르고	기르면	길러요	길렀어요	길러서

En Acción

Pista **222**

A 준호 씨, 머리 잘랐어요? 멋있네요.

B 그래요? 고마워요.

A 에릭 씨와 제이슨 씨는 쌍둥이인데 얼굴이 안 닮았어요.

B 네, 성격도 많이 달라요.

A Junho, ¿te has cortado el pelo? ¡Qué guapo!

B ¿De verdad? Gracias.

A Eric y Jason son mellizos pero no se parecen.

B Sí, y sus personalidades son también muy diferentes.

Ahora le toca a usted

Rellene los huecos con las palabras entre paréntesis conjugándolas correctamente como se le indica en el ejemplo.

> 보기 A 더 드세요.
>
> B 배가 __불러서__ 더 못 먹겠어요. (부르다)
>   –아/어서

(1) A 이 노래 부를 수 있어요?

   B 아니요, 노래가 너무 _______________ 못 불러요. (빠르다)
                    –아/어서

(2) A 중국의 결혼식은 한국과 비슷해요?

   B 아니요, 많이 _______________. (다르다)
             –아/어요

(3) A 한국말을 잘하시네요.

   B 아니에요, 아직도 한국말이 _______________ 실수를 많이 해요. (서투르다)
                  –아/어서

(4) A 초인종을 여러 번 _______________ 아무도 안 나와요. (누르다)
               –았/었는데

   B 이상하네요. 소냐 씨가 오늘 집에 있겠다고 했는데……

'등' 불규칙 (Conjugación irregular)

백설공주는 머리는 **까맣고** 피부는 **하얘요**.
La princesa Blancanieves tiene el pelo negro y la piel blanca.

Pista **223**

왕비는 백설공주에게 **빨간** 사과를 줬어요.
La reina le dio a Blancanieves una manzana roja.

왕자는 크고 **파란** 눈으로 공주를 봤어요.
El príncipe miró a Blancanieves con sus grandes ojos azules.

Enfoque Gramatical

En los adjetivos cuya raíz acaba en ㅎ, dicha consonante desaparece al añadírsele una desinencia que empieza por vocal.

1 Si la desinencia empieza por −으, tanto ㅎ como −으 desaparecen.

하얗다 + −(으)ㄴ → 하얀   까맣다 + −(으)니까 → 까마니까

2 Si la desinencia empieza por −아/어, la ㅎ desaparece pero se le añade ㅣ a la raíz adjetival.

까맣다 + −아서 → 까마 + ㅣ + −아서 → 까매서
하얗다 + −아요 → 하야 + ㅣ + −아요 → 하얘요

Infinitivo	-(스)ㅂ니다	-고	-(으)면	-(으)ㄴ/는	-아/어요	-았/었어요	-아/어서
까맣다 ser negro	까맣습니다	까맣고	까마면	까만	까매요	까맸어요	까매서
노랗다 ser amarillo	노랗습니다	노랗고	노라면	노란	노래요	노랬어요	노래서
파랗다 ser azul	파랗습니다	파랗고	파라면	파란	파래요	파랬어요	파래서
빨갛다 ser rojo	빨갛습니다	빨갛고	빨가면	빨간	빨개요	빨갰어요	빨개서
하얗다 ser blanco	하얗습니다	하얗고	하야면	하얀	하얘요	하얬어요	하얘서
이렇다 ser de esta manera	이렇습니다	이렇고	이러면	이런	이래요	이랬어요	이래서
그렇다 ser de esa manera	그렇습니다	그렇고	그러면	그런	그래요	그랬어요	그래서
저렇다 ser de aquella manera	저렇습니다	저렇고	저러면	저런	저래요	저랬어요	저래서
어떻다 ser cómo	어떻습니다	어떻고	어떠면	어떤	어때요	어땠어요	어때서

Aunque las raíces de **좋다** (ser bueno), **많다** (ser mucho), **낳다** (dar a luz), and **넣다** (meter, poner), etc., terminan en ㅎ , todos se conjugan de manera regular.

Infinitivo	-(스)ㅂ니다	-고	-(으)면	-(으)ㄴ/는	-아/어요	-았/었어요	-아/어서
낳다	낳습니다	낳고	낳으면	낳는	낳아요	낳았어요	낳아서
좋다	좋습니다	좋고	좋으면	좋은	좋아요	좋았어요	좋아서

En Acción

Pista **224**

A 보세요! 가을 하늘이 정말 파래요.

B 하늘은 파랗고 구름은 하얘서 그림 같아요.

A 얼굴이 많이 까매졌네요.

B 휴가 때 바다에 갔다 와서 그래요.

A ¡Mire! En otoño el cielo está muy azul.

B El cielo está tan azul y las nubes tan blancas, que parece una pintura.

A Se te ha puesto muy negra la cara.

B Eso es porque he ido a la playa en vacaciones.

A 파란 티셔츠 입은 남자가 누군지 아세요?

B 네, 제 동생이에요. 관심 있어요?

A ¿Sabe quién es el hombre que lleva la camisa azul?

B Sí, es mi hermano menor. ¿Te interesa?

Cuando a las raíces de 이렇다, 그렇다, 저렇다 y 어떻다 se les añade desinencias que empiezan por vocal −아/어, se conjugan 이래, 그래, 저래 y 어때, y no 이레, 그레, 저레 y 어떼.

- 날씨가 어떼요? (×) → 날씨가 어때요? (○)   ¿Qué tal el tiempo?
- 이번 성적이 너무 안 좋구나. 성적이 그레서 대학에 갈 수 있겠니? (×)
  이번 성적이 너무 안 좋구나. 성적이 그래서 대학에 갈 수 있겠니? (○)
  ¡Qué malas notas has obtenido en esta ocasión! Si tus notas son así, ¿podrás ingresar en la universidad?

Ahora le toca a usted

Rellene los huecos con las palabras entre paréntesis conjugándolas correctamente.

(1) 

A 혹시 티루엔 씨가 누군지 아세요?

B 네, 저기 __________ 정장을 입은 사람이에요. (노랗다)
-(으)ㄴ/는

(2) 

A 댄 씨가 술을 많이 마신 것 같아요.

B 맞아요. 지금 얼굴이 ____________. (빨갛다)
-아/어요

(3) 

A 눈이 많이 왔네요!

B 네, 눈 때문에 세상이 다 ___________. (하얗다)
-아/어요

(4) 

A 어머, 캐럴 씨 머리 바꿨네요.

B 네, 요즘 __________ 머리가 유행이에요. (이렇다)
-(으)ㄴ/는

(5) 

A ___________ 색을 좋아해요? (어떻다)
-(으)ㄴ/는

B 저는 __________ 색을 좋아해요. (까맣다)
-(으)ㄴ/는

모기가 물어서 눈이 **부었어요**.
Me ha picado un mosquito y se me ha hinchado el ojo.

Pista **225**

컵에 커피와 크림, 설탕을 넣고 **저어요**.
Se echa café, crema y azúcar, y se remueve.

어느 옷이 더 **나아요**?
¿Qué prenda es mejor?

Enfoque Gramatical

En los verbos y adjetivos cuya raíz acaba en la consonante ㅅ, dicha consonante desaparece al añadírsele una desinencia que empieza por vocal.

잇다 + **-어요** → 이어요   짓다 + **-을 거예요** → 지을 거예요

Infinitivo	-(스)ㅂ니다	-고	-아/어요	-았/었어요	-아/어서	-(으)면
잇다 unir	잇습니다	잇고	이어요	이었어요	이어서	이으면
낫다 ① curarse ② mejor	낫습니다	낫고	나아요	나았어요	나아서	나으면
붓다 ① hincharse ② verter	붓습니다	붓고	부어요	부었어요	부어서	부으면

굿다 trazar, dibujar	긋습니다	긋고	그어요	그었어요	그어서	그으면
젓다 mezclar, batir	젓습니다	젓고	저어요	저었어요	저어서	저으면
짓다 llamar, construir, escribir	짓습니다	짓고	지어요	지었어요	지어서	지으면

Aunque las raíces de **벗다** (despegar), **웃다** (reír) y **씻다** (lavar) terminan en ㅅ, su conjugación es completamente regular.

Infinitivo	–(스)ㅂ니다	–고	–아/어요	–았/었어요	–아/어서	–(으)면
웃다	웃습니다	웃고	웃어요	웃었어요	웃어서	웃으면
씻다	씻습니다	씻고	씻어요	씻었어요	씻어서	씻으면

En Acción

Pista **226**

A 아이 이름을 누가 지었어요?
B 할아버지가 지어 주셨어요.

A ¿Quién le puso el nombre al niño?
B Se lo dio su abuelo.

A 감기 다 나았어요?
B 네, 이제 괜찮아요.

A ¿Te has recuperado completamente del resfriado?
B Sí, ya estoy bien.

A 이 단어는 중요하니까 단어 밑에
줄을 그으세요.
B 네, 알겠습니다.

A Subraye esa palabra porque es importante.

B Sí, de acuerdo.

¡Atención!

En coreano, es habitual que dos vocales formen un diptongo al entrar en contacto. Por ejemplo, 배우+어요 da lugar a 배워요. Sin embargo, en el caso de la conjugación irregular tipo ㅅ, a pesar de que dos vocales entran en contacto al desaparecer la consonante ㅅ, nunca llegan a formar un diptongo.

- 짓다 + **–어요** → 지어요 (○) / 져요 (×) (져요 es la forma resultante de 지다 + –어요.)
- 낫다 + **–아요** → 나아요 (○) / 나요 (×) (나요 es la forma resultante de 나다 + –아요.)

Rellene los huecos con las palabras entre paréntesis conjugándolas correctamente como se le indica en el ejemplo.

> 보기 이 노래를 누가 <u>지었어요</u>? (짓다)
> -았/었어요

(1) 어제 밤에 라면을 먹고 자서 얼굴이 많이 ＿＿＿＿＿＿. (붓다)
-았/었어요

(2) 커피를 잘 ＿＿＿＿＿＿ 드세요. (젓다)
-아/어서

(3) 지금 회사보다 더 ＿＿＿＿＿＿ 곳에서 일하고 싶어요. (낫다)
-(으)ㄴ/는

(4) 저기 지금 ＿＿＿＿＿＿ 있는 건물이 뭐예요? (짓다)
-고

(5) 제니퍼 씨는 ＿＿＿＿＿＿ 때 참 예뻐요. (웃다)
-(으)ㄹ

(6) 피터 씨의 한국말보다 요코 씨의 한국말이 더 ＿＿＿＿＿＿. (낫다)
-아/어요

(7) 저는 중요한 문장에 밑줄을 ＿＿＿＿＿＿ 공부를 합니다. (긋다)
-(으)면서

(8) 과일을 ＿＿＿＿＿＿ 드세요. (씻다)
-아/어서

(9) 옷을 ＿＿＿＿＿＿ 후에 저 옷걸이에 거세요. (벗다)
-(으)ㄴ

(10) 커피 잔에 물을 ＿＿＿＿＿＿. (붓다)
-(으)세요

Anexo

1. Demostrativos

Cuando definen a un objeto o a un lugar, 이/그/저 se colocan inmediatamente antes del sustantivo que designe dicho objeto o lugar. Se emplea 이 para hacer referencia a algo que se encuentra próximo al hablante, 그 para indicar algo que está cerca del interlocutor, y 저 para señalar algo que se encuentra lejos tanto del hablante como del interlocutor.

	Cerca del hablante	Cerca del interlocutor	Lejos del hablante y del interlocutor
	이	**그**	**저**
Objeto	이것	그것	저것
Persona	이 사람/이분	그 사람/그분	저 사람/저분
Lugar	이곳 (여기)	그곳 (거기)	저곳 (저기)

A partir de la combinación de los adjetivos demostrativos 이, 그 y 저 con 것, se forman los correspondientes pronombres demostrativos 이것, 그것 y 저것. En las conversaciones cotidianas, es habitual que dichos pronombres se contraigan con la desinencia de sujeto 이, dando lugar a las formas contractas 이게, 그게 y 저게. También se dan contracciones con la desinencia de tema 은 y con la desinencia de complemento directo 을.

이것이 → 이게	**이것은** → 이건	**이것을** → 이걸
그것이 → 그게	**그것은** → 그건	**그것을** → 그걸
저것이 → 저게	**저것은** → 저건	**저것을** → 저걸

A **이건** 뭐예요? ¿Qué es esto?

B **이건** 꽃이에요. Esto es una flor.

| A 너무 커요. **이걸** 어떻게 먹어요? | Es demasiado grande. ¿Cómo me voy a comer esto? (= No me puedo comer esto.) |
| B 그럼 **저게** 작으니까 **저걸** 드세요. | Entonces, cómase aquel, que es más pequeño. |

Los pronombres demostrativos también se emplean para hacer referencia a algo previamente mencionado en un determinado contexto.

어제 동대문시장에 갔어요.
거기는 예쁜 옷이 아주 많았어요.
(= 동대문시장)

Ayer fui al mercado de Dongdaemun.
Allí había muchísima ropa bonita.
(= Mercado de Dongdaemun)

지난주에 댄 씨를 만났어요
그분은 아주 친절했어요.
(= 댄 씨)

La semana pasada me encontré con Dane.
Él fue muy amable.
(= Dane)

2. Adverbios temporales

아직 todavía / 이미 ya (previamente) / 벌써 ya (tan pronto)

● 아직 todavía

(1) El adverbio **아직** indica que debe transcurrir más tiempo antes de que algo pueda suceder o llevarse a cabo. Con este valor, suele emplearse en frases negativas.

| A 밥 먹었어요? | ¿Has comido? |
| B 아니요, **아직** 안 먹었어요. | No, todavía no he comido. |

(2) Otro valor de **아직** es el de indicar que un determinado estado o acción no se ha interrumpido sino que prosigue.

| A 숙제 다 했어요? | ¿Ya has hecho todas las tareas? |
| B 아니요, **아직** 하고 있어요. 조금만 더 하면 끝나요. | No, todavía las estoy haciendo. Me queda muy poco para terminarlas. |

이미 ya (Previamente)	벌써 ya (Tan pronto)
Hace referencia a algo que ya ha terminado o que sucedió hace ya tiempo.	Hace referencia a algo que sucede antes de lo esperado.

A 지금 가면 영화를 볼 수 있을까요? Si vamos ahora, ¿podremos ver la película? **B** 아니요, 지금 6:40분이에요. **이미** 늦었으니까 9시 영화를 봅시다. No, ahora son las seis y cuarenta. Como ya es tarde, veamos la película de las nueve.	**A** 저녁에 뭐 먹고 싶어요? ¿Qué quieres de cena? **B** 저녁 먹었는데요. Pues yo ya he cenado. **A** 5시인데 **벌써** 먹었어요? Son (solo) las cinco y ¿ya has cenado?
A 댄 씨를 만나고 싶은데 지금 한국에 있어요? Quiero ver a Dane pero ¿está ahora en Corea? **B** **이미** 미국으로 떠났어요. Pues ya se ha ido a Estados Unidos. (Dane se ha ido a Estados Unidos, por lo que ya es imposible verlo aunque se quiera.)	**A** 댄 씨를 만나고 싶은데 지금 한국에 있어요? Quiero ver a Dane pero ¿está ahora en Corea? **B** 지난주에 미국으로 떠났어요. Pues se ha ido a Estados Unidos. **A** **벌써** 떠났어요? ¿Ya se ha ido? (Dane se fue a Estados Unidos antes de lo que se esperaba.)

지금 ahora (mismo), más / 이제 (a partir de) ahora / 요즘 últimamente, estos días

지금 ahora (mismo), más	이제 (a partir de) ahora
Hace referencia al momento exacto en el que el hablante está hablando.	Hace referencia a partir del momento en el que se habla se produce una ruptura con una acción o estado del pasado, porque se podría traducir como "(a partir de) ahora".
A **지금** 뭐하고 있어요? ¿Qué estás haciendo ahora (mismo)? **B** 음악을 듣고 있어요. Estoy escuchando música. Su uso es compatible con la forma de presente continuo −고 있다. • 지금 공부하고 있어요. (○) Ahora estoy estudiando. • (일 이외의 다른 것을 하고 있다가) 자, 지금 일합시다. (×)	**A** **이제** 그 식당에 안 갈 거예요. Yo ya no iré más a ese restaurante (a partir de ahora). **B** 왜요? 음식이 맛이 없어요? ¿Por qué? ¿No está buena la comida? Su uso es incompatible con la forma de presente continuo −고 있다. • 이제 공부하고 있어요. (×) • (일 이외의 다른 것을 하고 있다가) 자, 이제 일합시다. (○) (Después de hacer algo sin relación con el trabajo) Bueno, pongámonos a trabajar ya.

● **요즘** últimamente, estos días

Se utiliza **요즘** para hacer referencia a un periodo de tiempo iniciado no hace mucho que llega hacia el momento actual.

A **요즘** 피곤하세요?	¿Se siente cansado últimamente?
B 네, 조금 피곤해요.	Sí, me siento un poco cansado.

A **요즘** 어떤 헤어스타일이 유행이에요?　　¿Qué tipo de corte de pelo está de moda estos días?

B 단발머리가 유행이에요.　　Pues el pelo corto está de moda.

먼저 primero / 아까 hace un momento / 나중에 más tarde / 이따가 dentro de un rato

● 먼저 primero

Se hace uso de **먼저** para indicar que una acción tiene lugar antes que otras.

A 나탈리아 씨, 점심 안 먹어요?　　Natalia, ¿no vas a almorzar?

B 저는 지금 할 일이 있으니까 **먼저** 드세요.　　Yo tengo (todavía) cosas que hacer, así que come primero.

A 민우 씨는 갔어요?　　¿Se ha ido Minu?

B 네, 약속이 있어서 **먼저** 갔어요.　　Sí, como tenía una cita, ha salido antes (=primero).

● 아까 hace un momento

Se hace uso de **아까** para hacer referencia a un momento anterior presente que no se encuentra muy lejos de este.

A 댄 씨 봤어요?　　¿Has visto a Dane?

B **아까** 도서관에 가는 거 봤어요.　　Lo vi hace un momento yendo a la biblioteca.

A **아까** 커피숍에서 인사한 사람이 누구예요?
¿Quién es la persona que nos saludó hace un rato en la cafetería?

B 대학교 때 후배예요.
Un compañero (menor) de mi etapa universitaria.

이따가 luego, un poco después	나중에 más tarde
Después de pasar un rato.	Hace referencia a un momento posterior al momento presente después de que haya transcurrido un tiempo considerable o al menos el suficiente para concluir algo que se estaba haciendo. Este término abarca un periodo muy amplio e indeterminado.
A 오늘 영화 보러 갈 거야? ¿Vas a ir a ver una película hoy? **B** 응, **이따가** 갈 거야. Sí, voy a ir más tarde. **A** 오늘 모임에 와요? ¿Vienes hoy a la reunión?	**A** 여보세요? 댄 씨, 지금 전화할 수 있어요? ¿Hola? Dane, ¿puedes hablar por teléfono ahora? **B** 미안해요. 지금 바쁘니까 **나중에** 전화할게요. Lo siento. Ahora estoy ocupado, así que ya te llamo más tarde. **A** 오늘 모임에 와요? ¿Vienes hoy a la reunión?

B 네, **이따가** 만나요.

Sí, te veo dentro de un rato.

(Se verán más tarde hoy, después de que haya transcurrido cierto tiempo.)

A 언제 결혼할 거예요?

¿Cuándo te casarás?

B **이따가** 결혼할 거예요. (×)

B 아니요, 못 가요. 우리 **나중에** 만나요.

No, no puedo ir. Ya nos vemos más tarde.

(No se verán en la reunión sino en cualquier otro momento posterior a la celebración de la reunión.)

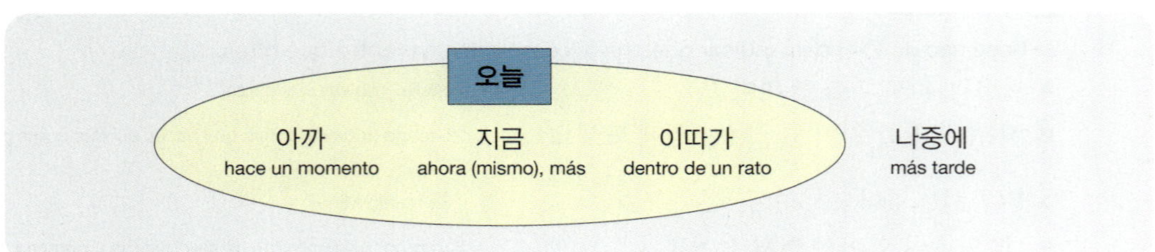

3. Adverbios de frecuencia

항상·언제나 siempre · en cualquier momento / 자주 a menudo / 가끔 a veces
거의 –지 않다 apenas, casi no / 전혀 –지 않다 nunca

Se puede hacer uso de 늘 (항상·언제나), 자주 y 가끔 tanto en frases afirmativas como negativas, pero **별로** y **전혀** solo se pueden emplear en frases negativas.

- 저는 매일 아침에 운동해요. **항상(언제나)** 운동해요.
  Hago ejercicio todas las mañanas. Siempre hago ejercicio.

- 저는 일주일에 4번 운동해요. **자주** 운동해요.
  Hago ejercicio cuatro veces a la semana. Hago ejercicio con frecuencia.

- 저는 일주일에 한 번 운동해요. **가끔** 운동해요.
  Hago ejercicio una vez a la semana. Hago ejercicio a veces.

- 저는 한 달에 한 번 운동해요. **거의** 운동을 하지 않아요.
  Hago ejercicio una vez al mes. Casi no hago ejercicio.

- 저는 운동을 싫어해요. **전혀** 운동을 하지 않아요.
  No me gusta el ejercicio. Nunca hago ejercicio.

4. Conectores del discurso

그리고 además

Se emplea **그리고** para indicar que dos frases forman parte de una enumeración, para añadir información a lo dicho en la frase anterior o para indicar una secuencia cronológica.

- 하영 씨는 날씬해요. **그리고** 예뻐요.
  Hayeong es delgada. Además es guapa.

- 농구를 좋아해요. **그리고** 축구도 좋아해요.
  Me gusta el baloncesto. Además, también me gusta el fútbol.

- 주말에 친구를 만났어요. **그리고** 같이 영화를 봤어요.
  Me encontré con un amigo el fin de semana. Además, vi una película con él.

그렇지만 sin embargo

Se emplea **그렇지만** cuando el contenido de la segunda frase contrasta con el de la primera, por lo que en español sería equivalente a "sin embargo", "no obstante" y "pero". Este mismo significado lo tienen **하지만** y **그러나**, aunque **하지만** es más habitual en el lenguaje oral, mientras que **그러나** se suele emplear en el lenguaje escrito.

- 요코 씨는 일본 사람이에요. **그렇지만** 재준 씨는 한국 사람이에요.
  Yoko es japonesa. Sin embargo, Jaejun es coreano.

- 한국어는 영어와 다릅니다. **그러나** 배우기 어렵지 않습니다.
  El coreano es muy diferente del inglés. No obstante, no es difícil de aprender.

- 고기를 좋아해요. **하지만** 채소는 안 좋아해요.
  Me gusta la carne. Pero no me gustan las verduras.

그래서 por eso

Se emplea **그래서** cuando la primera frase constituye la razón del estado o la acción que se expresa en la segunda frase. En español equivale a "por eso".

A 어디 아파요?

¿Dónde te duele?

B 어제 술을 많이 마셨어요. **그래서** 머리가 아파요.

Ayer bebí mucho alcohol. Por eso me duele la cabeza.

A 왜 차가 안 가요?

¿Por qué no se mueven los autos?

B 주말이에요. **그래서** 길이 막혀요.

Es fin de semana. Por eso hay atasco.

- 외국 사람입니다. **그래서** 한국말을 못합니다.

  Soy extranjero. Por eso no sé hablar coreano.

그러니까 por consiguiente, así que

Se emplea **그러니까** cuando la primera frase constituye de manera inevitable la causa del estado o acción que expresa la segunda. En español equivale a "por consiguiente", "consecuentemente" y "así que". La presencia de **그러니까** exige el uso de **–(으)세요**, **–(으)ㅂ시다**, **–아/어야 하다** o **–(으)ㄹ 거다**.

- 비가 와요. **그러니까** 우산을 가져가세요.

  Está lloviendo, así que llévese el paraguas.

- 이 영화는 재미없어요. **그러니까** 다른 영화를 봅시다.

  Esta película es aburrida, así que veamos otra película.

- 한국 대학교에 입학하고 싶어요. 그리고 한국 회사에 취직해서 한국에서 살고 싶어요. **그러니까** 한국말을 열심히 공부할 거예요.

  Quiero entrar en una universidad coreana. Además, quiero conseguir un puesto en una empresa coreana y vivir en Corea. Por consiguiente, estudiaré coreano con ahínco.

A 여보, 우리 차가 있는데 왜 버스를 타요?

Cariño, ¿por qué tomamos el autobús si tenemos auto?

B 자동차가 고장 났어요. **그러니까** 버스를 타야 해요.

El auto se ha averiado, así que tenemos que tomar el autobús.

그러면 entonces, en ese caso

Se emplea **그러면** cuando la primera frase constituye una condición para que se haga realidad lo expresado en la segunda frase. En español equivale a "entonces" y "en ese caso". En el lenguaje coloquial es muy habitual el empleo de su forma contracta **그럼**.

A 점심시간이에요. 배가 고파요.

Es la hora de almorzar. Tengo hambre.

B **그러면** (=**그럼**) 같이 식당에 가서 식사할까요?

Entonces, ¿vayamos al restaurante y almorcemos?

A 한국말을 잘하고 싶어요.
Quiero hablar coreano bien.

B 그래요? **그러면** 한국 친구를 사귀세요.
¿De verdad? En ese caso haz amigos coreanos.

• 나는 피곤할 때 목욕을 해요. **그러면** 기분이 좋아져요.
Cuando estoy cansado, me doy un baño. Entonces me siento bien.

그런데 sin embargo, por cierto

Se emplea **그런데** cuando el contenido de la primera frase ofrece una contextualización para la segunda. En español "sin embargo", "por cierto" y "entonces".

(1) Se emplea para indicar contraste entre dos frases. Cuando tiene este valor, su significado es idéntico al de **그렇지만**.

• 아버지는 키가 작아요. **그런데** 아들은 키가 커요.
El padre es bajo. Sin embargo, el hijo es alto.

(2) También se emplea para contextualiza el estado o acción de la segunda frase con el contenido de la primera. En español equivaldría a "entonces (para mi sorpresa)".

• 어제 명동에 갔어요. **그런데** 거기에서 영화배우를 봤어요.
Ayer fui a Myeongdong. Entonces (para mi sorpresa), vi allí a una estrella de cine.

(3) También se usa para introducir un nuevo tema en la conversación abandonando el tema del que se estaba hablando previamente.

A 올해 나이가 어떻게 되세요? ¿Cuántos años cumples este año?

B 네? 저, **그런데** 지금 몇 시예요? ¿Cómo? Por cierto, ¿qué hora es ahora?

그래도 aun así

Se emplea **그래도** para señalar que el estado o acción expresados en la segunda frase no se ve afectado por lo expresado en la primera frase. El equivalente en español sería a "aun así".

• 아까 밥을 많이 먹었어요. **그래도** 배가 고파요.
Hace un rato he comido mucho. Aun así tengo hambre.

• 5년 동안 한국에서 살았어요. **그래도** 아직 한국말을 잘 못해요.
He vivido cinco años en Corea. Aun así no puedo hablar coreano.

• 그 여자는 나를 좋아하지 않아요. **그래도** 나는 그 여자를 좋아해요.
A esa chica no le gusto. Aun así a mí ella me gusta.

Fundamentos

01 El verbo 이다 (ser)

(1) A 입니까 (= 예요) B 입니다 (= 예요)
(2) A 입니까 (= 이에요) B 입니다 (= 예요)
(3) A 입니까 (= 예요) B 입니다 (= 예요)
(4) 입니다 (= 이에요)

02 El verbo 있다 (estar, tener)

(1) 위 (2) 뒤 (3) 웨슬리 (4) 안
(5) 밑 (= 아래) (6) 댄 씨

03 Los numerales

<Numerales sinocoreanos>

(1) 공일공 칠삼팔의 삼오공구 (2) 삼십사
(3) 백칠십오 (4) 육만 이천

<Numerales autóctonos coreanos>

(1) 한 마리 (2) 한 대, 두 대 (3) 두, 한 개
(4) 네 병, 두 잔 (5) 여덟 권, 일곱

04 Las fechas y los días de la semana

(1) 이천 구년 유월 육일, 토
(2) 천구백팔십칠 년 십일월 십오일, 일
(3) 이천십삼 년 시월 십일, 목

05 Las horas

(1) 오전 일곱 시 삼십 분 (= 일곱 시 반)
(2) 오전 아홉 시 (3) 오후 한 시
(4) 오후 세 시 이십 분
(5) 오후 여섯 시 삼십 분 (= 여섯 시 반) (6) 여덟 시
(7) 열 시 (8) 열한 시

Unidad 1. Tiempo gramatical

01 Forma de presente "A/V-(스)ㅂ니다"

(1) A 먹습니까 B 네, 먹습니다 (2) 기다립니다
(3) A 읽습니까 B 네, 읽습니다
(4) B 만납니다 (5) 씁니다
(6) A 삽니까 B 네, 삽니다

02 Forma de presente "A/V-아/어요"

1 (1) A 학생이에요 B 네, 학생이에요
(2) A 의사예요 B 네, 의사예요
(3) A 책상이에요 B 네, 책상이에요
(4) A 사과예요 B 네, 사과예요

2 (1) A 봐요 B 봐요 (2) 전화해요
(3) A 읽어요 B 읽어요 (4) A 먹어요 B 먹어요
(5) 공부해요 (6) A 마셔요 B 마셔요

03 Forma de pasado "A/V-았/었어요"

(1) 만났어요 (2) 먹었어요 (3) 맛있었어요

(4) 갔어요 (5) 샀어요 (6) 쌌어요 (7) 아팠어요
(8) 불렀어요 (9) 청소했어요 (10) 봤어요
(11) 재미있었어요

04 Forma de futuro "V-(으)ㄹ 거예요" ①

(1) 갈 거예요 (2) 놀 거예요 (3) 탈 거예요
(4) 공부할 거예요 (5) 먹을 거예요
(6) 부를 거예요 (7) 쉴 거예요

05 Forma de presente continuo "V-고 있다" ①

(1) 세수하고 있어요 (2) 한국어를 배우고 있어요
(3) 밥을 먹고 있어요 (4) 반지를 찾고 있었어요

06 Forma de pluscuamperfecto "A/V-았/었었어요"

(1) 키가 작았었어요 (2) 머리가 길었었어요
(3) 고기를 안 먹었었어요 (4) 치마를 안 입었었어요

Unidad 2. La expresión de la negación

01 Palabras para negar

(1) 가 아니에요 (= 가 아닙니다)
(2) 가 없어요 (= 가 없습니다)
(3) 가 없어요 (= 가 없습니다)
(4) 몰라요 (= 모릅니다)

02 안 A/V-아/어요 (A/V-지 않아요)

(1) 안 봐요 (= 보지 않아요)
(2) 매일 운동 안 해요 (= 매일 운동하지 않아요)
(3) 안 깊어요 (= 깊지 않아요)
(4) 안 친절해요 (= 친절하지 않아요)

03 못 V-아/어요 (V-지 못해요)

(1) 못했어요 (= 하지 못했어요)
(2) 못 가요 (= 가지 못해요)
(3) 못 봤어요 (= 보지 못했어요)

Unidad 3. Desinencias

01 N이/가

1 (1) 티루엔이 (2) 유키가 (3) 부디가 (4) 댄이
2 (1) 가 (2) 이 (3) 가 (4) 이

02 N은/는

1 (1) 은 (2) 는 (3) 은 (4) 는 (5) 는 (6) 는
(7) 은 (8) 은 (9) 는 (10) 은
2 (1) 은 (2) 는 (3) 은 (4) 는 (5) 는

03 N을/를

(1) 를 (2) 를 (3) 커피를/차를 마셔요
(4) 빵을 사요

04 N와/과, N(이)랑, N하고

(1) 과 (= 이랑, = 하고) (2) 와 (= 랑, = 하고)
(3) 가족과 (= 이랑, = 하고) 여행을 할 거예요
(4) 재준 씨와 (= 이랑, = 하고)

05 N의

(1) 제 (2) 부디 씨의 (3) 김 선생님의 남편이에요
(4) 우리 어머니예요

06 N에 ①

(1) 도서관에 가요 (2) 회사에 다녀요
(3) 공원에 있어요 (4) 탁자 위에 있어요

07 N에 ②

(1) 오전 11시에 만나요 (2) 2022년 5월 13일에 왔어요
(3) 목요일에 해요 (4) 겨울에 결혼해요

08 N에서

(1) 우체국에서 일해요 (2) 서울역에서 타요
(3) 백화점에서 쇼핑할 거예요
(4) 헬스클럽에서 운동했어요

09 N에서 N까지, N부터 N까지

(1) 에서, 까지 (2) 학교에서 집까지 (자전거로)
(3) 부터, 까지 (4) 10월 8일부터 (10월)10일까지

10 N에게/한테

(1) 에게 (= 한테) (2) 에
(3) 호앙 씨에게 (= 한테) (4) 에

11 N도

(1) 도 (2) 캐럴 씨도 예뻐요
(3) 만났어요, 도 만났어요
(4) 샀어요, 구두도 샀어요

12 N만

(1) 캐럴 씨만 미국 사람이에요
(2) 부모님에게만/부모님께만 썼어요
(3) 회사에서만 일해요

13 N밖에

(1) 밖에 (2) 밖에
(3) 한 명밖에 없어요 (4) 선풍기밖에 없어요

14 N(으)로

(1) B 자전거로 C 택시로 D 지하철로 (2) 걸어서
(3) 컴퓨터로, 펜으로 (4) 로

15 N(이)나 ①

(1) 이나 (2) 이나 (= 에서나) (3) 산이나 바다에

16 N(이)나 ②

(1) 한 시간이나 (2) 세 번이나 (3) 다섯 번이나

(4) 열 마리나 (5) 여섯 잔이나

17 N쯤

(1) 일곱 시쯤 일어났어요 (2) 두 시간쯤 걸려요
(3) 2주일쯤 여행했어요 (4) 30,000원쯤 해요

18 N처럼, N같이

(1) ⓔ (2) ⓑ (3) ⓐ (4) ⓒ (5) ⓓ (6) ⓕ

19 N보다

(1) 적비 씨의 가방이 운룡 씨의 가방보다 (더) 무거워요
(2) 소파가 의자보다 더 편해요
(3) 신발이 가방보다 더 싸요
(4) 중국이 호주보다 더 가까워요

20 N마다

(1) 방학마다 고향에 가요 (2) 나라마다
(3) 토요일마다 (4) 5분마다 지하철이 와요

Unidad 4. Desinencias conjuntivas oracionales

01 A/V-고

(1) 붉고 (2) 멋있고 친절해요
(3) 운동하고, 데이트해요
(4) 요리, 하, 텔레비전, 봤어요

02 V-거나

(1) 외식을 하거나 (2) 쓰거나 (3) 물어보거나
(4) 선물을 주거나

03 A/V-지만

(1) 맵지만 맛있어요 (2) 학생이지만, 회사원이에요
(3) 바쁘지만, 한가해요 (4) 옷을 많이 입었지만 추워요

04 A/V-(으)ㄴ/는데 ①

(1) 맛있는데 비싸요 (2) 크지 않은데, 2개예요
(3) 결혼 안 했는데 (4) 먹었는데

Unidad 5. Frases temporales

01 N 전에, V-기 전에

(1) ⓓ, 회의 전에 (= 회의하기 전에)
(2) ⓒ, 식사 전에 (= 식사하기 전에, = 밥을 먹기 전에)
(3) ⓑ, 방문 전에 (= 친구 집에 가기 전에)
(4) ⓐ, 자기 전에

02 N 후에, V-(으)ㄴ 후에

(1) ⓓ, 운동 후에 (= 운동한 후에, = 운동한 다음에)
(2) ⓐ, 이사 후에 (= 이사한 후에, = 이사한 다음에)
(3) ⓑ, 내린 후에 (= 내린 다음에)
(4) ⓒ, 우유를 산 후에 (= 우유를 산 다음에)

03 V-고 나서

(1) 일어나서 (2) 샤워하고 나서 (3) 먹고 나서
(4) 가서 (5) 가르치고 나서
(6) 보고 나서 (7) 끝나고 나서 (8) 운동하고 나서
(9) 가서

04 V-아/어서 ①

(1) 만나서 (2) 가서 (3) **A** 사(서) **B** 만들어(서)
(4) 들어가서

05 N 때, A/V-(으)ㄹ 때

(1) 크리스마스 때
(2) 식사 때 (= 식사할 때 = 밥을 먹을 때)
(3) 없을 때 (4) 더울 때

06 V-(으)면서

(1) 커피를 마시면서 신문을 봐요 (= 신문을 보면서
커피를 마셔요)
(2) 노래를 하면서 샤워를 해요 (= 샤워를 하면서 노
래를 해요)
(3) 아이스크림을 먹으면서 걸어요 (= 걸으면서 아이
스크림을 먹어요)
(4) 친구를 기다리면서 책을 읽어요 (= 책을 읽으면
서 친구를 기다려요)

07 N 중, V-는 중

(1) ⓑ (2) ⓐ (3) ⓓ (4) ⓒ
(5) ⓖ (6) ⓗ (7) ⓔ (8) ⓕ

08 V-자마자

(1) ⓓ, 오자마자 (2) ⓒ, 나가자마자
(3) ⓑ, 시작하자마자 (4) ⓐ, 끝자마자

09 N 동안, V-는 동안

(1) 10분 동안 (2) 한 달 동안 (3) 요리하는 동안
(4) 자는 동안

10 V-(으)ㄴ 지

(1) 졸업한 지 (2) 결혼한 지 (3) 온 지
(4) 영어를 가르친 지 (5) 한국어를 배운 지
(6) 헬스클럽에 다닌 지 (7) 한국 여행을 한 지

Unidad 6. Capacidad y posibilidad

01 V-(으)ㄹ 수 있다/없다

(1) 고칠 수 있어요
(2) **A** 부를 수 있어요 **B** 부를 수 있어요, 출 수 있어요
(3) 걸을 수 없어요
(4) **A** 열 수 없어요 **B** 열 수 있어요

02 V-(으)ㄹ 줄 알다/모르다

1 탈 줄 알아요

2 A 둘 줄 알아요 **B** 둘 줄 알아요, 둘 줄 몰라요

3 사용할 줄 몰라요.

**Unidad 7. Mandatos y obligación,
Permiso y prohibición**

01 V-(으)세요

(1) ⓑ (2) ⓒ (3) ⓓ (4) ⓐ

02 V-지 마세요

(1) 햄버거를 먹지 마세요 (2) 담배를 피우지 마세요
(3) 커피를 마시지 마세요
(4) 컴퓨터 게임을 하지 마세요

03 A/V-아/어야 되다/하다

(1) 공항에 가야 돼요 (= 공항에 가야 해요)
(2) 프랑스어를 잘해야 돼요 (= 프랑스어를 잘해야 해요)
(3) 운전해야 돼요 (= 운전해야 해요)
(4) 12시에 출발해야 돼요 (= 12시에 출발해야 해요)
(5) 병원에 가야 됐어요 (= 병원에 가야 했어요)

04 A/V-아/어도 되다

(1) 술을 마셔도 돼요 (2) 켜도 돼요
(3) 들어가도 돼요 (4) 써도 돼요

05 A/V-(으)면 안 되다

(1) 키우면 안 돼요 (2) 마시면 안 돼요
(3) 버리면 안 돼요 (4) 들어오면 안 돼요

06 A/V-지 않아도 되다 (안 A/V-아/어도 되다)

(1) 기다리지 않아도 돼요 (= 안 기다려도 돼요)
(2) 맞지 않아도 돼요 (= 안 맞아도 돼요)
(3) 책을 사지 않아도 돼요 (= 안 사도 돼요)
(4) 일찍 일어나지 않아도 돼요 (= 일찍 안 일어나도
돼요)

Unidad 8. Expresiones del deseo

01 V-고 싶다

(1) 제주도에서 말을 타고 싶어요
(2) 가수에게 사인을 받고 싶어요
(3) 휴대 전화를 사고 싶어요
(4) 좋아하는 가수를 만나고 싶어요
(5) 쇼핑을 하고 싶어요

02 A/V-았/었으면 좋겠다

1 (1) 애인이 생겼으면 좋겠어요
(2) 세계 여행을 했으면 좋겠어요
(3) 아파트로 이사했으면 좋겠어요

2 (1) 키가 컸으면 좋겠어요
(2) 주말이었으면 좋겠어요
(3) 운동을 잘했으면 좋겠어요

한국어의 개요

1. 한국어의 문장 구조

한국어의 문장은 주어+서술어(혹은 동사)로 구성되거나 주어+목적어+서술어(혹은 동사)로 구성된다. 단어 뒤에는 조사가 오는데 조사는 그 단어가 문장에서 어떤 역할을 하는지 나타내 준다. 문장의 주어 뒤에는 '이'나 '가'가 오고, 문장의 목적어 뒤에는 '을'이나 '를'이 오며, '에'나 '에서'가 오면 문장의 부사어가 된다. (참고: 3. 조사)

문장의 서술어는 항상 문장 끝에 오지만 주어, 목적어, 부사어 등의 순서는 말하는 사람의 의도에 따라 자리가 바뀌기도 한다. 그러나 자리가 바뀌어도 단어 뒤에 나오는 조사에 의해 무엇이 주어이고 목적어인지 알 수 있다. 또한 문맥 안에서 주어를 분명히 알 수 있는 경우, 주어가 생략되기도 한다.

2. 동사와 형용사의 활용

한국어의 동사와 형용사는 시제, 높임 표현, 수동, 사동, 화법 등에 따라 활용을 한다는 특징이 있다. 동사와 형용사는 어간과 어미로 구성되는데 동사와 형용사의 기본형은 단어의 의미를 지니는 어간에 '다'가 붙으며 보통 '사전형'이라고도 한다. 따라서 사전을 찾으면 기본형인 '가다, 오다, 먹다, 입다' 등의 형태로 되어 있다. 활용을 할 때는 어간은 변하지 않고 '다'가 빠지며 '다'의 자리에 화자의 의도에 따라 다른 형태가 붙는다.

3. 문장의 연결

한국어에서 문장을 연결하는 방법은 두 가지가 있다. 접속 부사(그리고, 그렇지만, 그런데)를 사용해서 연결하는 방법과 연결 어미를 사용하는 방법이 있다. 접속 부사로 연결할 때는 문장과 문장 사이에 접속 부사를 넣으면 되지만 연결 어미를 사용할 때는 어간에 연결 어미를 붙여 문장을 연결한다.

4. 문장의 종류

한국어 문장의 종류는 크게 평서문, 의문문, 명령문, 청유문 4가지로 나뉜다. 문장은 발화될 때 장소와 대상에 따라 격식체와 비격식체(반말 포함)로 나뉠 수 있다. 격식체 '-(스)ㅂ니다'는 군대나 뉴스, 발표, 회의, 강의와 같은 격식적이거나 공식적 상황에서 많이 쓰인다. 비격식체 '-아/어요'는 일상생활에서 많이 쓰이는 존댓말의 형태이다. 격식체에 비해 부드럽고 비공식적이고 가족이나 친구 사이 등 보통 친근한 사이에서 많이 사용된다. 격식체의 경우 평서문, 의문문, 명령문, 청유문의 형태가 다 다르지만 비격식체는 격식체와는 달리 서술문, 의문형, 명령형, 청유형이 따로 없고, 대화의 상황과 억양에 따라 구분하여 비격식체가 격식체에 비해 간단하고 쉽다. 비격식체 중의 반말 '-아/어'는 친한 친구나 선후배 사이, 가족 사이에서 주로 쓰이고, 모르는 사이나 친하지 않은 사이에서 쓰면 실례가 된다. 여기에서는 격식체와 비격식체의 문장 형태만 보기로 하겠다.

(1) 평서문: 어떤 것에 대해 설명하거나 질문에 답을 할 때 사용한다. (참고: 1. 시제 01 현재 시제)
① 격식체: 격식체의 평서문은 어간에 '-(스)ㅂ니다'를 붙인다.
② 비격식체: 비격식체의 평서문은 어간에 '-아/어요'를 붙인다.

(2) 의문문: 질문할 때 사용한다. (참고: 1. 시제 01 현재 시제)
① 격식체: 격식체의 의문문은 어간에 '-(스)ㅂ니까?'를 붙인다.
② 비격식체: 비격식체의 의문문은 어간에 '-아/어요?'를 붙이는데 평서문과 형태는 같고 문장의 끝만 올리면 의문 형태가 된다.

(3) 명령문: 명령을 하거나 충고를 할 때 사용한다. (참고: 7. 명령과 의무, 허락과 금지 01 V-(으)세요)
① 격식체: 격식체의 명령문은 '-(으)십시오'를 어간에 붙여 만든다.
② 비격식체: 비격식체의 명령문은 다른 문장 형태와 같이 어미 뒤에 '-아/어요'를 붙여도 되지만, '-(으)세요'가 '-아/어요'보다 좀 더 공손한 느낌을 주므로 '-(으)세요'를 사용하는 것이 좋다.

(4) 청유문: 제안을 하거나 어떤 제안에 동의할 때 사용한다. (참고: 12. 의견 묻기와 제안하기 03 V-(으)ㅂ시다)
① 격식체: 격식체의 청유문은 어간에 '-(으)ㅂ시다'를 붙여 만든다. '-(으)ㅂ시다'는 상대방이 말하는 사람보다 아래거나 비슷한 나이나 위치일 때 사용할 수 있고, 윗사람에게는 사용할 수 없다. 윗사람에게 사용하면 예의에 어긋난 표현이 된다.
② 비격식체: 비격식체의 청유문은 비격식체의 다른 문장 형태와 마찬가지로 어간에 '-아/어요'를 붙여서 만든다.

5. 높임표현

한국은 유교적인 사고방식의 영향으로 나이, 가족 관계, 사회적인 지위, 사회적 거리(친분 관계)에 따라 상대를 높이기도 하고 낮추기도 한다.

(1) 문장의 주어를 높이는 방법: 문장에 나오는 사람이 화자보다 나이가 많을 때, 가족 중에서 웃어른일 때, 사회적 지위가 높은 사람일 때 높임말을 사용한다. 형용사나 동사 어간에 높임을 나타내는 '-(으)시-'를 붙여서 사용한다. 동사의 어간이 모음으로 끝난 경우 '-시-'를 붙이고, 모음으로 끝날 경우는 '-으시-'를 붙인다.

(2) 말을 듣는 상대를 높이는 방법: 말을 듣는 사람이 말하는 사람보다 나이가 많거나 사회적 지위가 높은 경우, 또 상대와 나이가 같거나 어려도 친분이 없는 경우에는 높임말을 쓴다. 종결어미에 따라 높임의 정도가 표현되는데 격식체, 비격식체가 그 형태이다.

(참고: 한국어의 개요 4. 문장의 종류)

(3) 그 밖의 높임법
① 몇몇 동사는 동사의 어간에 '-(으)시-'를 붙이지 않고 다른 형태의 동사로 바꿔서 높임을 표현한다.
② 높임의 의미를 가지고 있는 명사를 사용한다.
③ 사람을 가리키는 명사 뒤에 높임을 나타내는 조사를 붙인다.
④ 명사 뒤에 '-님'을 붙여서 사람을 나타내는 명사를 높인다.
⑤ 말을 듣는 상대나 행위를 받는 대상을 높일 경우 다음의 단어를 사용한다.
⑥ 말하는 사람이 듣는 상대를 높이지 않고 말하는 자신을 낮추어 상대를 높이는 방법도 있다.

(4) 높임법 사용 시 주의점
① 한국어에서는 누구에 대해 이야기하거나 그 사람을 부를 때 '당신', '너', '그', '그녀', '그들' 등의 표현을 쓰지 않고 이름이나 호칭을 여러 번 반복해서 쓴다.
② 나보다 나이가 많거나 사회적 지위가 높은 상대, 또는 모르는 사람의 이름이나 나이를 물을 때는 "성함이 어떻게 되세요?", "연세가 어떻게 되세요?" 등의 표현을 사용한다.
③ 윗사람의 나이를 말할 때 '살'을 쓰지 않는 경우가 많다.
④ '주다'의 높임말 '드리다'와 '주시다'
행동의 주체가 행동을 받는 상대보다 나이가 어릴 때는 '드리다'를 사용하고, 행동의 주체가 행동을 받는 상대보다 나이가 많을 때는 '주시다'를 사용한다.

준비합시다

01 이다
명사 뒤에 붙어 그 명사가 문장의 서술어가 되게 한다. 문장에서 주어와 술어가 동일함을 나타내거나 사물을 지정하는 뜻을 나타낸다. 격식체의 경우 서술형은 '입니다'이고 의문형은 '입니까?'이다. 비격식체의 서술형과 의문형은 '예요/이에요'로 형태가 같다. '예요/이에요'는 서술형, 끝을 올린 '예요?/이에요?'는 의문형이다. 앞 명사가 모음으로 끝날 때는 '예요', 자음으로 끝날 때는 '이에요'를 쓴다. 부정형은 '아니다'이다. (참고: 2. 부정 표현 01 어휘 부정)

02 있다
1 존재나 사물이 위치하는 곳을 나타낸다. 스페인어로는 'estar'의 뜻이다. 'N이/가 N(lugar)에 있다'의 형태로 쓰이는데, 이때 'N(lugar)에 N이/가 있다'처럼 주어와 장소가 바뀌어도 상관이 없다. 반대말은 '없다'이다. 위치를 나타낼 때 조사 '에'와 함께 사용하는 위치명사로 다음과 같은 것들이 있다. ➡ 앞, 뒤, 위, 아래(=밑), 옆(오른쪽, 왼쪽), 가운데, 사이, 안, 밖
2 '있다'는 'Sustantivo + 이/가 있다'로 쓰여 소유의 뜻을 나타내기도 한다. 스페인어로는 'tener'의 뜻이다.

반대말은 '없다'이다. (참고: 2. 부정 표현 01 어휘 부정)

03 수
〈한자 숫자〉
한국어에서 수를 나타낼 때는 두 가지 방식이 있다. 하나는 한자 숫자이고 하나는 한국 고유 숫자이다. 그중 한자 숫자는 전화번호나 버스번호, 키, 몸무게, 방 호수, 연도, 월, 시간의 분, 초, 물건의 가격 등을 표시할 때 사용한다.

> **¡Atención!**
① 한국어에서 숫자는 천(mil) 단위가 아니라 만(diez mil) 단위로 끊어서 읽는다. 그래서 354,790은 35/4970(35만 4970 → 삼십오만 사천구백칠십)으로 읽고, 6,354,790은 635/4790(635만 4790 → 육백삼십오만 사천칠백구십)으로 읽는다.
② 숫자가 1(일)로 시작할 때는 '일'을 생략하고 읽는다.
③ '16', '26', '36'…… '96'은 [심뉵], [이심뉵], [삼심뉵]…… [구심뉵]으로 발음한다.
④ '0'은 '공'이나 '영'으로 읽는데 전화번호나 휴대전화 앞 번호는 주로 '공'으로 읽는다.
⑤ 전화번호를 읽을 때는 두 가지 방법이 있다. 7804-3577 → 칠팔공사의[에] 삼오칠칠, 칠천팔백사 국의[에] 삼천오백칠십칠 번, 이때 '의'는 [의]라고 발음하지 않고 [에]로 발음한다.

〈한국 고유 숫자〉
한국 고유 숫자는 물건이나 사람을 셀 때 단위를 나타내는 명사와 함께 사용하는데 한국 고유 숫자 뒤에 '명, 마리, 개, 살, 병, 잔……' 같은 단위 명사를 붙여 사용한다. 이때 숫자 뒤에 단위명사가 오면 '하나 → 한', '둘 → 두', '셋 → 세', '넷 → 네', '스물 → 스무'로 바뀌어 '학생 한 명, 개 두 마리, 커피 세 잔, 콜라 네 병, 사과 스무 개……' 같은 형태가 된다.

04 날짜와 요일

> **¡Atención!**
① 6월과 10월은 '육월', '십월'이라고 하지 않고 '유월', '시월'이라고 읽고 쓴다.
② 연도를 물을 때는 '몇 년'이라 하고 월을 물을 때는 '몇 월'이라고 한다. 그렇지만 날짜를 물을 때는 '몇일'이라고 적지 않고 '며칠'이라고 적는다.

05 시간
• 시간은 '한 시, 두 시, 세 시, 네 시, 다섯 시, 여섯 시, 일곱 시, 여덟 시, 아홉 시, 열 시, 열한 시, 열두 시'와 같이 한국 고유 숫자로 읽고, 분은 '일 분, 이 분, 십 분……'과 같이 한자 숫자로 읽는다. 동작이 행해진 시간을 말할 때는 시간 뒤에 조사 '에'를 쓴다. (일곱 시에 일어나요.)
• A.M.은 '오전', P.M.은 '오후'의 뜻이지만, 한국에서는 보통 '오전'이라고 하면 '아침 시간'을, '오후'라고 하면 '낮 시간'을 이야기한다. 그리고 한국에서는 보통 '새벽', '아침', '점심', '저녁', '밤' 등으로 시간을 좀 더 세분화해서 말한다.

01 현재 시제 A/V-(스)ㅂ니다

한국어의 현재 시제는 격식체의 경우 어간에 '-(스)ㅂ니다'를 붙여 사용하는데, 격식체는 군대에서나 뉴스, 발표, 회의, 강의 같은 격식적이거나 공식적인 상황에서 많이 쓰인다.

02 현재 시제 A/V-아/어요

비격식체는 격식체에 비해 일상생활에서 많이 쓰이는 존댓말의 형태이다. 격식체에 비해 부드럽고 비공식적이고 가족이나, 친구 사이 등 보통 친근한 사이에서 많이 사용된다. 비격식체는 서술형과 의문형이 같다. 발음할 때, 문장의 끝을 내려 말하면 서술형이 되고, 끝을 올려 말하면 의문형이 된다.

¡Atención!

〈현재 시제 형태의 특징〉
① 한국어의 현재 시제 형태는 현재뿐만 아니라 진행형, 그리고 분명히 일어날 미래 사건에도 사용할 수 있다.
② 보편적인 진리나 습관적으로 반복되는 사실도 현재 시제로 표현한다.

03 과거 시제 A/V-았/었어요

형용사나 동사 어간에 '-았/었-'을 붙여 과거형으로 만든다. 앞 어간의 마지막 모음이 'ㅏ, ㅗ'이면 '-았어요'를, 그 외의 모음일 경우에는 '-었어요'를 붙인다. '하다'로 끝나는 동사나 형용사는 '-였어요'가 붙어 '하+였어요'가 되고 이것이 줄어들어 '했어요'가 된다. 격식체일 경우는 '-았/었습니다', '했습니다'이다.

¡Atención!

'주다'는 '주었어요', '줬어요'로도 쓰이고 '보다'도 '보았어요', '봤어요'로도 다 쓰이지만 '오다'는 '오았어요'로 쓰이지 않고 '왔어요'로만 쓰인다.

04 미래 시제 V-(으)ㄹ 거예요 ①

미래의 계획이나 예정을 나타낼 때 사용하며 스페인어로는 'ir a + infinitivo'의 뜻이다. 동사 어간에 '-(으)ㄹ거예요'를 붙이는데 모음이나 'ㄹ'로 끝나면 '-ㄹ 거예요'를, 'ㄹ' 이외의 자음으로 끝나면 '-을 거예요'를 붙인다.

05 진행 시제 V-고 있다 ①

어떤 동작이 진행되고 있음을 나타내는 표현이며 스페인어로는 'estar + gerundio'에 해당한다. 동사 어간에 '-고 있다'를 붙인다. 과거의 어느 때에 동작이 진행되고 있었음을 나타낼 때는 동사 어간 뒤에 '-고 있었다'를 사용한다.

¡Atención!

단순히 과거에 했던 동작을 나타낼 때는 단순 과거 '-았/었어요'를 쓴다.

06 대과거 A/V-았/었었어요

과거에 일어난 일이나 상황이 그 후에 계속되지 않고 현재와 다를 때나 말하는 시점보다 아주 긴 시간 전의 일이

어서 현재와 단절되어 있음을 표현할 때 사용한다. 동사나 형용사 어간의 모음이 'ㅏ, ㅗ'로 끝나면 '-았었어요', 그 외의 모음으로 끝나면 '-었었어요'가 오며, '하다'로 끝난 동사는 '했었어요'로 바뀐다.

¿Cuál es la diferencia?

- -았/었어요: 단순한 사건이나 행동이 과거에 일어났음을 나타내거나 과거에 끝난 행위나 상태가 유지됨을 나타낸다.
- -았/었었어요: 현재와 이어지지 않는 과거의 사건을 나타낸다.

Unidad 2. 부정 표현

01 어휘 부정

한국어에서 부정문은 그 문장을 부정 형태로 만드는 경우가 있고, 어휘로 부정을 하는 경우가 있다. 어휘를 사용해서 부정문을 만드는 경우에, '이다'는 '아니다'를, '있다'는 '없다'를, '알다'는 '모르다'를 쓴다. 이 중 '아니다'는 '이/가 아니다'의 형태로 쓰이는데, 구어체에서는 '이/가'가 생략되기도 한다. '아니다'의 경우 'N1이/가 아니라 N2이다'의 표현으로 쓰이기도 한다.

02 안 A/V-아/어요 (A/V-지 않아요)

- 동사나 형용사에 붙어 행위나 상태를 부정한다. 스페인어로는 'no'에 해당한다. 동사 앞에 '안'을 붙이거나 동사 어간 끝에 '-지 않아요'를 붙인다.
- '하다'로 끝나는 동사의 경우 'Sustantivo+하다'의 구성이므로 동사 앞에 '안'을 써서 'Sustantivo 안 하다'의 형태로 쓴다. 그렇지만 형용사는 '안+형용사'의 형태로 쓴다. 다만, 동사 '좋아하다', '싫어하다'의 경우는 'N+하다'의 형태가 아닌 하나의 동사이므로 '안 좋아하다/좋아하지 않다', '안 싫어하다/싫어하지 않다'의 형태로 쓴다.
- '안'이나 '-지 않다'는 서술문과 의문문에는 쓰이지만 명령문이나 청유문에는 쓰일 수 없다.

03 못 V-아/어요 (V-지 못해요)

주어의 능력이 없거나 주어의 의지나 바람은 있지만 외부의 어떤 이유 때문에 의지대로 되지 않음을 나타내는 표현이다. 스페인어로는 'no poder'에 해당한다. 동사 앞에 '못'을 붙이거나 동사 어간 끝에 '-지 못해요'를 붙인다. 그러나 'Sustantivo+하다'의 형태는 명사 뒤에 '못'이 와서 'Sustantivo+못하다'의 형태로 쓴다.

¿Cuál es la diferencia?

- '안' (-지 않다): ① 동사, 형용사와 모두 결합한다. ② 능력이나 외부 조건에 상관없이 하지 않음을 나타낸다.
- '못' (-지 못하다): ① 동사와 결합하고 형용사와는 보통 결합하지 않는다. ② 능력이 안 되거나 가능하지 않을 때 사용한다.

Unidad 3. 조사

01 N이/가

1 문장의 주어 다음에 와서 '이/가'가 붙은 말이 문장

의 주어임을 나타낸다. 모음으로 끝나는 단어 뒤에는 '가'가, 자음으로 끝나는 단어 다음에는 '이'가 온다.
2 '이/가' 앞에 오는 말을 특별히 선택하여 지적한다는 뜻을 나타낸다.
3 문장의 새 정보를 나타내는 데 쓰인다. 즉 새로운 화제를 도입할 때 쓴다.

> **¡Atención!**
> '나, 저, 누구'와 '가'가 결합할 때, '나+가 → 내가', '저+가 → 제가', '누구+가 → 누가'가 된다.

02 N은/는

1 '은/는' 앞에 오는 말이 그 문장에서 이야기하려고 하는 주제, 설명의 대상임을 나타낸다. 스페인어로 "en lo relativo", "con respecto a"에 해당한다. 단어가 모음으로 끝나면 '는'이, 자음으로 끝나면 '은'이 온다.
2 앞에서 말한 것을 다시 이야기하거나 대화하는 사람이 이미 알고 있는 것을 이야기할 때 쓴다. 즉, 구정보를 나타내는 데 쓴다.
3 두 개를 대조하거나 비교할 때 쓰는데, 주어의 자리뿐 아니라 목적어나 기타 문장의 다른 자리에도 쓰일 수 있다.

03 N을/를

명사 뒤에 붙어 그 명사가 문장의 목적어임을 나타내 준다. 명사가 모음으로 끝나면 '를', 자음으로 끝나면 '을'을 붙인다. 목적격 조사를 필요로 하는 동사로는 보통 '먹다, 마시다, 좋아하다, 읽다, 보다, 만나다, 사다, 가르치다, 배우다, 쓰다' 등이 있다. 구어에서는 목적격 조사 '을/를'을 생략하고 말하기도 한다.

> **¡Atención!**
> ① N+하다 → N하다: '공부를 하다, 수영을 하다, 운동을 하다, 산책을 하다 ……' 등은 조사 '을/를'을 생략하면 '공부하다, 수영하다, 운동하다, 산책하다……' 같이 하나의 동사가 된다. 그러나 '좋아하다' '싫어하다'는 '좋아-' '싫어-'가 명사가 아니기 때문에 '좋아하다' '싫어하다' 자체가 하나의 동사이다.
> ② 뭐 해요?: 의문대명사 '무엇'이 줄어 '무어'가 되고 이것이 또 줄어 '뭐'가 된다. 그래서 '무엇을 해요?'가 '뭐를 해요?'가 되고, 이것이 다시 '뭘 해요?'로 되고, 이것은 다시 '뭐 해요?'가 된다. '뭐 해요?'는 회화체에서 많이 사용한다.

04 N와/과, N(이)랑, N하고

1 여러 가지 사물이나 사람을 나열하는 의미를 나타내며 스페인어로는 'y'에 해당한다. '와/과'는 주로 글이나 발표, 연설 등에서 사용되고, '(이)랑'과 '하고'는 일상적인 대화에서 사용된다. 모음으로 끝나는 명사에는 '와', '랑'을 사용하고 자음으로 끝나는 명사에는 '과', '이랑'을 사용한다. '하고'는 받침의 유무와 관계없이 쓰인다.
2 행위를 함께 하는 대상임을 나타내며 스페인어로는 'con'에 해당한다. 행위를 함께 하는 대상을 나타낼 때는 주로 '같이', '함께' 등과 자주 쓰인다.

> **¡Atención!**
> ① 열거의 기능으로 쓰일 때 '(이)랑'과 '하고'는 마지막에 연결되는 명사 뒤에 쓰이기도 하지만 '와/과'는 마지막에 연결되는 명사 뒤에는 쓸 수 없다.
> ② '와/과', '(이)랑', '하고'는 동일하게 열거의 기능을 가지고 있지만 이들을 섞어서 사용하지 않는다.

05 N의

앞 단어가 뒤 단어의 소유가 됨을 나타내는 말로 스페인어로는 'de'의 의미이다. '의'가 소유의 의미일 경우 '의'의 발음은 [의]와 [에] 둘 다 가능한데 보통 [에]로 발음을 많이 한다. 구어에서는 조사 '의'가 생략되는 경우가 많다. 사람을 나타내는 명사 '나, 저, 너'의 경우에는 '나의 → 내', '저의 → 제', '너의 → 네'로 축약되며 '의'가 보통 생략되지 않는다. 소유자와 소유물 사이에 '의'를 넣어 표시한다.

> **¡Atención!**
> 한국에서는 자신이 소속감을 갖는 단체(집, 가족, 회사, 나라, 학교)에 대해서는 '나'보다는 '우리/저희'라는 말을 쓴다. 또한 가족 구성원에 대해서도 '제, 내' 대신에 '우리'라는 말을 많이 쓴다. 그러나 '동생'의 경우는 '우리 동생(nuestro/a hermano/a menor)'보다는 '내 동생' 혹은 '제 동생'을 많이 쓴다. 상대방을 높여서 표현할 때는 '우리'의 낮춤말인 '저희'를 사용하여 '저희 어머니, 저희 아버지' 등으로 말한다. 그러나 '나라'를 이야기할 때는 '저희 나라'라고 쓰지 않고 '우리나라'라고 쓴다.

06 N에 ①

1 주로 '가다', '오다', '다니다', '돌아가다', '도착하다', '올라가다', '내려가다' 등의 동사와 결합하여 행동이 진행되는 방향을 나타낸다. 스페인어로는 'a'에 해당한다.
2 '있다', '없다'와 결합하여 사람이 존재하는 곳이나 사물이 위치하는 곳을 나타내는데 스페인어로는 'en'에 해당한다. (참고: 준비합시다 02 있다)

07 N에 ②

- 시간을 나타내는 명사와 결합하여 어떤 행동이나 일, 상태가 일어나는 시간이나 때를 나타내며 스페인어로는 'a' 혹은 'en'에 해당한다. 조사 '는', '도'와 결합하여 '에는', '에도'로 사용되기도 한다.
- 시간을 나타내는 단어 중 그제(그저께), 어제(어저께), 오늘, 내일, 모레, 언제 등에는 '에'를 쓰지 않는다.

> **¡Atención!**
> 시간을 나타낼 때 시간 표현이 여러 번 겹쳐질 경우에는 마지막 한 번만 '에'를 사용한다.

08 N에서

명사 뒤에 '에서'를 붙여서 어떤 행위나 동작이 이루어지고 있는 장소를 나타낸다. 스페인어로는 'en'에 해당한다.

> **¡Atención!**
> '살다' 동사 앞에는 조사 '에'와 '에서'를 둘 다 쓸 수 있는데 조사 '에'와 '에서'가 '살다' 동사와 함께 쓰이면 의미 차이가 거의 없어진다.

¿Cuál es la diferencia?

- 에: 사람이나 사물의 동작이나 상태가 나타나는 지점을 가리키므로 주로 이동, 위치나 존재를 나타내는 동사와 함께 쓰인다.
- 에서: 어떤 행위나 동작이 이루어지고 있는 장소임을 나타내므로 여러 가지 동사와 함께 쓰인다.

09 N에서 N까지, N부터 N까지

어떤 일이나 행위가 일어나는 장소나 시간의 범위를 표현하며 스페인어로는 'desde … hasta …'에 해당한다. 장소를 나타낼 때는 보통 'N에서 N까지'를 쓰고 시간의 범위를 나타낼 때는 'N부터 N까지'를 쓴다. 때로 이 둘을 구분 없이 쓰기도 한다.

10 N에게/한테

- 사람이나 동물을 나타내는 명사에 붙어서 그 명사가 어떤 행동의 영향을 받는 대상임을 나타낸다. '에게'보다 '한테'가 더 구어적 표현이다. 선행 명사가 사람이나 동물인 경우에는 '에게/한테'를 쓰고, 사람이나 동물이 아닌 경우(식물, 물건, 장소 등)에는 '에'를 쓴다. 모든 동사에 '에게/한테' 조사를 쓸 수 있는 것은 아니고, 제한된 동사에 사용하는데 '에게/한테'를 사용하는 동사로는 '주다, 선물하다, 던지다, 보내다, 부치다, 쓰다, 전화하다, 묻다, 가르치다, 말하다, 팔다, 가다, 오다' 등이 있다.

¡Atención!

① 친구나 동생같이 아랫사람에게 무엇인가를 줄 때는 '에게 주다'라고 한다. 그러나 '할아버지나 할머니, 아버지, 어머니, 선생님, 사장님'과 같이 높여야 할 대상에게 줄 경우에는 '에게/한테'를 '께'로 바꾸고 '주다'를 '드리다'로 바꾸어 말한다. (참고 한국어의 개요 5. 높임표현)

② 다른 사람에게서 무엇인가를 받거나 배울 때는 '에게서 받다/배우다', '한테서 받다/배우다'라고 한다. 이때 '서'를 생략하고 '에게 받다/배우다', '한테 받다/배우다'라고 쓰기도 한다. 높임의 대상에게서 받거나 배울 때는 '에게서', '한테서' 대신 '께'를 사용한다.

11 N도

- 주어나 목적어 기능을 하는 명사 뒤에서 쓰여 대상을 나열하거나 그 앞의 대상에 더해짐을 나타낸다. 스페인어로 'también' 혹은 'tampoco'의 뜻이다.
- '도'가 주어 다음에 올 때는 조사 '은/는', '이/가'가 생략됩니다.
- 마찬가지로 '도'가 목적어 다음에 올 때 역시 조사 '을/를'이 생략됩니다.
- '도'는 주격 조사, 목적격 조사 외에 다른 조사와 같이 쓰일 때는 '도' 앞의 조사를 생략하지 않는다.

12 N만

- 다른 것은 배제하고 유독 그것만 선택함을 나타낸다. 스페인어로는 'solo'에 해당한다. 숫자 뒤에 붙을 경우 그 수량을 최소로 제한한다는 의미도 가진다. 다른 것을 배제하거나 선택하고자 하는 단어 뒤에 '만'을 붙여 사용한다.
- 조사 '만'은 문장에서 조사 '이/가', '은/는', '을/를' 등과 대치해서 쓸 수 있고 같이 쓸 수도 있다 이들 조사

와 같이 쓸 경우 '만' 뒤에 '이', '은', '을'이 와서 '만이', '만은', '만을'의 형태가 된다. 그러나 '이/가', '은/는', '을/를' 이외의 조사 경우에는 '만'이 뒤에 와서 '에서만', '에게만', '까지만' 등의 형태가 된다.

13 N밖에

- 다른 가능성이 없고 그것이 유일하게 선택할 수 있는 경우임을 나타낸다. 스페인어로는 'tan solo' 혹은 'nada/nadie más que'에 해당한다. '밖에' 앞에 오는 단어가 매우 적거나 작다는 느낌을 준다. 뒤에 반드시 부정 형태가 온다.
- 조사 '밖에' 뒤에는 항상 부정문이 오지만 '아니다'가 올 수 없고, '명령형', '청유형'도 올 수 없다.

¿Cuál es la diferencia?

조사 '밖에'는 조사 '만'과 비슷한 의미를 가지지만 '만'이 긍정문과 부정문이 모두 쓰이는 반면, '밖에'는 부정문과 쓰인다.

14 N(으)로

1. (어떤 장소 쪽으로의) 방향을 나타내는 조사이다. 스페인어로는 'a' 혹은 'hacia'의 뜻이다. 앞의 명사가 모음이나 'ㄹ'로 끝나면 '로'를 쓰고, 그 외의 자음으로 끝나면 '으로'를 쓴다.
2. '이동 수단', '수단', '도구', '재료'를 나타낼 때도 사용한다. 스페인어로는 'en', 'de', 'por' 혹은 'con'등을 사용한다.

¡Atención!

이동의 수단이 명사가 아닌 동사일 때는 '-아/어서'를 사용하여 '걸어서, 뛰어서, 달려서, 운전해서, 수영해서 ……' 등으로 쓴다.

¿Cuál es la diferencia?

① '차로 왔어요'와 '운전해서 왔어요'는 어떻게 다를까?

: '차로 왔어요'는 차를 타고 왔는데, 그 차를 주어가 운전할 수도 있고 다른 사람이 운전할 수도 있는 경우 다 된다. 그렇지만 '운전해서 왔어요'는 반드시 주어가 운전을 해서 오는 경우이다.

② '○○(으)로 가다'와 '○○에 가다'는 어떻게 다를까?

: '○○(으)로 가다'는 방향성에 초점을 두어 그 방향을 향해서 가는 것을 나타낸다. '○○에 가다'는 목표점에 초점을 둔다. 그래서 이때는 방향성은 없고 오직 목적지만을 나타낸다.

15 N(이)나 ①

- 둘 이상의 나열된 명사 중에서 하나를 선택한다는 의미이다. 앞의 명사가 모음으로 끝나면 '나'를 쓰고 자음으로 끝나면 '이나'를 쓴다. 형용사나 동사에는 '거나'를 쓴다.
- '(이)나'는 주격 조사 뒤에서는 주격 조사를 '이/가'를 생략하고 '(이)나'를 쓰고, 목적격 조사 뒤에서도 목적격 조사 '을/를'을 생략하고 '(이)나'를 쓴다.
- '(이)나'를 조사 '에, 에서, 에게'와 같이 쓰는 경우에는 앞 단어에 '(이)나'를 쓰고 뒤 단어에 '에, 에서, 에게'를 쓰기도 하고, 앞에서 조사에 '(이)나'를 붙여 '에나, 에서나, 에게나'를 쓰기도 한다. 그러나 '(이)나'를 한 번 사용하는 것이 더 자연스럽다.

⑯ N(이)나 ②

수량이 기대하는 것보다 상당히 많거나 혹은 보통 사람들이 생각하는 일반적인 수준을 넘었음을 나타낸다. 스페인어로는 'al menos', 'como mínimo', 'nada menos' 혹은 'no menos de'에 해당한다. 모음으로 끝나는 단어 다음에는 '나'가 오고, 자음으로 끝나는 단어 다음에는 '이나'가 온다.

¿Cuál es la diferencia?

조사 '밖에'가 수량이 기대한 것보다 적거나 일반적인 기준에 미치지 못함을 나타내는 반면, 조사 '(이)나'는 수량이 기대한 것보다 많거나 일반적인 기준을 넘음을 나타낸다. 같은 수량에 대해 사람에 따라 그것이 기대보다 적다고 느낄 수도 있고, 많다고도 느낄 수 있는데 이때 '밖에'와 '(이)나'를 사용해서 표현할 수 있다.

⑰ N쯤

시간, 양(cantidad), 숫자 뒤에 쓰여서 대략적인 것을 나타낸다. 스페인어로는 'aproximadamente', 'más o menos', 'alrededor de'에 해당한다.

¡Atención!

대략적인 가격을 말할 때 'N쯤이다'보다는 'N쯤 하다'로 많이 쓴다.

⑱ N처럼, N같이

어떤 모양이나 행동이 앞의 명사와 같거나 비슷함을 나타낸다. 스페인어로는 'como'에 해당한다.

¡Atención!

'처럼/같이'는 보통 동물이나 자연물에 비유해서 특징을 표현하기도 한다. 그래서 무서운 사람을 '호랑이처럼 무섭다', 귀여운 사람을 '토끼처럼 귀엽다', 느린 사람이나 행동을 '거북이처럼 느리다', 뚱뚱한 사람을 '돼지처럼 뚱뚱하다', 마음이 넓은 사람을 '바다처럼 마음이 넓다' 등으로 비유해서 말한다.

⑲ N보다

'보다' 앞에 오는 말이 비교의 기준이 되는 대상임을 나타내며 스페인어로는 'más … que'에 해당한다. 명사 뒤에 '보다'를 붙여서 'N이/가 N보다 -하다'의 형태로 쓰는데 주어와 '보다'의 위치를 바꿔서 'N보다 N가 -하다'의 형태로도 쓸 수 있다. 보통 '더', '덜' 등의 부사와 함께 쓰이는데 이들은 생략이 가능하다.

⑳ N마다

1 시간을 나타내는 말에 붙어서 일정한 기간에 비슷한 행동이나 상황이 반복됨을 나타낸다. 스페인어로는 'cada'에 해당한다.

2 하나도 빠짐없이 모두를 나타낸다. 스페인어로는 'cada' 혹은 'todo/a'의 뜻이다. 명사 다음에 '마다'를 붙인다.

¡Atención!

① '날마다, 일주일마다, 달마다, 해마다'는 '매일, 매주, 매월/매달, 매년'으로 바꾸어 쓸 수 있다.
② '집'은 '집마다'라고 하지 않고 '집집마다'로 말한다.

① A/V-고

1 두 가지 이상의 행동이나 상태, 사실을 나열하는 표현이며 스페인어로는 'y'에 해당한다. 동사나 형용사 어간 뒤에 '-고'를 붙인다.

2 선행절의 행동을 하고 후행절의 행동을 한다는 의미를 나타내며 스페인어로는 'y (luego)'에 해당한다. 시제는 앞 문장에 표시하지 않고 뒷 문장에 표시한다. (참고 5. 시간을 나타내는 표현 03 V-고 나서)

¡Atención!

동일 주어로 두 가지 이상의 사실을 나열할 때는 'N도 R.V.이고 N도 V'의 형태로 쓰인다.

② V-거나

동사나 형용사 뒤에 붙어 앞이나 뒤의 것 중에서 하나를 선택함을 나타낸다. 스페인어로는 'o'의 뜻이다. 보통 두 내용이 연결되지만 세 가지 이상의 내용을 연결하여 사용할 수도 있다. 동사나 형용사 어간 뒤에 '-거나'를 붙여 쓴다. 명사 다음에는 '이나'가 온다. (참고: 3. 조사 15 N(이)나 ①)

③ A/V-지만

선행절의 내용과 반대되는 내용을 후행절에서 이어서 말할 때 사용한다. 스페인어로는 'pero'에 해당한다. 동사와 형용사의 어간 뒤에 '-지만'을 붙인다. 과거의 경우 '-았/었지만'을 붙인다.

④ A/V-(으)ㄴ/는데 ①

선행절의 내용과 반대되거나 대조되는 상황이나 결과가 뒤에 이어질 때 사용하며 스페인어로는 'pero'에 해당한다. 형용사 현재일 때 어간이 모음으로 끝나면 '-ㄴ데', 자음으로 끝나면 '-은데'와 결합한다. 동사 현재, 동사 과거형과 '있다/없다'는 모두 '-는데'와 결합한다.

① N 전에, V-기 전에

'일정한 시간 전'이나 '어떤 행동 이전에'라는 뜻으로 스페인어로는 'antes', 'hace'가 이에 해당한다. 'Cantidad de tiempo 전에', 'Sustantivo 전에', 'V-기 전에'로 사용한다. 'Sustantivo 전에'는 주로 '하다'가 붙는 명사와 쓰인다. 그래서 같은 뜻의 동사에 '-기 전에'를 붙여 써도 괜찮다(식사 전에, 식사하기 전에). 그렇지만 '하다'가 붙지 않는 동사는 '-기 전에'만 쓸 수 있다.

¿Cuál es la diferencia?

'1시 전에'와 '1시간 전에'는 어떻게 다를까?

- 1시 전에 오세요. (12시 50분에 와도 좋고, 12시나 11시에 와도 좋다는 뜻. 다만 1시가 되기 전까지 오라는 뜻)
- 1시간 전에 오세요. (약속 시간이 3시라면 1시간 전인 2시에 오라는 뜻)

02 N 후에, V-(으)ㄴ 후에

'일정한 시간 다음'이나 '어떤 행동의 다음'이라는 뜻으로 스페인어로는 'dentro de', 'después de'가 이에 해당한다. 'cantidad de tiempo 후에', 'N 후에', 'V-(으)ㄴ 후에'로 사용한다. 동사의 어간이 모음으로 끝날 때는 '-ㄴ 후에' 'ㄹ'로 끝날 때는 'ㄹ'을 삭제하고 '-ㄴ 후에', 동사의 어간이 'ㄹ' 이외의 자음으로 끝날 때는 '-은 후에'를 쓴다. '-(으)ㄴ 후에'는 '-(으)ㄴ 다음에'로 바꿔 쓸 수 있다.

> **¿Cuál es la diferencia?**

'1시 후에'와 '1시간 후에'는 어떻게 다를까?

- 1시 후에 오세요. (1시 10분에 와도 좋고, 2시나 3시 혹은 그 이후에 와도 좋다는 뜻. 다만 1시가 넘은 다음에 오라는 뜻)
- 1시간 후에 오세요. (약속 시간이 3시라면 1시간 후인 4시에 오라는 뜻)

03 V-고 나서

- 하나의 행동이 끝나고 그 다음의 행동이 이어진다는 뜻으로 스페인어의 'hacer (algo) después de', 'hacer (algo) y luego'에 해당한다. '-고 나서'는 "일을 하고 나서 쉬세요."를 "일을 하고 쉬세요."처럼 '나서'를 생략한 '-고'의 형태로 사용하기도 한다. 그렇지만 '-고 나서'가 '-고'보다 앞 행위가 끝났음을 분명하게 드러내 준다.
- '-고 나서'는 시간적인 순서를 나타내기 때문에 동사와만 쓸 수 있다. 그리고 선행절의 주어와 후행절의 주어가 같은 경우 '가다, 오다, 들어가다, 들어오다, 나가다, 나오다, 올라가다, 내려가다' 등의 이동 동사와 '일어나다, 앉다, 눕다, 만나다' 등의 동사에는 '-고', '-고 나서'를 쓰지 않고 '-아/어서'를 사용한다.

04 V-아/어서 ①

- 시간의 선후 관계를 나타내는 연결어미로 앞의 행위가 일어난 상태에서 뒤의 행위가 일어남을 나타낸다. 이때 앞의 행위와 뒤의 행위는 아주 밀접한 관계에 있어서 앞의 행위가 일어나지 않으면 뒤의 행위도 일어날 수 없다. 스페인어로는 'y' 혹은 'así que'의 뜻이다. '-아/어서'에서 '서'를 생략한 형태로 쓰이기도 한다. 어떤 동사의 경우(가다, 오다, 서다)에는 '서'를 생략하지 않고 사용한다. 어간이 'ㅏ' 또는 'ㅗ'로 끝나면 '-아서'를 쓰고, 그 외의 모음으로 끝나면 '-어서'를 붙이고, '하다' 동사일 경우에는 '해서'가 된다.
- 과거나 현재, 미래일 때 시제는 앞의 동사에는 쓰지 않고, 뒤의 동사에만 쓴다.

> **¿Cuál es la diferencia?**

① 시간의 선후 관계를 나타내는 연결어미 '-아/어서'와 비슷한 것으로 '-고'가 있다. '-아/어서'가 주로 앞의 행위와 뒤의 행위가 밀접한 관계에 있을 때 사용되는 반면, '-고'는 앞의 행위와 뒤의 행위가 연관성 없이 시간적인 선후 관계만을 나타낼 때 사용된다.

② 착용동사(입다, 신다. 쓰다, 들다……)와 함께 쓸 때는 '-아/어서' 대신에 '-고'를 쓴다.

05 N 때, A/V-(으)ㄹ 때

동작이나 상태가 진행되는 때나 진행되는 동안을 나타낸다. 명사로 끝날 때는 '때'를 쓰고, 동사의 어간이 모음이나 'ㄹ'로 끝나면 '-ㄹ 때', 그 외의 자음으로 끝나면 '-을 때'를 쓴다.

> **¡Atención!**

오전, 오후, 아침, 요일에는 '때'가 붙지 않는다.

> **¿Cuál es la diferencia?**

'크리스마스에'와 '크리스마스 때'는 어떻게 다를까?

: 일부 명사(저녁, 점심, 방학……)는 'N 때'와 'N에'를 같은 의미로 쓰기도 한다. 그러나 크리스마스, 추석, 명절 …… 같은 일부 명사는 뜻이 달라지는데 'N에'는 그날 당일을 말하고 'N 때'는 그 날을 전후한 즈음을 말한다. 즉, '크리스마스에'는 크리스마스 날인 12월 25일에를 의미하지만, '크리스마스 때'는 크리스마스인 12월 25일을 전후하여 전날이나 다음 날 즉 그 즈음을 포함하여 말하는 것이다.

06 V-(으)면서

- 앞의 동사와 뒤의 동사의 행위나 상태가 동시에 일어나는 것을 나타낸다. 스페인어로는 'mientras'의 뜻이다. 동사의 어간이 모음이나 'ㄹ'로 끝나면 '-면서', 그 외 자음으로 끝나면 '-으면서'를 붙인다.
- 선행절의 주어와 후행절의 주어는 같다. 즉 같은 사람이어야 한다.
- 선행절의 동사와 후행절 동사의 주어가 다를 때에는 '-는 동안'을 쓴다.
- '-(으)면서' 앞에 오는 동사에는 과거, 미래 시제는 붙지 않는다. 항상 현재로 쓴다.

07 N 중, V-는 중

동작의 내용을 나타내는 명사와 사용하여 지금 어떤 행위를 하는 도중에 있음을 뜻한다. 스페인어로는 'en pleno/a' 혹은 'en medio de'의 뜻이다. 명사 다음에는 '중' 동사 다음에는 '-는 중'을 쓴다.

> **¡Atención!**

'-는 중이다'와 '-고 있다'는 비슷하게 사용한다. 그렇지만 '-고 있다'는 주어 제약이 없는 반면 '-는 중이다'는 자연물 주어는 오지 못한다.

08 V-자마자

- 어떤 사건이나 행동이 끝나고 바로 뒤의 행동이 일어남을 뜻한다. 동사의 어간 뒤에 '-자마자'를 붙인다. 스페인어로는 'en cuanto' 혹은 'nada más'의 뜻이다.
- 선행절의 주어와 후행절의 주어는 같아도 되고 달라도 된다.
- 선행절의 동사에는 시제를 표시하지 않고, 후행절의 동사에 표시한다.

09 N 동안, V-는 동안

- 어느 한 때부터 어느 한 때까지나 어느 행동을 시작해서 그 행동이 끝날 때까지 시간의 길이를 나타낸다. 스페인어로는 'durante'의 뜻이다. 명사 다음에는 '동안' 동사 다음에는 '-는 동안'이 온다.

• 'V-는 동안'의 형태로 쓰일 경우 앞 동사의 주어와 뒤 동사의 주어는 같아도 되고 달라도 된다.

'-(으)면서'와 '-는 동안'은 어떻게 다를까?
: -(으)면서는 한 사람이 두 개 이상의 동작을 동시에 할 때 쓴다. 그러나 '-는 동안(에)'는 선행절의 주어와 후행절의 주어가 다를 때에도 사용할 수 있다. 즉 선행절의 주어가 어떤 행동을 하는 시간에 후행절의 주어도 어떤 행동을 할 때도 사용할 수 있다.
  • -(으)면서: 선행절과 후행절의 주어가 같아야 한다.
  • -는 동안에: 선행절의 주어와 후행절의 주어가 달라도 된다.

⑩ V-(으)ㄴ 지

이것은 사건의 발생 시점으로부터 시간이 얼마나 지났는지를 나타낸다. 스페인어로는 'hace + tiempo que', 'llevar + tiempo + gerundio'에 해당한다. '-(으)ㄴ 지 … 되다', '-(으)ㄴ 지 … 넘다', '-(으)ㄴ 지 … 안 되다' 등으로 사용된다. 동사의 어간이 모음이나 'ㄹ'로 끝날 때는 '-ㄴ 지'를, 그 외의 자음으로 끝날 때는 '-은 지'를 붙인다.

Unidad 6. 능력과 가능

① V-(으)ㄹ 수 있다/없다

능력이나 가능성을 나타낸다. 능력이나 가능성이 있을 때는 '-(으)ㄹ 수 있다'를, 능력이나 가능성이 없을 때는 '-(으)ㄹ 수 없다'를 쓴다. 스페인어로는 'poder'의 뜻이다. 동사의 어간이 모음이나 'ㄹ'로 끝날 때는 '-ㄹ 수 있다/없다'를 쓰고, 그 외의 자음으로 끝날 때는 '-을 수 있다/없다'를 쓴다.

'-(으)ㄹ 수 있다/없다'에 보조사 '-가'를 붙여 '-(으)ㄹ 수가 있다/없다'로 쓰면 '-(으) 수 있다/없다'보다 뜻이 강조된다.

② V-(으)ㄹ 줄 알다/모르다

• 이것은 어떤 행위의 방법을 아는지 모르는지, 또는 능력이 있는지 없는지를 나타낸다. 동사의 어간이 모음이나 'ㄹ'로 끝날 때는 '-ㄹ 줄 알다/모르다'를 쓰고, 그 외의 자음으로 끝날 때는 '-을 줄 알다/모르다'를 쓴다. 스페인어로는 'saber/no saber + infinitivo'의 뜻이다.

• -(으)ㄹ 줄 알다/모르다: 어떤 행위의 방법을 아는지 모르는지, 또는 능력이 있는지 없는지를 나타낸다.
• -(으)ㄹ 수 있다/없다: 어떤 일을 할 수 있는 능력뿐만 아니라 그 일을 할 수 있는 상황인지 아닌지를 나타낼 때도 사용한다.

Unidad 7. 명령과 의무, 허락과 금지

① V-(으)세요

• 듣는 사람에게 어떤 일을 할 것을 공손하게 부탁하거나 요청, 지시 혹은 명령할 때 사용하며 스페인어로는 'usted(es)'의 명령형에 해당한다. 이러한 상황에서 '-아/어요'로 표현할 수도 있지만 '-(으)세요'가 '-아/어요'보다 좀 더 공손한 느낌을 준다. 어간이 모음으로 끝나면 '-세요'를, 자음으로 끝나면 '-으세요'를 붙인다. 그러나 몇몇 단어의 경우 특별한 형태로 바뀐다. 격식체는 '-(으)십시오'를 사용한다.
• 명령을 나타내는 '-(으)세요'는 '이다'와 '형용사'에는 쓸 수 없고 동사에만 쓸 수 있다.
  그러나 몇몇 '하다'가 붙는 형용사에는 관용적으로 '-으세요'가 붙어서 사용되기도 한다.

② V-지 마세요

• '-지 마세요'는 듣는 사람에게 어떤 행동을 하지 않도록 요청, 설득, 지시, 혹은 명령할 때 사용한다. 이것은 '-(으)세요'의 부정형으로, 스페인어로는 접속법을 사용하여 표현한다. 동사의 어간에 '-지 마세요'를 붙여 사용한다. 격식체는 '-지 마십시오'이다.
• '-지 마세요'는 '이다'와 '형용사'에는 쓸 수 없고 동사에만 쓸 수 있다.

③ A/V-아/어야 되다/하다

어떤 일을 꼭 할 의무나 필요가 있거나 반드시 어떤 조건이 필요하다는 것을 나타낸다. 스페인어로는 'deber' 혹은 'tener que'이다. 어간의 모음이 'ㅏ, ㅗ'로 끝나면 '-아야 되다/하다', 그 외 모음으로 끝나면 '-어야 되다/하다'가 오며, '하다'로 끝난 동사는 '해야 되다/하다'로 바뀐다. 과거형은 '-아/어야 됐어요/했어요'이다.

'-아/어야 되다/하다'의 부정 형태는 할 필요가 없다는 의미의 '-지 않아도 되다'와 어떤 행동에 대한 금지를 나타내는 표현인 '-(으)면 안 되다'가 있다.

④ A/V-아/어도 되다

어떤 행동이나 상태에 대한 허락이나 허용을 나타낸다. 스페인어로는 'poder', 'estar permitido'에 해당한다. 어간의 모음이 'ㅏ, ㅗ'로 끝나면 '-아도 되다', 그 외의 모음으로 끝나면 '-어도 되다'가 오며, '하다'로 끝난 동사는 '해도 되다'로 바뀐다. '-아/어도 되다' 대신 '-아/어도 괜찮다', '-아/어도 좋다'로도 쓸 수 있다.

⑤ A/V-(으)면 안 되다

듣는 사람의 특정 행동을 금지하거나 제한함을 나타낸다. 그리고 사회 관습적으로 혹은 상식적으로 어떤 행동이나 상태가 금지되어 있거나 용납되지 않음을 나타내기도 한다. 스페인어로는 'no poder' 혹은 'no estar permitido'에 해당한다. 어간이 모음이나 'ㄹ'로 끝나면 '-면 안 되다'를, 'ㄹ' 이외의 자음으로 끝나면 '-으면 안 되다'를 쓴다.

'-(으)면 안 되다'를 이중부정하여 '-지 않으면 안 되다'로 말하는 경우가 있는데, 이것은 어떤 행동을 반드시 해야 한다는 뜻을 강조해서 표현하는 것이다.

06 A/V-지 않아도 되다 (안 A/V-아/어도 되다)

어떤 상태나 행동을 꼭 할 필요가 없음을 나타낸다. 어떤 행동에 대한 의무를 나타내는 '-아/어야 되다/하다'의 부정 형태이다. 스페인어로는 'no tener que', 'no ser necesario', 'no hacer falta'에 해당한다. 어간 뒤에 '-지 않아도 되다'를 붙이거나 '안 -아/어도 되다'로 표현한다. (참고 16. 조건과 가정 03 A/V-아/어도)

Unidad 8. 소망 표현

01 V-고 싶다

말하는 사람이 원하거나 바라는 내용을 나타낸다. 스페인어로는 'querer'에 해당한다. 동사의 어간에 '-고 싶다'를 붙여서 사용한다. 주어가 1, 2인칭일 경우 '-고 싶다'를 3인칭일 경우에는 '-고 싶어 하다'를 쓴다. (참고 ¡Atención!).

¡Atención!

① 주어가 3인칭일 때는 '-고 싶어 하다'를 쓴다. (참고 18. 품사 변화 04 A-아/어하다)

② '-고 싶다'는 형용사와 결합할 수 없으나 형용사 뒤에 '-아/어지다'가 붙어 동사가 되면 '-고 싶다'를 쓸 수 있다. (참고 19. 상태를 나타내는 표현 03 A-아/어지다)

③ '-고 싶다'는 조사 '을/를'이나 '이/가'와 모두 결합할 수 있다. (참고 18. 품사 변화 04 A-아/어하다)

02 A/V-았/었으면 좋겠다

아직 이루어지지 않은 일에 대한 자신의 소망이나 바람을 나타낸다. 또, 현재 상황과 반대되는 상황을 바라는 마음을 가정해서 이야기할 때도 사용한다. 스페인어로는 'ojalá', 'me gustaría'에 해당한다. 어간의 모음이 'ㅏ, ㅗ'로 끝나면 '-았으면 좋겠다', 그 외의 모음으로 끝나면 '-었으면 좋겠다'가 오며, '하다'로 끝난 동사와 형용사는 '-했으면 좋겠다'로 바뀐다. '-았/었으면 좋겠다' 이외에 '-았/었으면 하다'도 사용되는데, '-았/었으면 좋겠다'가 소망과 바람을 더욱 강하게 표현한다.

¡Atención!

'-았/었으면 좋겠다'와 같은 뜻으로 '-(으)면 좋겠다'도 사용되는데 '-았/었으면 좋겠다'는 바람이 아직 이루어지지 않은 상태에서 이미 이루어진 상황을 가정하여 서술하기 때문에 동사를 강조하는 느낌이 있다.

Unidad 9. 이유와 원인

01 A/V-아/어서 ②

- '-아/어서'의 앞에 오는 내용이 후행절의 이유나 원인을 나타내는 표현으로 스페인어어로는 종속 접속사 'como'에 해당한다. 어간의 모음이 'ㅏ, ㅗ'로 끝나면 '아서', 그 외의 모음으로 끝나면 '어서'가 오며, '하다'로 끝난 동사는 '해서'로 바뀐다. '이다'의 경우 '이어서'가 되지만 대화에서는 '이라서'로 많이 쓰인다.
- '-아/어서'는 명령문이나 청유문에는 쓸 수 없다.

- '-아/어서' 앞에는 '-았/었-'이나 '-겠-' 등의 시제가 올 수 없다.

02 A/V-(으)니까 ①

이유나 원인을 나타내는 표현으로 스페인어로는 'porque', 'como' 혹은 'a causa de que'에 해당한다. 어간이 모음이나 'ㄹ'로 끝나면 '-니까'를, 자음으로 끝나면 '-으니까'를 붙인다.

¿Cuál es la diferencia?

- -아/어서: ① 명령문이나 청유문에는 쓸 수 없다. ② '-았/었-'이나 '-겠-' 등의 시제가 올 수 없다. ③ 주로 일반적인 이유를 말할 때 쓰인다. ④ '반갑다', '고맙다', '감사하다', '미안하다' 등과 함께 쓰이는 인사말에 쓸 수 있다.
- -(으)니까: ① '-(으)세요', '(으)ㄹ까요?', '(으)ㅂ시다' 등 명령문이나 청유문이 올 수 있다. ② '-았/었-'이나 '-겠-' 등의 시제가 올 수 있다. ③ 주관적인 이유를 말하거나 어떤 근거를 제시해서 이유를 밝힐 때 또, 상대방도 알고 있는 내용을 말할 때 주로 쓰인다. ④ '반갑다', '고맙다', '감사하다', '미안하다' 등과 함께 쓰이는 인사말과 쓸 수 없다.

03 N 때문에, A/V-기 때문에

- 후행절의 이유나 원인을 나타내는 표현으로 스페인어로는 'por', 'a causa de', 'por culpa de', 'ya que'에 해당한다. '-기 때문에'는 확실한 이유를 표현할 때 쓰이며 '-아/어서'나 '-(으)니까'와 비교했을 때 문어체에서 주로 쓰인다. 앞에 명사가 올 경우 '때문에'와 결합하고 동사나 형용사가 올 경우 '-기 때문에'와 결합한다.
- '-기 때문에'는 명령문이나 청유문에는 쓸 수 없다.

¿Cuál es la diferencia?

- N 때문에: 아기 때문에 밥을 못 먹어요. (아기가 잠을 안 자고 계속 우는 등의 이유로 (내가) 밥을 못 먹어요.)
- 학생 때문에 선생님이 화가 나셨어요. (학생이 거짓말을 했어요. 그래서 선생님이 화가 나셨어요.)

Unit 10. 요청하기와 도움 주기

01 V-아/어 주세요, V-아/어 주시겠어요?

다른 사람에게 어떤 행동을 해 줄 것을 요청함을 나타내며 스페인어로는 명령형 뒤에 'por favor'를 붙이거나, 질문 형태로 문두에 '¿Podría…?' 혹은 '¿Le importaría…?'를 써서 표현한다. '-아/어 주시겠어요?'가 '-아/어 주세요'보다 상대방을 좀 더 배려하는 공손한 느낌의 표현이다. 도움의 행위를 받는 대상이 윗사람이나 공손하게 대해야 할 사람인 경우 '-아/어 드리세요'를 사용한다. 어간의 모음이 'ㅏ, ㅗ'로 끝나면 '-아 주세요/주시겠어요?', 그 외의 모음으로 끝나면 '-어 주세요/주시겠어요?'가 오며, '하다'로 끝난 동사는 '-해 주세요/주시겠어요'로 바뀐다.

¡Atención!

'-아/어 주다, 드리다'는 문장의 주어나 화자가 청자 또는 행위를 받는 대상에게 도움이 되는 행동을 할 때 사용하는데 도움을 이미 준 상태에서는 '-아/어 줬어요'나 '-아/어 드렸어요'가 쓰인다.

❷ V−아/어 줄게요, V−아/어 줄까요?

다른 사람에게 도움을 주려고 할 때의 표현이며 스페인어로는 '¿Quiere(s) que…?' 혹은 '¿Le/Te ayudo a…?'에 해당한다. 행위를 받는 대상이 윗사람인 경우 '−아/어 드릴게요'나 '−아/어 드릴까요?'를 사용한다. 어간의 모음이 'ㅏ, ㅗ'로 끝나면 '−아 줄게요/줄까요?', 그 외의 모음으로 끝나면 '−어 줄게요/줄까요?'가 오며, '하다'로 끝난 동사는 '해 줄게요/줄까요?'로 바뀐다.

¿Cuál es la diferencia?

- −(으)세요: 단순히 명령하거나 듣는 사람을 위해서 어떤 행동을 할 것을 요구한다.
- −아/어 주세요: 말하는 사람을 위해 어떤 행동을 할 것을 요청한다.

Unidad 11. 시도와 경험

❶ V−아/어 보다

어떤 행동을 시도하거나 경험함을 나타내는 표현으로 스페인어로는 'probar', 'intentar'에 해당한다. 어간의 모음이 'ㅏ, ㅗ'로 끝나면 '−아 보다', 그 외의 모음으로 끝나면 '−어 보다'를 쓰며, '하다'로 끝난 동사는 '해 보다'로 바뀐다. 보통 현재 시제로 쓰이면 '시도'를, 과거 시제로 쓰이면 '경험'을 나타낸다.

❷ V−(으)ㄴ 적이 있다/없다

- 과거에 어떤 행동을 경험한 일이 있고 없음을 나타내는 표현으로 스페인어로는 현재 완료 시제를 써 표현한다. 경험이 있을 때는 '−(으)ㄴ 적이 있다'를 쓰고, 경험한 일이 없으면 '−(으)ㄴ 적이 없다'를 쓴다. 어간이 모음으로 끝나면 '−ㄴ 적이 있다/없다'를, 어간이 자음으로 끝나면 '은 적이 있다/없다'를 붙인다. '−(으)ㄴ 일이 있다/없다'도 같은 뜻으로 쓰이나 주로 '−(으)ㄴ 적이 있다/없다'가 많이 쓰인다.
- '−(으)ㄴ 적이 있다'는 '−아/어 보다'와 결합하여 '−아/어 본 적이 있다'의 형태로도 많이 쓰이는데 그 의미는 어떤 시도를 해 본 경험을 나타낸다.

¡Atención!

'−(으)ㄴ 적이 있다'는 항상 반복되거나 일반적인 일에는 쓰지 않는다.

Unidad 12. 의견 묻기와 제안하기

❶ V−(으)ㄹ까요? ①

말하는 사람이 듣는 사람에게 어떤 것을 같이 할 것을 제안하거나 의향을 물을 때 사용한다. 주어로는 '우리'가 오는데 보통 생략이 많이 된다. 이는 스페인어로 표현할 때에도 마찬가지이다. 대답은 청유 형태인 '−(으)ㅂ시다'나 '−아/어요'가 온다. (참고 12. 의견 묻기와 제안하기 03 V−(으)ㅂ시다) 어간이 모음이나 'ㄹ'로 끝나면 '−ㄹ까요?', 그 외 자음으로 끝나면 '−을까요?'가 온다.

❷ V−(으)ㄹ까요? ②

듣는 사람에게 말하는 사람의 의견을 제시하거나 혹은 듣는 사람의 의견을 물어볼 때 사용하는데 주어는 '제가'나 '내가'가 되며 생략할 수 있다. 스페인어로는 '¿Quiere(s) que…?'에 해당한다. 대답은 명령 형태인 '−(으)세요'나 '−(으)지 마세요'가 온다. 어간이 모음이나 'ㄹ'로 끝나면 '−ㄹ까요?', 'ㄹ' 이외의 자음으로 끝나면 '−을까요?'가 온다.

❸ V−(으)ㅂ시다

어떤 일을 같이 하자고 제안하거나 제의할 때 사용하는데 스페인어로는 접속법 현재를 써서 표현한다. 어간이 모음이나 'ㄹ'로 끝나면 '−ㅂ시다', 그 외 자음으로 끝나면 '−읍시다'를 붙인다. 한편, 어떤 것을 하지 말자고 제안할 때는 '−지 맙시다' 혹은 '−지 마요'로 말한다.

¡Atención!

'−(으)ㅂ시다'는 공식적인 자리에서 여러 사람에게 요청 · 권유할 때 사용하거나 상대방이 말하는 사람보다 나이나 지위가 손아래이거나 비슷한 경우에 사용할 수 있고, 윗사람에게는 사용할 수 없다. 윗사람에게 사용하면 예의에 어긋난 표현이 된다. 윗사람에게는 '같이 −(으)세요' 정도가 적당하다.

❹ V−(으)시겠어요?

정중하게 상대방에게 권하거나 상대방의 의향이나 의도를 물어보는 데 사용한다. 스페인어로는 '¿Querría (que)…?' 혹은 '¿Le gustaría (que)…?'에 해당한다. '−(으)ㄹ래요?/−(으)실래요?'보다 상당히 격식적이고 정중한 느낌을 준다. 동사의 어간이 모음으로 끝나면 '−시겠어요?', 자음으로 끝나면 '−으시겠어요?'를 붙인다.

❺ V−(으)ㄹ래요? ①

듣는 사람의 의견이나 의도를 물어보거나 가볍게 부탁할 때 사용한다. 구어에서 많이 쓰이는 말로 친근한 사이에서 많이 사용하며 '−으시겠어요?'보다 정중한 느낌을 주지는 않는다. 스페인어로는 'querer'와 'apetecer' 동사를 활용한 의문문을 써서 표현한다: '¿Quiere(s)…?', '¿Te/Le apetece…?' '−(으)ㄹ래요?'로 질문을 한 경우 '−(으)ㄹ래요', '−(으)ㄹ게요'로 대답할 수 있으며 '−(으)ㄹ래요?' 대신 '−지 않을래요? (안 −(으)ㄹ래요?)'로도 질문할 수 있는데, 부정 형태이지만 '−(으)ㄹ래요?'와 뜻은 같다. 친근하지만 좀 더 공손하게 말을 하고 싶으면 '−(으)실래요?'로 하면 좋다. 동사의 어간이 모음이나 'ㄹ'로 끝나면 '−ㄹ래요?', 'ㄹ' 이외의 자음으로 끝나면 '−을래요?'를 붙인다.

Unidad 13. 의지와 계획

❶ A/V−겠어요 ①

1 동사 뒤에 붙어서 말하는 사람이 어떤 것을 할 것이라는 의지나 의도를 나타낸다. 스페인어로는 'ir a + infinitivo' 혹은 'pensar + infinitivo'에 해당한다. 동사 어간에 '−겠어요'를 붙여 사용하며 부정 형태는 '−지 않겠어요'나 '안 −겠어요'가 된다. '−겠어요'가

의도나 의지를 나타날 때 주어로 3인칭이 올 수 없다.

2 어떠한 일이 곧 일어날 것이라는 정보를 줄 때 사용한다. 스페인어로는 미래시제를 써서 표현한다.

¡Atención!

① 아래와 같은 상황에서 관용적으로 '-겠-'이 쓰인다.
: 처음 뵙겠습니다. 이민우입니다. / 잘 먹겠습니다. / 어머니, 학교 다녀오겠습니다.
② 말하는 사람의 생각을 단정적으로 말하지 않고 부드럽고 공손하게 말할 때 쓴다.

02 V-(으)ㄹ게요

- 말하는 사람이 자신의 결심이나 다짐, 의지를 상대방에게 약속하듯 이야기할 때 혹은 상대방과 어떤 것을 약속할 때 사용한다. 또한 말하는 사람이 무엇을 하겠다는 것을 말하기도 한다. 스페인어로는 동사의 미래시제를 써서 표현한다. 구어에서 쓰며 비교적 친한 사이에서 많이 쓴다. 동사의 어간이 모음이나 'ㄹ'로 끝나면 '-ㄹ게요', 'ㄹ' 이외의 자음으로 끝나면 '-을게요'를 붙인다.
- 주어의 의지를 나타내는 동사와만 쓸 수 있다.
- 일인칭 주어만 가능하다.
- 질문에는 쓰지 않는다.

¿Cuál es la diferencia?

- -(으)ㄹ게요: 듣는 사람과 관계가 있어서 상대방을 고려한 주어의 의지와 생각을 말한다.
- -(으)ㄹ 거예요: 듣는 사람과 상관없는 일방적인 주어의 생각이나 의지, 계획을 말한다.

03 V-(으)ㄹ래요 ②

- 말하는 사람이 어떤 일을 하겠다는 의지, 의향, 의사가 있음을 나타낸다. 구어에서 많이 쓰이는 말로 친근한 사이에서 많이 사용하며 정중한 느낌을 주지는 않는다. 스페인어로는 'ir a + infinitivo' 혹은 미래시제를 사용한다. 의문형으로 쓰면 상대방의 의향을 물어보는 것이다. (참고 12. 의견 묻기와 제안하기 05 V-(으)ㄹ래요? ①) 동사의 어간이 모음이나 'ㄹ'로 끝나면 '-ㄹ래요', 'ㄹ' 이외의 자음으로 끝나면 '-을래요'를 붙인다.

1 동사와만 쓸 수 있다.

2 일인칭 주어만 가능하다.

Unidad 14. 배경과 설명

01 A/V-(으)ㄴ/는데 ②

후행절에 대한 배경이나 상황을 나타내거나, 후행절의 소개에 대한 내용을 선행절에서 제시할 때 사용한다. 스페인어로는 이에 상응하는 표현은 없으나, 경우에 따라, 'y', 'pero', 'de manera que', 'como' 등이 그와 유사한 의미를 갖는다. 형용사와 결합할 때 어간이 모음으로 끝나는 경우는 '-ㄴ데', 어간이 자음으로 끝나는 경우는 '-은데'와 결합한다. 동사의 경우에는 '-는데'와 결합한다.

02 V-(으)니까 ②

- 선행절의 행위를 한 결과 후행절의 사실을 발견하게 됨을 나타낸다. 스페인어로는 'cuando'에 해당한다. 어간이 모음으로 끝나면 '-니까'를, 어간이 자음으로 끝나면 '-으니까'를 쓴다. 발견의 '-(으)니까'는 동사하고만 결합한다.
- 결과(발견)를 나타내는 '-(으)니까' 앞에는 '-았-'이나 '-겠-' 등이 올 수 없다.

Unidad 15. 목적과 의도

01 V-(으)러 가다/오다

- 앞의 행동을 이룰 목적으로 뒤의 장소에 가거나 오는 것을 나타낸다. 스페인어로는 'ir/venir + a (lugar) + a/para (infinitivo)'의 뜻이다. 동사가 모음이나 'ㄹ'로 끝날 때는 '-러 가다/오다'를, 'ㄹ' 이외의 자음으로 끝날 때는 '-(으)러 가다/오다'를 쓴다.
- '-(으)러'는 항상 뒤에 '가다, 오다, 다니다' 같은 이동 동사와 사용한다.
- 앞 문장의 동사로는 '가다, 오다, 올라가다, 내려가다, 들어가다, 나가다, 여행하다, 이사하다' 같이 이동을 나타내는 동사를 쓸 수 없다.

02 V-(으)려고

- 말하는 사람의 의도나 계획을 나타낸다. 선행절의 행동을 할 의도를 가지고 후행절의 행동을 한다는 뜻이다. 스페인어로는 'para' 혹은 'con la intención de'의 뜻이다. 동사의 어간이 모음이나 'ㄹ'로 끝날 때는 '-려고'를, 'ㄹ' 이외의 자음으로 끝날 때는 '-으려고'를 쓴다.

¿Cuál es la diferencia?

- -(으)러: ① '가다, 오다, 다니다, 올라가다, 나가다' 같은 이동동사와 사용한다. ② -(으)러 다음에 오는 동사에는 현재, 과거, 미래 시제를 다 사용할 수 있다. ③ -(으)ㅂ시다, -(으)세요'와 같이 쓸 수 있다.
- -(으)려고: ① 모든 동사와 사용할 수 있다. ② 뒤에 오는 동사에는 현재, 과거와 사용할 수 있지만, 의미상으로 볼 때 미래와 사용하면 어색한 문장이 된다. ③ -(으)ㅂ시다, -(으)세요'와 어울리지 않는다.

03 V-(으)려고 하다

주어가 어떤 일을 하고자 하는 의도나 계획이 있으나 아직 행위로 옮기지 않은 상태를 나타낸다. 스페인어로는 'ir a', 'tener previsto' 혹은 'pensar (en) + infinitivo'의 뜻이다. 동사의 어간이 모음이나 'ㄹ'로 끝날 때는 '-려고 하다', 'ㄹ' 이외의 자음으로 끝날 때는 '-으려고 하다'를 쓴다. 한편 '-(으)려고 했다'는 '-(으)려고 하다'의 과거형인데 어떤 일을 계획했지만 그 계획이 실현되지 않았을 때 사용한다.

04 N을/를 위해(서), V-기 위해(서)

- 앞의 행위를 목적으로 뒤의 동작을 할 때 사용한다.

명사의 경우에는 '을/를 위해서'라고 쓴다. '위해서'는 '위하여서'의 준말인데 '서'를 빼고 '위해'라고 쓰기도 한다. 스페인어로는 'por + sustantivo' 혹은 'para + infinitivo'의 뜻이다. 동사일 경우에는 어간에 '-기 위해서'를 붙여 사용한다.

- '-기 위해서'는 형용사와 쓸 수 없다. 그러나 형용사에 '-아/어지다'가 붙어 동사가 되면 '-기 위해서'와 쓸 수 있다.

- -(으)려고: '-아/어야 해요', '-(으)ㅂ시다', '-(으)세요', '-(으)ㄹ까요?'와 사용할 수 없다.
- -기 위해서: '-아/어야 해요', '-(으)ㅂ시다', '-(으)세요', '-(으)ㄹ까요?'와 사용할 수 있다.

05 V-기로 하다

1 다른 사람과 약속한 것을 나타낸다. 동사의 어간에 '-기로 했다'를 붙여 사용한다.
2 자신과의 약속 즉, 결심, 결정을 나타낼 때 쓰인다. 동사의 어간에 '-기로 했다'를 붙여 사용한다.

'-기로 하다'는 주로 '-기로 했어요/했습니다' 같은 과거형으로 쓰이지만 현재형인 '-기로 해요'로 쓰이는 경우가 있다. 이때는 대화에서 어떤 내용을 약속하자는 뜻일 경우이다.

Unidad 16. 조건과 가정

01 A/V-(으)면

- 뒤의 내용이 사실적이고 일상적이고 반복적인 것에 대한 조건을 말할 때나, 불확실하거나 이루어지지 않은 사실을 가정할 때 쓴다. 스페인어로는 조건 접속사 'si'의 뜻이다. 경우에 따라 'cuando', 'una vez que'도 같은 뜻으로 쓴다. 가정을 나타낼 때는 '혹시', '만일'과 같은 부사와 쓸 수 있다. 동사의 어간이 모음이나 'ㄹ'로 끝나면 '-면', 그 외 자음으로 끝나면 '-으면'을 붙인다.
- '-(으)면' 앞에는 과거의 내용을 쓸 수 없다. 그리고 어떤 행동이 한 번 일어나는 경우일 때는 '-(으)ㄹ 때'를 쓴다.

선행절의 주어가 후행절의 주어와 다를 때 선행절의 주어에는 '은/는' 대신 '이/가'를 쓴다.

02 V-(으)려면

'-(으)려고 하면'의 준말이다. 동사와 함께 사용하며 앞 문장의 동작을 할 생각이나 의도가 있으면 뒤 문장의 동작이 전제되어야 함을 나타낸다. 그러므로 보통 뒤에 '-아/어야 해요/돼요', '-(으)면 돼요', '-(으)세요', '이/가 필요해요' '-는 게 좋아요' 같은 문법 형태가 많이 쓰인다. 스페인어로는 'si quiere(s)…' 혹은 'si tiene(s) la intención de…'의 뜻이다. 동사의 어간이 모음이나 'ㄹ'로 끝나면 '-려면', 'ㄹ' 이외의 자음으로 끝나면 '-으려면'을 사용한다.

03 A/V-아/어도

- 선행절의 행동이나 상태와 관계없이 후행절의 내용이 나타냄을 뜻한다. 스페인어로는 'aunque' 혹은 'a pesar de (que)'의 뜻이다. 어간의 모음이 'ㅏ, ㅗ'로 끝나면 '-아도', 나머지 모음으로 끝나면 '-어도'를 붙이며 '하다'로 끝난 동사는 '해도'로 바뀐다.

'-아/어도' 앞에 '어떻게 해도'의 뜻인 '아무리'를 써서 강조를 하기도 한다.

Unidad 17. 추측

01 A/V-겠어요 ②

말할 때의 상황이나 상태를 보고 추측하는 표현으로 스페인어로는 'parecer', 'sonar' 혹은 'tener pinta (de)'에 해당한다. 동사와 형용사의 어간에 '-겠어요'를 붙여서 활용한다. 과거 추측의 경우 '-겠-' 앞에 '-았/었-'을 결합하여 '-았/었겠어요'가 된다.

02 A/V-(으)ㄹ 거예요 ②

- 근거가 되는 것을 보거나 듣거나 경험한 것을 바탕으로 말하는 사람의 추측을 나타내는 표현이다. 영어로는 'pensar' 혹은 'creer'에 해당한다. 형용사와 동사의 어간이 모음이나 'ㄹ'로 끝나면 '-ㄹ 거예요', 'ㄹ' 이외의 자음으로 끝나면 '-을 거예요'를 붙인다. 과거 추측의 경우 '-(으)ㄹ 거예요' 앞에 '-았/었-'을 결합하여 '-았/었을 거예요'를 쓴다.
- 추측을 나타내는 '-(으)ㄹ 거예요'는 의문문으로 쓸 수 없다. 의문문으로 나타낼 때는 '-(으)ㄹ까요?'를 사용한다.

03 A/V-(으)ㄹ까요? ③

아직 일어나지 않은 상태나 행동에 대해 추측하며 질문할 때 쓰는 표현이다. 스페인어로는 미래 시제를 써서 나타낸다. 대답으로는 '-(으)ㄹ 거예요', '-(으)ㄴ/는 것 같아요'를 많이 쓴다. 형용사와 동사의 어간이 모음이나 'ㄹ'로 끝나면 '-ㄹ까요?', 그 외 자음으로 끝나면 '-을까요?'를 붙인다. 과거 추측의 경우, '-(으)ㄹ까요?' 앞에 '-았/었-'을 결합한 형태인 '-았/었을까요?' 쓴다.

04 A/V-(으)ㄴ/는/(으)ㄹ 것 같다

1 여러 상황으로 미루어 과거에 일어났다고 추측하거나 아직 일어나지 않은 상태나 행동에 대해 추측할 때 쓰는 표현이다. 스페인어로는 'parecer'에 해당한다. 형용사 현재와 동사 과거는 '-(으)ㄴ', 동사 현재는 '-는', 동사 미래는 '-(으)ㄹ'과 각각 결합한다.
2 화자의 생각이나 의견을 완곡하게 말하는 표현으로 강하거나 단정적으로 말하지 않고 부드럽고 공손하게 표현할 때 사용한다.

- '-(으)ㄴ 것 같다'는 '-(으)ㄹ 것 같다'보다 좀 더 직접적이고 확실한 근거가 있을 때 사용하고 '-(으)ㄹ 것 같다'는 간접적이고 막연한 추측일 때 사용한다.

- 오늘 날씨가 더운 것 같아요. (사람들이 더워하는 모습을 보거나 자신이 밖의 더위를 경험하고 나서 말하는 추측)
- 오늘 날씨가 더울 것 같아요. (어제 날씨가 더웠으니 오늘도 더울 것 같다든지 하는 막연한 추측)

- –겠어요: 근거나 이유 없이 그 상황에서의 직관적이고 순간적인 추측
- –(으)ㄹ 거예요: 근거가 있는 추측으로 화자만 추측에 대한 정보를 가지고 있을 때 사용한다.
- –(으)ㄴ/는/(으)ㄹ 것 같다: 직관적이고 주관적인 추측으로 근거나 이유가 있을 때와 없을 때 모두 사용 가능하다. 어떤 것을 단정적으로 말하지 않고 완곡하게 말할 때 사용한다.

Unidad 18. 품사 변화

01 관형형 –(으)ㄴ/–는/–(으)ㄹ N

동사나 형용사에 붙어 명사를 꾸며 주는 역할을 한다. 스페인어로는 대명사나 관계 형용사를 써서 표현한다. 형용사 현재와 동사 과거에는 '–(으)ㄴ', 동사 현재에는 '–는', 동사 미래에는 '–(으)ㄹ'이 각각 온다. 부정형 현재의 경우 형용사는 '–지 않은'과 결합하고 동사의 경우 '–지 않는'과 결합한다.

¡Atención!

형용사를 두 개 이상 연결할 때는 마지막에 나오는 형용사만 관형형으로 바꾼다.

02 A/V–기

동사와 형용사 뒤에 붙어 명사로 만드는 역할을 한다. 문장 안에서 주어나 목적어 등 다양한 문장성분으로 쓰일 수 있다. 동사나 형용사 어간에 '–기'를 붙여서 명사형으로 만든다.

¡Atención!

'–기'는 몇몇 조사와 결합하여 문장에서 주어, 목적어, 부사어 등으로 쓰인다.

03 A–게

뒤에 나오는 행위에 대한 목적이나 기준, 정도, 방식, 생각 등을 나타내며 문장에서 부사의 기능을 한다. 스페인어로는 '–mente'에 해당한다. 형용사 어간에 '–게'를 붙여서 부사로 만든다.

¡Atención!

① 일반적으로 형용사의 부사형은 어간에 '–게'를 붙여 만드는데, '많다'와 '이르다'는 '많게', '이르게'보다는 '많이'와 '일찍'을 주로 쓴다.
② 부사로 만들 때 '–게' 형태와 또 다른 형태 두 가지를 다 사용하는 것도 있다.

04 A–아/어하다

- 일부 형용사 뒤에 붙어 그 형용사를 동사로 만드는 역할을 하는데 화자의 심리나 느낌이 행동이나 겉모습으로 표현된다. 스페인어로는 'parece que…'에 해당한다. 어간의 모음이 'ㅏ, ㅗ'로 끝나면 '–아하다', 그

외의 모음으로 끝나면 '–어하다'가 오며, '하다'로 끝난 동사는 '–해하다'로 바뀐다.
- 형용사 어간에 '–지 마세요'가 붙는 경우 '–아/어하지 마세요'의 형태가 된다.

¡Atención!

'예쁘다', '귀엽다'에 '–아/어하다'를 결합한 형태인 '예뻐하다', '귀여워하다'는 아끼고 좋아한다는 의미이다.

Unidad 19. 상태를 나타내는 표현

01 V–고 있다 ②

'입다, 신다, 쓰다, 끼다, 벗다' 등의 착용동사에 붙어 그러한 행동이 끝난 결과가 현재 계속되고 있는 상태임을 나타낸다. 스페인어로는 'estar + infinitivo'에 해당한다. 같은 의미로 완료 상태를 나타내는 과거형 '–았/었어요'를 사용하기도 한다.

02 V–아/어 있다

동작이 끝난 후에 그 상태가 계속되고 있음을 나타낸다. 스페인어로는 'estar + participio'의 뜻이다. '열리다, 닫히다, 켜지다, 꺼지다, 떨어지다, 놓이다' 등의 피동사와 결합되어 사용되는 경우가 많다.

¡Atención!

① '입다, 신다, 쓰다 ……'와 같은 착용동사일 경우에는 '입어 있다, 신어 있다, 써 있다 ……'라고 하지 않고 이때는 '–고 있다'를 사용해서 '입고 있다. 신고 있다. 쓰고 있다'라고 한다. ② '–아/어 있다'는 목적어가 필요 없는 동사와만 쓴다.

- –고 있다: 지금 동작이 진행되고 있음을 나타낸다.
- –아/어 있다: 동작이 끝난 후에 그 상태가 계속됨을 나타낸다.

03 A–아/어지다

시간이 지나면서 어떤 상태로 변화함을 나타낸다. 스페인어로는 'hacerse', 'volverse' 혹은 'ponerse'의 뜻이다. 어간이 'ㅏ, ㅗ'로 끝날 때는 '–아지다'를, 그 외의 모음으로 끝날 때는 '–어지다'를, '하다'로 끝날 때는 '해지다'를 붙인다.

¡Atención!

① 항상 형용사와 함께 쓴다. 동사와는 같이 사용하지 않는다.
② 과거의 어떤 행동 결과 변화된 현재의 상태를 나타낼 때는 과거형 '–아/어졌어요' 를 쓰고, 일반적으로 어떤 행동을 할 경우 변화된다는 뜻일 때는 현재형 '–아/어져요'를 쓴다.

04 V–게 되다

어떤 상태에서 다른 상태로 변화하거나 주어의 의지와 관계없이 다른 사람의 행위나 환경에 의해서 어떤 상황이 되었음을 나타낸다. 동사 어간에 '–게 되다'를 붙여 사용한다. 스페인어로 정확하게 상응하는 표현은 없지만, 유사한 의미로 'pasar a + infinitivo', 'acabar + gerundio', 'decidirse que + frase' 혹은 'lograr + infinitivo' 표현을 쓴다.

01 A/V-(으)ㄴ/는지

- 어떤 정보를 필요로 하는 문장과 뒤의 동사를 결합할 때 사용하는 연결어미이다. 스페인어로 'si'를 사용하거나 의문 대명사 'quién', 'qué', 'dónde', 'cuándo' 등을 사용하여 표현한다. 이때 뒤에는 주로 '알다, 모르다, 궁금하다, 질문하다, 조사하다, 알아보다, 생각나다, 말하다, 가르치다 ……' 등의 동사가 온다.
- 형용사 현재일 때 어간이 모음이나 'ㄹ'로 끝나면 '-ㄴ지' 'ㄹ' 이외의 자음으로 끝나면 '-은지'를 쓴다. 동사 현재일 때는 동사 어간에 '-는지'를 붙인다. 형용사나 동사의 과거일 경우에는 '-았/었는지'를 동사 미래의 경우에는 '-(으)ㄹ 건지'를 붙인다.

¡Atención!

'-는지'는 다음과 같은 여러 형태로 쓰인다.
① '의문사+V-(으)ㄴ/는지'의 형태
② 'V1-(으)ㄴ/는지 V2-(으)ㄴ/는지'의 형태
③ 'V1-(으)ㄴ/는지 안 V1-(으)ㄴ/는지'의 형태

02 V-는 데 걸리다/들다

동사 뒤에 붙어 어떤 일을 할 때 돈, 시간, 노력이 쓰이는 것을 나타낼 때 사용한다. 스페인어로는 'tardar', 'costar'의 뜻이다. 동사의 어간에 '-는 데 들다/걸리다'를 붙여 사용한다. 소요 시간을 나타낼 때는 '-는 데 걸리다' 소요 비용을 나타낼 때는 '-는 데 들다'를 사용한다.

03 A/V-지요?

화자가 알고 있는 사실을 청자에게 다시 물어서 확인하거나 동의를 구하기 위해 물어볼 때 사용하는 표현이다. 스페인어로는 '¿verdad?'의 뜻이다. 형용사, 동사 현재일 때는 '-지요?' 형용사, 동사 과거일 때는 '-았/었지요?' 동사 미래일 때는 '-(으)ㄹ 거지요?'를 쓴다. 구어체에서 '-지요?'를 줄여 '-죠?'라고 말하기도 한다.

01 A-군요/-V는군요

자신이 직접 경험하거나 다른 사람에게서 들어 새롭게 알게 된 사실에 대해 그 상황에서 감탄이나 놀라움을 표현할 때 사용한다. 스페인어로는 정확하게 의미가 상응하는 표현은 없지만, 유사한 의미로 '(pues) sí que…', 'veo que…' 그리고 'menudo…'에 해당한다. 형용사와 결합할 때는 '-군요'가 오고, 동사와 결합할 때는 '-는군요'가 오며 명사와 결합할 때는 '-(이)군요'가 온다. 과거의 경우에는 '-았/었군요'와 결합한다.

¡Atención!

'-군요'의 반말 형태로는 형용사일 경우, '-구나/-군'을 쓰고 동사일 경우, '-는구나/-는군'를 쓴다. 또, 명사일 경우는 '-(이)구나/(이)군'과 결합한다.

02 A/V-네요

- 자신이 직접 경험한 것을 통해 새롭게 알게 된 사실에 대해 감탄이나 놀람을 나타내거나 다른 사람의 이야기를 듣고 동의할 때 나타내는 표현이다. 형용사, 동사 어간에 '-네요'가 결합한다. 스페인어로는정확하게 상응하는 표현은 없지만, 유사한 의미로 감탄사 '¡qué…!'가 이에 해당한다

¿Cuál es la diferencia?

- -군요: ① 주로 책이나 글 등 문어체에서 사용한다. ② 자신이 직접 경험하거나 다른 사람에게서 들어 새롭게 알게 된 사실에 대해 감탄이나 놀라움을 표현할 때 사용한다.
- -네요: ① 주로 일상 대화에서 많이 쓰인다. ② 나의 직접 경험을 통하여 새롭게 알게 된 사실이 아닌 경우에는 쓸 수 없다.

01 A-(으)ㄴ가요?, V-나요?

상대방에게 친절하고 부드럽게 질문할 때 쓰는 표현이다. 형용사의 경우, 형용사의 어간이 모음으로 끝나면 '-ㄴ가요?', 자음으로 끝나면 '-은가요?'와 결합하고, 동사의 경우 동사 어간에 '-나요?' 를 결합한다.

02 A/V-(으)ㄴ/는데요

1. 대화에서 상대방의 말에 대해 동의하지 않거나 반대되는 생각을 나타낼 때 사용한다. 스페인어로는 'pues', 'pero'에 해당한다. 형용사의 경우, 어간이 모음으로 끝나면 '-ㄴ데요', 자음으로 끝나면 '-은데요'와 결합하고, 동사의 경우 '-는데요' 와 결합한다.
2. 어떤 상황에서 상대방의 반응을 기다리거나 기대하며 말할 때 사용한다. 스페인어로는 '¿Por qué lo dice(s)/pregunta(s)?'에 해당한다.
3. 어떤 장면을 보면서 알게 되거나 느낀 사실에 대해 다소 놀랍거나 의외라는 뜻으로 감탄하듯이 말할 때 사용한다. 스페인어로는 'Así que…'에 해당한다.

01 직접 인용

- 직접 인용은 글이나 생각 혹은 누군가의 말을 따옴표 (comillas " ") 안에 넣어 그대로 인용하는 것을 말한다. 따옴표 다음에는 '하고/라고 동사'가 온다. 질문을 할 때는 "무엇을 말했어요?, 무엇을 썼어요?"와 같이 '무엇을'이라고 하지 않고 '뭐라고'라고 한다. 즉, "카일리 씨가 뭐라고 말했어요?"와 같이 쓴다. '하고/라고' 다음에는 '이야기하다, 물어보다, 말하다, 생각하다, 쓰다' 등이 오는데 이와 같은 동사 대신 '하다'나 '그러다'로 쓸 수 있다.

¡Atención!

① 따옴표 안의 말이 '하다'로 끝났을 때 뒤에는 '하고 했어요'를 쓰지 않는다. 또한 '하고' 다음에 오는 동사도 '하다'를 피하는 것이 좋다. 이는 '하다'가 여러 번 중복되면 어색하게 들리기 때문이다.

② 인용되는 문장 다음에 오는 '하고'와 '라고'는 같이 쓰이지만 약간의 뉘앙스 차이가 있다. '하고'가 붙은 인용 문장은 '라고'의 경우와는 달리 억양이나 표정, 감정까지 그대로 인용되는 느낌이 있다. 따라서 의성어나 동화 · 옛날이야기와 같이 생생한 느낌을 전달해야 하는 경우 '하고'가 쓰인다. 일상적인 대화나 글에서는 대체로 '라고'가 많이 쓰인다.

02 간접 인용

- 간접 인용은 글이나 생각 혹은 누군가의 말을 따옴표 (comillas " ") 없이 인용하는 것으로, 따옴표 안의 문장의 종류, 시제, 품사 등에 따라 형태가 달라진다. 따라서 직접 인용보다 형태가 많고 복잡하다. 인용하고자 하는 문장의 형태를 바꾼 후 '-고'를 붙이고 '말하다, 물어보다, 전하다, 듣다' 등의 동사를 쓴다. 이때 이들 동사는 '하다'나 '그러다'로 대신할 수 있다.
- 청유형과 명령형의 간접 인용문의 부정형은 각각 '-지 말자고 하다', '-지 말라고 하다'가 된다.
- 1인칭의 '나/내' 혹은 '저/제'는 인용문에서 '자기'로 바뀐다.

¡Atención!

인용되기 전의 원래 문장이 '주세요' 혹은 '-아/어 주세요'로 끝나면 간접 인용문은 '달라고 하다', '-아/어 달라고 하다'나 '주라고 하다', '-아/어 주라고 하다'가 된다. 말하는 사람이 자신에게 해 줄 것을 부탁하는 경우에는 '달라고 하다'나 '-아/어 달라고 하다'가 되고 말하는 사람이 듣는 사람에게 제3자를 도와줄 것을 부탁하는 경우 '주라고 하다'나 '-아/어 주라고 하다'가 된다.

03 간접 인용 준말

간접 인용은 줄어든 형태로도 많이 쓰이는데, 보통 구어에서 많이 사용한다.

Unidad 24. 불규칙용언

01 '—' 불규칙

어간이 '—'로 끝나는 동사나 형용사는 모음 '-아/어'로 시작하는 어미가 올 때 예외 없이 '—'가 탈락한다. '—'가 탈락하고 나면 '—' 앞의 모음이 무엇이냐에 따라 뒤에 오는 모음도 달라진다. 즉, '—' 앞의 모음이 'ㅏ, ㅗ'이면 'ㅏ'가 오고, 그 외의 모음은 'ㅓ'가 연결된다. 그리고 어간이 한 음절인 경우 '—'가 탈락하고 'ㅓ'가 온다.

02 'ㄹ' 불규칙

- 어간이 'ㄹ'로 끝나는 동사나 형용사는 예외 없이 'ㄴ, ㅂ, ㅅ' 앞에서 'ㄹ'이 탈락한다. 'ㄹ'로 끝나는 동사와 형용사는 '-으'로 시작하는 어미와 결합할 때 'ㄹ'이 받침으로 있지만 'ㄹ'은 자음보다는 모음으로 취급되어 '-으'가 오지 않는다.
- 'ㄹ'로 끝나는 형용사나 동사 다음에 '-(으)ㄹ 때, -(으)ㄹ게요, -(으)ㄹ래요?' 등과 같이 '-(으)ㄹ'이 올 때, '-(으)ㄹ'이 없어지고 어미가 결합한다.

03 'ㅂ' 불규칙

- 'ㅂ'으로 어간이 끝나는 일부 동사와 형용사가 모음으로 시작하는 어미를 만나면 'ㅂ'이 '오'나 '우'로 바뀐다. '-아/어'가 올 때 '오'로 바뀌는 동사는 '돕다, 곱다' 두 개만 있고 다른 단어는 모두 '우'로 바뀐다.
- 어간이 'ㅂ'으로 끝나지만 '좁다, 입다, 씹다, 잡다' 등은 규칙 활용을 한다.

04 'ㄷ' 불규칙

- 어간이 'ㄷ'으로 끝나는 일부 동사와 형용사 다음에 모음으로 시작하는 어미가 올 경우 'ㄷ'이 'ㄹ'로 바뀐다.
- 어간이 'ㄷ'으로 끝나지만 '닫다, 받다, 믿다'는 규칙이다.

05 'ㄹ' 불규칙

어간이 '르'로 끝나는 대부분의 동사와 형용사 다음에 모음 '-아/어'로 시작하는 어미가 오면 '르'의 '—'가 탈락하고 'ㄹ'이 붙어 'ㄹ ㄹ'이 된다.

06 'ㅎ' 불규칙

- 어간이 'ㅎ'으로 끝나는 형용사가 뒤에 모음으로 시작하는 어미 앞에서 'ㅎ'이 탈락하는 현상이다.
- 1 'ㅎ' 형용사의 어간이 뒤에 '-으'로 시작하는 어미가 오면 'ㅎ'과 '으' 모두 탈락한다.
- 2 'ㅎ' 형용사의 어간 뒤에 '-아/어'로 시작하는 어미가 오면 'ㅎ'은 없어지고 어간에 'ㅣ'가 덧붙는다. '좋다, 많다, 낳다, 놓다, 넣다' 등은 어간이 'ㅎ'으로 끝나지만 규칙 활용을 한다.

¡Atención!

'이렇다, 그렇다, 저렇다, 어떻다' 다음에 '-아/어'로 시작하는 어미가 오면 '이레, 그레, 저레, 어떼'가 되지 않고 '이래, 그래, 저래, 어때'처럼 활용한다.

07 'ㅅ' 불규칙

- 어간이 'ㅅ'으로 끝나는 일부 동사와 형용사 다음에 모음으로 시작하는 어미가 올 경우 'ㅅ'이 탈락한다.
- 어간이 'ㅅ'로 끝나지만 '벗다, 웃다, 씻다' 등은 규칙이다.

¡Atención!

한국어에서 모음이 겹쳐질 때는 대부분 축약을 한다. (배우+어요 → 배워요) 그러나 'ㅅ' 불규칙의 경우 'ㅅ'이 탈락하고 나면 모음이 겹쳐지는데 이 경우에는 모음 축약되지 않는다.